Une vie,
UNE PASSION, UNE DESTINÉE

DU MÊME AUTEUR

L'Église une passion une vision

RICK WARREN

Une vie, UNE PASSION, UNE DESTINÉE

POURQUOI SUIS-JE SUR TERRE?

Originalement publié aux États-Unis sous le titre :
Originally published in the U.S.A. under the title:
THE PURPOSE-DRIVEN™ LIFE
Copyright © **2002 par / by Rick Warren**
Zondervan, Grand Rapids, Michigan.
Tous droits réservés. / All rights reserved.

Copyright © 2003 de l'édition française
par les **Éditions Ministères Multilingues**
Longueuil, (Québec), Canada.
Tous droits réservés.

Traduction : Aline Neuhauser
Couverture : Alain Auger
Mise en page : Lucie Cléroux

Les citations bibliques sont extraites de la Bible de Genève (BG), de la Bible du Semeur (BS), de la Bible en français courant (BFC) ou de la Bible Darby (BD).

Dépôt légal - Bibliothèque nationale du Québec, 2003.
Dépôt légal - Bibliothèque nationale du Canada, 2003.

Imprimé au Canada.

Données de catalogage avant publication (Canada)

Warren, Richard, 1954-

   Une vie, une passion, une destinée

   Traduction de : Purpose-Driven Life.

   ISBN : 2-89576-024-1

   1. Vie chrétienne. I. Titre.

BV4501.3.W3714 2003   248.4   C2003-941054-4

Ce livre est sous la protection des lois sur les droits d'auteurs du Canada. Il est interdit de reproduire ce livre en tout ou en partie pour des fins commerciales. L'utilisation de courtes citations ou la copie de pages pour des fins d'études personnelles ou en groupe est permise et encouragée.

Ce livre vous est dédié. Avant votre naissance,
Dieu a prévu *ce moment* dans votre vie.
Vous n'avez pas cet ouvrage dans les mains par hasard.
Le Seigneur *désire ardemment* que vous découvriez
la vie qu'il a prévue pour vous — ici sur terre
et pour toujours dans l'éternité.

*Et c'est aussi en Christ que nous avons été choisis pour
lui appartenir conformément
à ce qu'avait fixé celui qui met en œuvre toutes choses,
selon l'intention qui inspire sa décision.*

(Éphésiens 1.11, BS)

J'éprouve de la gratitude envers les centaines
d'écrivains et d'enseignants, tant classiques que
contemporains, qui ont formé ma vie et qui m'ont aidé
à apprendre ces vérités. Je remercie Dieu et je vous
remercie également d'avoir le privilège
de les partager avec vous.

UN VOYAGE ESSENTIEL

Comment tirer le maximum de ce livre

Ceci est plus qu'un livre. Il s'agit d'un guide pour *un voyage spirituel de 40 jours* qui vous permettra de répondre à la question la plus importante de la vie : Pourquoi suis-je sur terre ? À la fin de ce voyage, vous comprendrez le but de Dieu pour votre vie et vous aurez une vision d'ensemble : vous verrez comment toutes les pièces de votre vie s'imbriquent les unes dans les autres. Cette perspective réduira votre stress, simplifiera vos décisions, augmentera votre satisfaction, et surtout, vous préparera pour l'éternité.

VOS 40 PROCHAINS JOURS

Actuellement, la durée moyenne d'une vie est de 25 550 jours. Sauf exception, ce sera à peu près la durée de votre vie. Ne pensez-vous pas qu'il serait sage de mettre à part 40 de ces journées pour découvrir ce que le Seigneur souhaiterait vous voir faire pendant toutes celles qu'il vous reste ?

La Bible montre clairement que Dieu considère cette période de 40 jours comme très significative. Chaque fois qu'il a voulu préparer quelqu'un à accomplir ses plans, il a choisi ce laps de temps :

- La vie de Noé a été transformée par 40 jours de pluie.
- Moïse a été transformé par 40 jours sur le mont Sinaï.
- Les espions ont été transformés par 40 jours dans la terre promise.
- David a été transformé par le défi de 40 jours de Goliath.
- Élie a été transformé lorsque Dieu lui a donné des forces pour 40 jours au moyen d'un seul repas.
- Toute la ville de Ninive a été transformée quand Dieu a donné au peuple 40 jours pour changer.
- Jésus a été revêtu de puissance par 40 jours dans le désert.
- Les disciples ont été transformés par 40 jours avec Jésus après sa résurrection.

Les 40 prochains jours vont transformer *votre* vie.

Ce livre est divisé en 40 brefs chapitres. Je vous incite vivement à *lire un seul chapitre par jour*, afin d'avoir le temps de *réfléchir* à ses implications pour votre vie. La Bible dit : « *Laissez Dieu vous transformer et vous donner une intelligence nouvelle. Vous pourrez alors discerner ce que Dieu veut.* »[1]

L'une des raisons pour lesquelles la plupart des livres ne nous transforment pas est que nous sommes si impatients d'arriver au chapitre suivant que nous ne nous arrêtons pas pour réfléchir sérieusement à ce que nous venons de lire. Nous nous jetons sur les pages suivantes sans prendre le temps d'assimiler les précédentes.

Ne vous contentez pas de *lire* cet ouvrage, mais *soyez actif*. Soulignez des phrases, notez vos commentaires dans la marge... Bref, faites-en *votre* livre. Personnalisez-le ! Les livres qui m'ont le plus aidé sont ceux auxquels j'ai réagi sans me contenter de les lire.

QUATRE POINTS POUR VOUS AIDER

À la fin de chaque chapitre, une partie s'intitule : « Définir mon objectif ». Vous y trouverez :

- **Une idée à méditer.** Il s'agit de précieuses doctrines qui résument un principe de vie pratique auquel vous pourrez réfléchir au cours de votre journée. Paul a dit à Timothée : « *Réfléchis bien à ce que je dis. D'ailleurs le Seigneur te rendra capable de tout comprendre.* »[2]
- **Un verset à apprendre.** Il s'agit d'un verset biblique qui vous enseigne une vérité de ce chapitre. Si vous souhaitez vraiment améliorer votre vie, vous pouvez commencer par prendre l'excellente habitude d'apprendre par cœur des versets des Écritures. Pour vous aider, pourquoi ne pas les recopier sur de petites cartes que vous porterez sur vous ?
- **Une question à vous poser.** Ces questions vous aideront à penser aux implications de ce que vous avez lu et à la façon dont cela s'applique à vous personnellement. J'aimerais vous encourager à noter vos réponses en marge de ce livre ou dans un carnet. Écrire vos pensées est le meilleur moyen d'y voir plus clair.

Dans l'appendice 1, vous trouverez :

- **Des questions de discussion.** Je vous encourage vivement à demander à un ou plusieurs amis de se joindre à vous pour lire ce livre au cours des 40 prochains jours. Un voyage est toujours plus agréable *à plusieurs*. Avec un partenaire ou un petit groupe de lecture, vous pourrez discuter de ce que vous avez lu et vous transmettre mutuellement vos idées. Cela vous aidera à vous fortifier et à croître spirituellement. Le vrai développement spirituel n'est *jamais* un processus isolé et individualiste. La maturité s'acquiert par des relations communautaires.

Le meilleur moyen de comprendre le plan de Dieu pour votre vie consiste à laisser les Écritures parler elles-mêmes. Aussi la Bible est-elle citée constamment dans cet ouvrage, où figurent plus d'un millier de versets dans quatre traductions françaises de la Bible (La Bible de Genève : BG ; la Bible du Semeur : BS ; la Bible en français courant : BFC, et la Bible Darby : BD). J'ai employé diverses versions pour plusieurs raisons importantes, comme je vous l'explique dans l'appendice 2).

J'AI PRIÉ POUR VOUS

En écrivant ce livre, j'ai souvent prié pour que vous expérimentiez l'incroyable sentiment d'espoir, d'énergie et de joie que l'on ressent lorsqu'on découvre pourquoi le Seigneur nous a mis sur cette terre. C'est un sentiment incomparable. Je suis très enthousiaste, car je sais que des choses merveilleuses vont se passer dans votre vie. C'est ce qui m'est arrivé, et depuis que j'ai découvert le sens de ma vie, je n'ai plus jamais été le même.

Comme j'en connais les bénéfices, je voudrais vous inviter à vous consacrer sérieusement à ce voyage spirituel pendant les 40 prochains jours, sans manquer un seul jour de lecture. Votre vie vaut la peine que vous y réfléchissiez. Prévoyez régulièrement du temps dans votre programme. Si vous vous y engagez, signez un pacte. C'est un geste important, qui vous stimulera. Si vous avez un partenaire qui lit cet ouvrage avec vous, qu'il appose également sa signature. Prenons le départ ensemble !

Mon engagement

Avec l'aide de Dieu, je m'engage à consacrer les 40 prochains jours de ma vie à découvrir le plan de Dieu pour ma vie.

_____
Votre nom

_____
Le nom de votre partenaire

_____
Rick Warren

« *Deux valent mieux qu'un,*
parce qu'ils retirent un bon salaire de leur travail.
Car, s'ils tombent, l'un relève son compagnon...
Et si quelqu'un est plus fort qu'un seul,
les deux peuvent lui résister ;
et la corde à trois fils ne se rompt pas facilement. »
(Ecclésiaste 4.9, BG)

« Ceux qui se confient ... qui se confie en l'Éternel...

POURQUOI SUIS-JE SUR TERRE ?

« Ceux qui se confient dans leurs richesses tomberont,
mais les justes seront verdoyants comme la frondaison nouvelle. »

(Proverbes 11.28, BS)

« Béni soit l'homme qui se confie en l'Éternel...
Il sera comme un arbre planté près des eaux,
il étendra ses racines vers le courant ;
et il ne s'apercevra pas quand la chaleur viendra,
et sa feuille sera toujours verte ;
et dans l'année de la sécheresse il ne craindra point,
et il ne cessera de porter du fruit. »

(Jérémie 17.7-8, BD)

1

Tout commence avec Dieu

> « *Car c'est en lui qu'ont été créées toutes choses
> dans les cieux comme sur la terre,
> les visibles, les invisibles...
> Oui, par lui et pour lui tout a été créé.* »
> (Colossiens 1.16, BS)

> « *Si vous ne partez pas du principe
> qu'il y a un Dieu, la vie n'a aucun sens.* »
> (Bertrand Russel, athée)

Ce n'est pas vous qui décidez.

Le but de votre vie dépasse de loin votre épanouissement personnel, votre paix intérieure ou même votre bonheur. Il est bien plus grand que votre famille, votre carrière ou même vos rêves et vos ambitions les plus fous. Si vous voulez savoir pourquoi vous avez été placé sur cette terre, vous devez commencer avec Dieu. Vous êtes né *par* lui et *pour* lui.

La quête du sens de la vie intrigue les hommes depuis des milliers d'années, et cela, parce qu'ils partent d'un mauvais point de départ — eux-mêmes. Ils se demandent : « Qu'est-ce que *je* veux devenir ? Que vais-*je* faire de *ma* vie ? Quels sont *mes* objectifs, *mes* ambitions, *mes* rêves d'avenir ? » Ce n'est pas en nous centrant sur nous-mêmes que nous découvrirons le vrai

> Il tient dans sa main l'âme de tout ce qui vit, l'esprit qui anime tout être humain.

Job 12.10 sens de notre vie. La Bible explique : « *Il tient en son pouvoir la vie de tous les êtres, le souffle qui anime le corps de tout humain.* »¹

Contrairement à ce que prétendent beaucoup de livres, de films et de congrès populaires, vous ne découvrirez pas le sens de votre vie en regardant en vous. Vous avez sans doute déjà essayé cette méthode, mais comme vous ne vous êtes pas créé vous-même, vous ne pouvez absolument pas déterminer pour quelle raison vous avez été créé ! Si je vous montrais une invention que vous n'aviez jamais vue auparavant, vous ne sauriez pas à quoi elle sert, et l'invention elle-même ne serait pas en mesure de vous le dire. Seul le créateur ou le possesseur du mode d'emploi serait capable de vous expliquer sa finalité.

> *Ce n'est pas en nous centrant sur nous-mêmes que nous découvrirons le vrai sens de notre vie.*

Un jour, je me suis perdu en montagne. Quand je me suis arrêté pour demander la direction à prendre afin de regagner le camp, on m'a dit : « *Vous ne pouvez pas y parvenir par ici. Vous devez repartir de l'autre côté de la montagne !* » De même, vous ne pourrez jamais trouver un sens à votre vie en vous centrant sur vous-même. Vous devez commencer par Dieu, votre Créateur. Vous n'existez que parce qu'il le veut bien. Vous avez été fait par Dieu et pour Dieu, et tant que vous ne le comprendrez pas, votre vie n'aura aucun sens. C'est seulement par le Seigneur que nous découvrons notre origine, notre identité, notre signification, notre raison de vivre, notre valeur et notre destinée. Tout autre chemin mène à une impasse.

Beaucoup de gens essaient d'employer le Seigneur pour parvenir à leurs fins, mais c'est contraire à l'ordre des choses et voué à l'échec. Vous avez été fait pour Dieu et non l'inverse, et vous devez laisser le Seigneur se servir de vous afin d'accomplir ses desseins, et non l'utiliser pour vos plans personnels. La Bible dit : « *Se préoccuper des désirs de sa propre nature mène à la mort ; mais se préoccuper des désirs de l'Esprit Saint mène à la vie et à la paix.* »²

Romains 8.6

> La nature humaine tend vers la mort, tandis que l'Esprit tend vers la vie et la paix.

Une vie, une passion, une destinée

J'ai lu de nombreux livres qui me suggèrent des moyens de découvrir le sens de ma vie, mais tous pourraient être qualifiés de livres « égocentriques » parce qu'ils abordent le sujet d'un point de vue centré sur soi. Ce genre d'ouvrage (même chrétien) propose généralement les mêmes étapes prévisibles pour trouver le sens de votre vie : Réfléchissez à vos rêves. Déterminez vos valeurs. Fixez-vous des objectifs. Trouvez vos points forts. Soyez ambitieux. Passez à l'action ! Soyez tenace. Croyez que vous pouvez atteindre vos objectifs. Impliquez les autres. Ne baissez jamais les bras.

Évidemment, ces recommandations permettent souvent de remporter de grands succès. Si vous le décidez, vous pouvez généralement parvenir à atteindre votre but. Mais être performant, ce n'est pas forcément accomplir ce pour quoi vous êtes sur terre ! Vous pouvez atteindre tous vos objectifs personnels et avoir un succès fou d'après les critères du monde tout en manquant le but pour lequel le Seigneur vous a créé. Il vous faut plus que de l'aide personnelle. La Bible dit : « *Celui qui voudra sauver sa vie la perdra, mais celui qui la perdra à cause de moi la trouvera.* »³

Cet ouvrage n'est pas un manuel d'aide personnelle. Il ne vous apprend pas à trouver la bonne carrière, à réaliser vos rêves ou à planifier votre vie. Il ne vous explique pas comment ajouter d'autres activités à votre planning surchargé. En fait, il vous apprendra plutôt à en faire *moins*, en vous concentrant sur l'essentiel. Il vous aidera à devenir ce que *Dieu* vous a appelé à être.

Comment allez-vous découvrir le but pour lequel vous avez été créé ? Vous n'avez que deux solutions. La première, *la spéculation*, est choisie par la plupart des gens. Ils échafaudent des hypothèses, ils devinent, ils inventent des théories. Quand certains déclarent : « J'ai toujours pensé que la vie

Vous avez été fait par Dieu et pour Dieu, et tant que vous ne le comprendrez pas, votre vie n'aura aucun sens.

était… », ils sous-entendent : « C'est la meilleure hypothèse qui me soit venue à l'esprit. »

Pendant des milliers d'années, de brillants philosophes ont discuté et spéculé sur le sens de la vie. La philosophie est un sujet important et parfois utile, mais pour déterminer le sens de la vie, les philosophes les plus clairvoyants se bornent à des suppositions.

Hugh Moorhead, professeur de philosophie à l'Université du nord-est de l'Illinois, a écrit un jour à deux cent cinquante des philosophes, chercheurs, écrivains et intellectuels les plus réputés du monde pour leur demander : « Quel est le sens de la vie ? » Puis il a publié leurs réponses dans un livre. Certains ont formulé de brillantes hypothèses, d'autres ont admis qu'ils avaient émis de simples suppositions et d'autres, enfin, ont reconnu franchement qu'ils n'en avaient aucune idée. En fait, un certain nombre d'intellectuels célèbres ont demandé au professeur Moorhead de leur écrire pour les informer s'il venait à découvrir lui-même le sens de la vie.⁴

Heureusement, trouver le sens et le but de le vie ne se fait pas nécessairement par simple spéculation. On peut opter pour *la révélation*. Nous pouvons avoir recours à ce que Dieu nous a révélé sur la vie dans sa Parole. La façon la plus simple de découvrir la raison d'être d'une invention consiste à interroger le créateur. Pour votre vie, c'est pareil : demandez à Dieu.

Dieu ne nous a pas laissés dans le noir à faire des spéculations, mais par la Bible, il nous a clairement révélé ses cinq objectifs pour nos vies. C'est notre mode d'emploi. Il nous explique pourquoi nous sommes sur terre, comment fonctionne la vie, quelles sont les erreurs à éviter et à quoi nous attendre à l'avenir. Il nous dévoile ce que ne peuvent enseigner ni les manuels d'épanouissement personnel, ni les traités de philosophie. La Bible dit : « *J'annonce la sagesse secrète de Dieu, cachée aux hommes. Dieu l'avait déjà choisie pour nous faire participer à sa gloire avant la création du monde.* »⁵ Dieu n'est pas seulement le point de départ de votre vie ; il en est *la source*. Pour découvrir le but de votre vie, vous devez vous tourner vers la sagesse de Dieu

JOUR 1 :
TOUT
COMMENCE
AVEC
DIEU

Une vie, une passion, une destinée

> En lui (christ) nous avons été désignés comme héritiers, ayant été prédestinés suivant le plan de celui qui met tout en œuvre conformément aux décisions de sa volonté

et non vers celle du monde. Vous devez baser votre vie sur des valeurs éternelles et non sur la psychologie, l'appât du gain ou les histoires émouvantes. La Bible dit : « *Et c'est aussi en Christ que nous avons été choisis pour lui appartenir conformément à ce qu'avait fixé celui qui met en œuvre toutes choses, selon l'intention qui inspire sa décision.* »⁶ Ce verset vous donne trois indications sur votre raison d'être.

Ephésiens 1.11

1. Vous découvrirez votre identité et votre finalité au moyen d'une relation avec Jésus-Christ. Si vous n'avez pas une telle relation, je vous expliquerai ultérieurement comment en commencer une.

2. Dieu pensait à vous bien avant que vous ne songiez à lui. Il avait un plan pour votre vie avant même que vous ne soyez conçu. Il l'avait prévu avant que vous n'existiez, *avant que vous n'entriez dans ce monde !* Vous pouvez choisir votre métier, votre conjoint, vos passe-temps et bien d'autres aspects de votre vie, mais pas votre raison d'être.

3. La finalité de votre vie rentre dans un plan bien plus large, un objectif à l'échelle cosmique que Dieu a prévu de toute éternité. C'est le sujet de ce livre.

Le romancier russe Andrei Bitov a grandi dans un régime communiste athée, mais lors d'un jour de tristesse, Dieu a attiré son attention. Il raconte : « Au cours de ma vingt-septième année, alors que j'étais dans le métro à Leningrad (aujourd'hui Saint-Pétersbourg), j'ai été submergé par un désespoir si intense qu'il m'a semblé que ma vie s'arrêtait, que tout avenir était bouché et que rien n'avait de sens. C'est alors que soudain, venue d'on ne sait où, une phrase a résonné dans ma tête : *Sans Dieu, la vie n'a aucun sens.* Je me suis répété ces mots avec stupéfaction et ils ont défilé dans ma tête comme un escalator. Je suis sorti du métro et j'ai marché dans la lumière de Dieu. »⁷

Peut-être n'avez-vous pas compris le sens de votre vie jusqu'à présent ? Bonne nouvelle : vous n'allez pas tarder à marcher dans la lumière de Dieu.

Pourquoi suis-je sur terre ?

PREMIER JOUR
DÉFINIR MON OBJECTIF

Idée à méditer : Ce n'est pas moi qui décide.

Verset à apprendre : « *Toutes choses ont été créées par lui et pour lui.* » (Colossiens 1.16b, BD)

Question à me poser : Malgré tous les messages contraires que j'entends autour de moi, comment puis-je me souvenir que la vraie vie consiste à vivre pour Dieu et non pour moi ?

La vie que je mène au quotidien m'appartient.
La finalité de ma vie est un plan conçu par Dieu.
J'ai été fait pour Dieu. Laisser le Seigneur se servir de moi pour accomplir ses desseins.
Demander à Dieu, mon créateur de me révéler le sens et le but de ma vie. Me révéler son plan conçu pour moi avant même que j'existe.
Révélations par la Bible de ses 5 objectifs pour ma vie

1 - Pourquoi je suis sur Terre
2 - Comment fonctionne la vie
3 - Les erreurs à éviter
4 - À quoi m'attendre à l'avenir
5 - Dévoilement de la sagesse cachée que Dieu avait préparé d'avance pour ma vie

Pour comprendre, me tourner vers Dieu point de départ et source de ma vie qui doit être basée sur des valeurs éternelles.

Vous n'êtes pas là par hasard

« Voici ce que je te déclare, moi le Seigneur qui t'ai fait, qui t'ai formé dès avant ta naissance. »

(Esaïe 44.2a, BFC)

« Dieu ne joue pas aux dés. »

(Albert Einstein)

Vous n'êtes pas là par hasard.

Votre naissance n'a été ni une erreur, ni le fruit du hasard, et votre vie n'est pas un accident. Même si vos parents n'ont pas prévu que vous naissiez, Dieu, lui, l'a fait. Il n'a pas été surpris du tout par votre naissance. Il vous a désiré !

Longtemps avant que vous ayez été conçu par vos parents, vous avez été conçu dans l'esprit de Dieu. C'est lui qui a pensé à vous en premier ! Si vous êtes en train de respirer en ce moment, ce n'est ni le destin, ni la chance, ni le hasard, ni une pure coïncidence. Vous êtes vivant parce que le Seigneur a voulu vous créer ! La Bible dit : *« L'Éternel achèvera ce qui me concerne. »*[1]

Dieu a façonné votre corps dans les moindres détails. Il a délibérément choisi votre race, votre couleur de peau, votre

Pourquoi suis-je sur terre ?

type de cheveu, etc. Il a fait votre corps sur mesure, exactement comme il le souhaitait. Il a aussi déterminé quels talents naturels vous posséderiez et forgé le caractère unique de votre personnalité. La Bible dit : « *Mon corps n'était point caché devant toi, lorsque j'ai été fait dans un lieu secret, tissé dans les profondeurs de la terre.* »²

Comme Dieu vous a créé pour une raison, il a aussi décidé *quand* vous naîtriez et *combien de temps* vous vivriez. Il a planifié les jours de votre vie à l'avance et choisi le moment exact de votre naissance et de votre mort. Le psalmiste s'écriait : « *Quand je n'étais qu'une masse informe, tes yeux me voyaient ; et sur ton livre étaient tous inscrits les jours qui m'étaient destinés avant qu'aucun d'eux existe.* »³

Dieu a aussi prévu *le lieu de votre naissance* et l'endroit où vous vivriez pour lui. Votre race et votre nationalité ne sont pas le fruit du hasard. Dieu n'a laissé aucun détail au hasard. Il a tout prévu pour *son* dessein. La Bible déclare : « *À partir d'un seul homme, il a créé tous les peuples pour qu'ils habitent toute la surface de la terre ; il a fixé des périodes déterminées et établi les limites de leurs domaines.* »⁴ Rien n'est arbitraire dans votre vie ; tout a une raison précise.

Plus stupéfiant encore, le Seigneur a déterminé *comment* vous naîtriez. Quelles que soient les circonstances de votre entrée dans le monde et l'identité de vos parents, Dieu avait un plan en vous créant. Peu importe que vos parents aient été bons, mauvais ou indifférents : le Tout-Puissant savait que ces deux personnes possédaient *exactement* les caractéristiques génétiques qui lui permettraient de créer l'individu unique qu'il avait en tête. Vos parents avaient l'ADN avec lequel Dieu souhaitait vous façonner.

Longtemps avant que vous ayez été conçu par vos parents, vous avez été conçu dans l'esprit de Dieu.

S'il y a des parents illégitimes, l'inverse n'est pas vrai. Beaucoup d'enfants ne sont pas désirés par leurs parents, mais Dieu les a voulus. Le plan de Dieu a pris en compte l'erreur humaine et même le péché.

- En lui, Dieu nous a choisi avant la création du monde pour que nous soyons saints et sans défaut devant lui.
- Conformément à sa volonté, il nous a donné la vie par la parole de vérité afin que nous soyons en quelque sorte les premières créatures de ses

Jamais le Seigneur n'accomplit quoi que ce soit par hasard, et il ne se trompe jamais. Tout ce qu'il crée, il le fait pour une bonne raison. Toutes les plantes et tous les animaux ont été prévus par Dieu, et chaque personne a été conçue dans un dessein précis. Le mobile de Dieu en vous créant, c'était son amour. La Bible nous explique : « *Bien avant d'avoir posé les fondements de la terre, il nous avait en tête, et nous avait positionné comme le point focal de son amour.* (Traduction littérale). »[5]

Éphésiens 1.4

L'Éternel pensait à vous *avant même* de créer le monde. En fait, c'est pour cela qu'il a créé le monde ! Le Seigneur a conçu l'environnement de cette planète pour que nous puissions y vivre. Nous sommes l'objet de son amour et l'élément le plus précieux de toute sa création. La Bible dit : « *Il a voulu lui-même nous donner la vie par sa Parole, qui est la vérité, afin que nous soyons au premier rang de toutes ses créatures.* »[6] Voilà à quel point Dieu vous aime et vous apprécie !

Jacques 1.18

Le Seigneur n'est pas un improvisateur ; il a tout prévu avec une grande précision. Plus les physiciens, les biologistes et les autres scientifiques ont appris de choses sur l'univers, plus nous comprenons à quel point ce dernier est exactement adapté à notre existence et fait sur mesure avec les caractéristiques uniques qui ont rendu possible la vie humaine.

Michael Denton, spécialisé dans la génétique moléculaire humaine à l'université d'Otago, en Nouvelle Zélande, a conclu : « Toutes les preuves disponibles dans les sciences biologiques soutiennent la proposition fondamentale selon laquelle le cosmos est un tout conçu de façon précise et que la vie de l'espèce humaine est son but et son dessein fondamental. C'est un ensemble dans lequel toutes les facettes de la réalité tirent leur sens et leur explication de ce fait central. »[7] Des milliers d'années auparavant, la Bible disait déjà la même chose : « *Le Dieu qui a formé la terre et qui l'a faite, celui qui l'a établie, qui ne l'a pas créée pour être vide, qui l'a formée pour être habitée.* »[8]

Ésaïe 45.18

Pourquoi le Seigneur a-t-il fait tout cela ? Pourquoi s'est-il donné la peine de créer tout un univers pour nous ? Parce qu'il

Pourquoi suis-je sur terre ?

est un Dieu d'amour. Ce genre d'amour est difficile à concevoir, mais nous pouvons nous reposer dessus en toute confiance. Vous avez été créé par amour ! Le Seigneur vous a façonné afin de pouvoir vous aimer. Vous pouvez bâtir votre vie sur cette vérité.

La Bible atteste que « Dieu est amour ».⁹ Elle ne dit pas que Dieu *a* de l'amour. Il *est* amour ! C'est l'essence même de son caractère ! La communion de la Trinité se caractérise par un amour parfait, si bien que Dieu *n'avait pas besoin* de vous créer. Il n'était pas seul ! S'il a voulu le faire, c'est pour exprimer son amour. Il a dit : « *Vous que j'ai pris à ma charge dès votre origine, que j'ai portés dès votre naissance ! Jusqu'à votre vieillesse je serai le même, jusqu'à votre vieillesse je vous soutiendrai ; je l'ai fait, et je veux encore vous porter, vous soutenir et vous sauver.* »¹⁰

JOUR 2 : VOUS N'ÊTES PAS LÀ PAR HASARD

Si Dieu n'existait pas, nous serions tous des « accidents », le résultat d'un hasard astronomique de l'univers. Vous pourriez cesser de lire cet ouvrage, car la vie n'aurait ni but, ni finalité, ni signification. Il n'y aurait ni bien, ni mal, ni lueur d'espoir au-delà de vos brèves années ici-bas.

Mais *il existe* un Dieu. Il vous a créés pour une raison précise, et votre vie a un sens profond ! Nous ne découvrons cette signification et ce dessein que si nous faisons du Seigneur le point de référence de notre vie. Le Message* paraphrase ainsi Romains 12.3 : « *Le seul moyen de nous comprendre nous-mêmes est de considérer ce que Dieu est et ce qu'il accomplit pour nous.* »

Ce poème de Russel Kelfer résume bien le problème :

Vous êtes tel que vous êtes pour une bonne raison.

Vous faites partie d'un plan complexe.

Vous êtes un être précieux et tout à fait unique,
Un homme ou une femme particulier de Dieu.

Vous avez l'apparence que vous avez pour une bonne raison,

Notre Dieu ne se trompe jamais.

---

* Note de l'éditeur : version de Bible.

Il vous a tissé dans le ventre maternel,
Vous êtes *exactement* tel qu'il l'a voulu.

Vos parents, il les a choisis pour vous,
Et quoi que vous pensiez,
Ils ont été conçus selon le plan de Dieu,
Et ils portent le sceau du Maître.

Non, votre traumatisme n'a pas été facile à porter,
Et Dieu a été peiné de vous voir tant souffrir,
Mais il l'a permis pour forger votre cœur
Afin que vous lui ressembliez davantage.

Vous êtes tel que vous êtes pour une bonne raison,
Vous avez été formé par la verge divine,
Vous êtes tel que vous êtes, bien-aimé,
Parce que Dieu existe ![11]

DEUXIÈME JOUR
DÉFINIR MON OBJECTIF

Idée à méditer : Je ne suis pas le fruit du hasard.

Verset à apprendre : « *Moi le Seigneur qui t'ai fait, qui t'ai formé dès avant ta naissance.* » (Esaïe 44.2, BFC)

Question à me poser : Même si je sais que Dieu m'a créé et a fait de moi un être unique, quels aspects de ma personnalité, de mon passé et de mon apparence physique ai-je des difficultés à accepter ?

Qu'est-ce qui conduit votre vie ?

*« J'ai découvert aussi que les humains peinent
et s'appliquent dans leur travail uniquement
pour réussir mieux que leur voisin. »*

(Ecclésiaste 4.4, BFC)

*« Un homme sans objectif est comme un navire
sans gouvernail — un misérable, un rien du tout
et non un homme. »*

(Thomas Carlyle)

Dans la vie, tout le monde est conduit par quelque chose.

La plupart des dictionnaires définissent le verbe conduire par « guider, contrôler, diriger. » Que vous conduisiez une voiture, plantiez un clou ou lanciez une balle de golf, vous les guidez, les contrôlez et les dirigez au moment où vous vous en servez.

Quelle est la force motrice de votre vie ?

En ce moment, vous êtes peut-être obsédé par un problème, une pression ou un délai à respecter. Il peut aussi s'agir d'un souvenir pénible, d'une crainte lancinante ou d'une croyance inconsciente. Des centaines de circonstances, de valeurs et d'émotions peuvent conduire votre vie. Voici cinq des plus communes :

Beaucoup de gens sont conduits par la culpabilité. Ils passent toute leur vie à ressasser leurs regrets et à cacher leur honte. Leurs mauvais souvenirs les hantent. Ils laissent leur passé déterminer leur futur. Souvent, à leur insu, ils se punissent eux-mêmes en sabotant leurs succès personnels. Quand Caïn a péché, son sentiment de culpabilité l'a coupé de la présence de Dieu, et l'Éternel lui a dit : « *Tu seras errant et vagabond sur la terre.* »¹ [Genèse 4.12] C'est la description de la majorité des hommes d'aujourd'hui, qui errent dans la vie sans but.

Nous sommes des produits de notre passé, mais nous ne sommes pas obligés d'en être prisonniers. Le plan de Dieu n'est pas limité par notre passé. Le Seigneur a transformé un meurtrier nommé Moïse en leader et un lâche nommé Gédéon en courageux héros, et il peut faire des prodiges dans votre vie aussi. Le Seigneur sait mieux que personne donner aux hommes un nouveau départ. La Bible dit : « *Heureux celui à qui la transgression est remise, à qui le péché est pardonné ! Heureux l'homme à qui l'Éternel n'impute pas l'iniquité et dans l'esprit duquel il n'y a point de fraude !* »² [Psaumes 32.1-2]

Beaucoup de gens sont conduits par le ressentiment et la colère. Ils ressassent le mal qu'on leur a fait sans jamais tourner la page. Au lieu d'apaiser leur souffrance en pardonnant, ils la ruminent inlassablement. Certains rancuniers chroniques « *se ferment sur eux-mêmes* » et intériorisent leur colère, alors que d'autres « *explosent* » et s'en prennent à leur entourage. Les deux réactions sont aussi malsaines qu'inutiles.

Le ressentiment vous fait encore plus de mal qu'à votre adversaire. Alors que ce dernier a probablement oublié l'offense et repris sa route, vous continuez à ruminer votre souffrance et à perpétuer le passé.

Écoutez-moi bien : ceux qui vous ont blessé dans le passé ne peuvent continuer à le faire que si vous entretenez vos rancœurs. Ce qui est passé est passé ! Rien ne le changera. Votre amertume ne fait que vous blesser vous-même. Pour votre bien, tirez-en la leçon qui s'impose, puis n'y pensez plus. La Bible dit : « *T'inquiéter jusqu'à la mort serait faire l'œuvre d'un fou et agir comme un insensé.* »³ [Job 5.2]

C'est l'exaspération qui tue le fou
C'est la jalousie qui fait mourir l'ignorant.

Une vie, une passion, une destinée

> *Il n'y a pas de peur dans l'amour. Au contraire, l'amour parfait chasse la peur, car la peur implique une punition. Celui qui éprouve de la peur n'est pas parfait dans l'amour.*

Beaucoup de gens sont conduits par la peur. Leurs appréhensions peuvent être dues à une expérience traumatisante, à des attentes irréalistes, à une éducation trop répressive ou même à des prédispositions génétiques, mais dans tous les cas, ils passent à côté d'occasions rêvées parce qu'ils ont peur de se lancer. Aussi jouent-ils la carte de la sécurité, en évitant les risques et en essayant de maintenir le statut quo.

La peur est une prison que vous vous forgez vous-même, et qui vous empêchera de devenir tel que Dieu veut que vous soyez. Vous *devez* la contrecarrer au moyen des armes de la foi et de l'amour. La Bible dit : « *L'amour parfait exclut la crainte. La crainte est liée à l'attente d'un châtiment et, ainsi, celui qui craint ne connaît pas l'amour dans sa perfection.* »[4] *(1 Jean 4.18)*

Beaucoup de gens sont conduits par le matérialisme. Leur désir d'acquérir des biens devient le grand objectif de leur vie. Cet appât du gain est basé sur le principe que l'accumulation des possessions les rendra plus heureux, plus importants et leur conférera plus de sécurité, mais en réalité, ce sont trois idées fausses. Les possessions ne procurent qu'une joie *éphémère*. Comme les objets ne changent pas, nous nous en lassons et nous en voulons sans cesse des nouveaux, plus onéreux et plus sophistiqués.

Autre mythe : plus j'amasserai, plus je serai important. La valeur personnelle n'a rien à voir avec l'épaisseur du portefeuille ! Votre valeur n'est pas fonction de vos biens, et Dieu affirme que les plus grands trésors de la vie sont immatériels !

Le mythe le plus fréquent, à ce sujet, est que plus on est riche, plus on est en sécurité. C'est faux ! Par des quantités de facteurs incontrôlables, on peut perdre sa richesse en un instant. Nous ne pouvons trouver la vraie sécurité que dans ce que nul ne peut nous reprendre : notre relation avec Dieu.

> *Rien ne compte plus que de connaître les desseins du Seigneur pour votre vie, et rien ne peut compenser cette lacune.*

Pourquoi suis-je sur terre ?

Beaucoup de gens sont conduits par leur besoin d'être approuvés. Ils laissent les désirs de leurs parents, de leur conjoint, de leurs enfants, de leurs enseignants et amis régir leur vie. Beaucoup d'adultes s'ingénient toujours à plaire à leurs parents intraitables. Certains autres font tout pour se fondre dans leur groupe d'amis et s'inquiètent perpétuellement de ce qu'on va penser d'eux. Hélas, ceux qui suivent la foule finissent par être des moutons de Panurge.

Je ne connais pas toutes les clés du succès, mais essayer de plaire à tout le monde est le meilleur moyen de courir à l'échec. Vous laisser conduire par l'opinion des autres est un moyen infaillible de manquer le plan de Dieu pour votre vie. Jésus a dit : « *Nul ne peut servir deux maîtres.* »⁵ Matthieu 6.24

D'autres influences peuvent diriger votre vie, mais toutes mènent à la même impasse : potentiel inexploité, tension inutile, vie peu satisfaisante.

Ce voyage de quarante jours vous apprendra à vivre *avec un objectif* : vous laisser guider, contrôler et diriger par les desseins de Dieu. Rien ne compte plus que de connaître les desseins du Seigneur pour votre vie, et rien ne peut compenser cette lacune, ni les succès, ni les richesses, ni la renommée, ni les plaisirs. Sans objectif, la vie est un processus vide de sens, une série d'activités vaines et d'événements sans raison. Elle est morne, étriquée, inutile.

POURQUOI EST-IL BON D'AVOIR UNE RAISON DE VIVRE ?

Avoir une raison de vivre présente cinq grands avantages.

Connaître votre objectif donne un sens à votre vie. Nous avons été créés pour que notre vie ait un sens. C'est pourquoi les gens essaient des méthodes douteuses, comme l'astrologie ou la voyance, pour le découvrir. Quand la vie a un sens, on peut supporter presque n'importe quoi, autrement, rien n'est supportable.

Un jeune homme d'une vingtaine d'années a écrit : « Je me sens minable parce que je me bats pour devenir quelqu'un sans même savoir où cela me mène. Je ne sais qu'avancer sans but, mais si je découvre un jour ma raison d'être, je pourrai commencer à vivre. »

Sans Dieu, la vie n'a aucun sens, donc nous n'avons aucune raison d'être ni de nourrir le moindre espoir. Dans la Bible, de très nombreux hommes ont exprimé leur désespoir. Esaïe geignait : « *Je me suis fatigué pour rien, c'est inutilement, oui, c'est en pure perte, que j'ai usé mes forces...* »[6] Job déplorait : « *Mes jours... tirent à leur fin sans qu'il y ait d'espoir* »[7] et « *Je suis plein de dégoût ! Je ne durerai pas toujours. Laisse-moi donc tranquille : ma vie est si fragile.* »[8] La plus grande tragédie n'est pas de mourir, mais de vivre sans but.

JOUR 3 : QU'EST-CE QUI CONDUIT VOTRE VIE ?

L'espoir est aussi essentiel à votre vie que l'air et l'eau. Pour tenir bon, il vous faut avoir une raison d'espérer. Le docteur Bernie Siegel s'est aperçu qu'il pouvait prévoir lesquels de ses patients atteints du cancer connaîtraient une rémission en leur demandant : « Êtes-vous prêt à vous battre de toutes vos forces pour vous en tirer ? » Ceux qui avaient une solide raison de vivre acquiesçaient et avaient beaucoup plus de chances de survivre que les autres. L'espoir vient d'une solide raison de vivre.

Si vous vous êtes laissé aller au désespoir, reprenez courage ! Quand vous commencerez à vivre avec un objectif, de merveilleux changements se produiront. Dieu a dit : « *Car je connais les projets que j'ai conçus en votre faveur, déclare l'Éternel : ce sont des projets de paix et non de malheur, afin de vous assurer un avenir plein d'espérance.* »[9] Peut-être pensez-vous vous trouver dans une situation inextricable, mais la Bible dit : « *Dieu ... a le pouvoir de faire infiniment plus que ce que nous demandons ou même imaginons, par la puissance qui agit en nous.* »[10]

Connaître votre objectif vous simplifie la vie. Cela vous permet de définir ce que vous ferez et ne ferez pas. Votre raison d'être devient le critère selon lequel vous évaluez quelles activités sont essentielles et quelles autres sont secondaires. Il

Pourquoi suis-je sur terre ?

vous suffit de vous demander : « Cette activité m'aide-t-elle à atteindre l'un des objectifs de Dieu pour ma vie ? »

Sans projet précis, vous n'avez aucun fondement sur lequel baser vos décisions, organiser votre planning et employer vos dons. Vous avez tendance à fonder vos choix sur les circonstances, les pressions et votre humeur du moment. Les gens qui n'ont pas de raison de vivre ont tendance à en faire trop, ce qui engendre du stress, de la fatigue et des conflits.

Il est impossible de faire tout ce que les autres vous demandent. Vous avez à peine le temps pour accomplir la volonté de Dieu ! Si vous ne parvenez pas au bout de votre tâche, cela signifie que vous essayez d'en faire plus que le Seigneur n'a prévu (ou encore, que vous regardez trop la télévision). Une vie centrée sur un but nous mène à un style de vie plus simple et à un planning plus équilibré. La Bible dit : « *Une vie prétentieuse et clinquante est vide ; une vie simple et droite est bonne.* »[11] Ce genre de vie mène à la paix du cœur : « *À celui qui est ferme dans ses sentiments, tu assures la paix, la paix, parce qu'il se confie en toi.* »[12]

Connaître votre objectif vous incite à faire les bons choix. Vous concentrez ainsi vos efforts et votre énergie sur ce qui est important. En étant plus sélectif, vous gagnez en efficacité.

Par nature, nous avons tendance à nous laisser distraire par des broutilles. Nous jouons au *Trivial Pursuit* avec notre vie. Henry David Thoreau a fait remarquer que les gens vivent « *dans un désespoir silencieux* », mais actuellement, il serait plus juste de dire qu'ils passent leur temps à des *distractions vaines*. Beaucoup de gens ressemblent à des gyroscopes : ils tournent dans tous les sens, mais ne vont jamais nulle part.

Sans objectif précis, vous vous obstinerez à changer de direction, de travail, de relations, d'église, etc. en espérant, à chaque fois, mettre un terme à votre confusion ou remplir le vide de votre cœur. Vous vous direz : « *Cette fois, ce sera peut-être différent,* » mais cela ne résoudra pas votre vrai problème — un manque de concentration et d'objectifs.

La Bible nous conseille : « *Ne soyez pas sans intelligence, mais comprenez quelle est la volonté du Seigneur.* »[13]

Le pouvoir de la concentration peut se voir dans la lumière. La lumière diffuse n'a guère de puissance ni d'impact, mais vous pouvez concentrer son énergie en l'orientant. Avec une loupe, les rayons du soleil peuvent être concentrés et enflammer de l'herbe ou du papier. Concentrez encore davantage un faisceau lumineux et vous obtiendrez un rayon laser capable de couper de l'acier.

> *Si vous voulez que votre vie ait un impact, soyez concentré !*

Rien n'est aussi puissant qu'une vie concentrée, une vie qui possède des objectifs. Les hommes et les femmes qui ont le plus marqué l'histoire étaient les plus concentrés. C'était le secret de l'apôtre Paul, et c'est ce qui lui a permis, presque à lui seul, de répandre le christianisme dans tout l'empire romain. Il a expliqué : « *Je fais une chose : oubliant ce qui est derrière moi et tendant toute mon énergie vers ce qui est devant moi, je poursuis ma course vers le but.* »[14]

Si vous voulez que votre vie ait un impact, soyez concentré ! Cessez de vous disperser. N'essayez plus de tout faire. Ralentissez. Renoncez même à de bonnes activités et ne faites que ce qui compte le plus. Ne confondez jamais l'activisme et la productivité. Vous pouvez vous démener sans but précis, mais à quoi bon ? Paul a dit : « *Pour tous ceux d'entre nous qui veulent tout ce que Dieu a pour eux, tendons vers ce but.* »[15] (Traduction littérale).

Connaître votre objectif motive votre vie. Les buts à atteindre produisent toujours la passion. Rien ne remplit autant d'énergie qu'un défi précis, et inversement, rien ne démotive davantage qu'un manque de vision. Dans ce dernier cas, on n'a même plus envie de quitter son lit. Généralement, ce n'est pas le travail intensif, mais les tâches inutiles qui nous épuisent, sapent nos forces et minent notre joie.

George Bernard Shaw a écrit : « C'est la vraie joie de la vie de participer à une mission que vous considérez comme essentielle. On devient alors une force de la nature au lieu de rester un être fébrile et égoïste, amer et grognon, qui se plaint que le monde entier ne se consacre pas à son bonheur personnel. »

Connaître votre objectif vous prépare pour l'éternité. Beaucoup de gens passent toute leur vie à tenter de laisser une empreinte durable ici-bas. Ils veulent qu'on se souvienne d'eux après leur mort. Et pourtant, ce n'est pas ce que les autres disent de votre vie qui compte le plus, mais ce que *Dieu* affirme. Les gens n'arrivent pas à comprendre que toutes les performances finissent par être dépassées ; les records sont battus, la renommée s'estompe peu à peu et les hommages s'oublient. Au collège, James Dobson avait l'ambition de devenir le champion de tennis de l'école. Il fut très fier lorsque son trophée fut placé bien en vue dans la vitrine de son école. Des années plus tard, quelqu'un le lui renvoya par la poste. Il l'avait retrouvé dans une corbeille à papier lorsque l'école avait été modernisée. Jim conclut : « *Tôt ou tard, tous vos trophées seront jetés à la poubelle par quelqu'un d'autre !* »

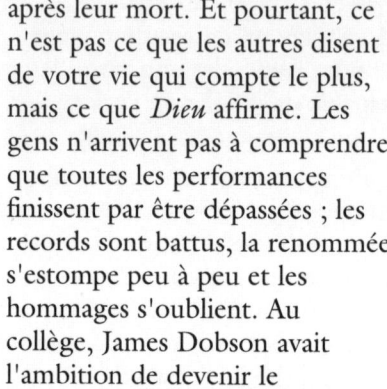

Vous n'avez pas été mis sur terre pour qu'on se souvienne de vous, mais afin de préparer votre éternité.

Vivre pour laisser son empreinte ici-bas est un but à court terme. Il est beaucoup plus sage de se constituer un héritage *éternel*. Vous n'avez pas été mis sur terre pour qu'on se souvienne de vous, mais afin de préparer votre éternité.

Un jour, vous serez devant Dieu, et il fera le bilan de votre vie, un examen final avant que vous n'entriez dans l'éternité. La Bible dit : « *Nous comparaîtrons tous devant le tribunal de Dieu... Ainsi chacun de nous rendra compte à Dieu pour lui-même.* »[16] Heureusement, le Seigneur veut que nous réussissions le test, si bien qu'il nous a donné les questions à l'avance. Selon la Bible, nous pouvons déduire que Dieu nous posera deux questions essentielles :

Premièrement, « *Qu'as-tu fait de mon Fils Jésus-Christ ?* » Dieu ne vous demandera ni votre étiquette religieuse, ni vos convictions doctrinales. Tout ce qui comptera, à ses yeux, c'est si vous avez accepté ce que Jésus a fait pour vous, et si vous avez appris à l'aimer et à lui faire confiance. Jésus a dit : « *Moi, je suis le chemin, et la vérité, et la vie ; nul ne vient au Père que par moi.* »[17]

Deuxièmement, « *Qu'as-tu fait de ce que je t'ai donné ?* » Qu'as-tu fait de ta vie, de tous les dons, les talents, les occasions, l'énergie, les relations et les ressources dont Dieu t'a gratifié ? Les as-tu employés pour ton profit personnel ou pour accomplir le plan divin pour toi ?

Vous préparer à répondre à ces deux questions est la mission de ce livre. La première question déterminera *où* vous passerez l'éternité, et la seconde, *ce que vous ferez* pendant l'éternité. À la fin de ce livre, vous serez en mesure de répondre à ces deux questions.

TROISIÈME JOUR
DÉFINIR MON OBJECTIF

Idée à méditer : Connaître son objectif est le meilleur moyen d'être en paix.

Verset à retenir : « *À celui qui est ferme dans ses dispositions, tu assures une paix parfaite, parce qu'il se confie en toi.* » (Esaïe 26.3, BS)

Question à me poser : D'après ma famille et mes amis, quel est l'objectif prioritaire de ma vie ? Qu'est-ce que je souhaite qu'il soit ?

Créé pour vivre éternellement

*« Dieu a implanté au tréfonds de l'être humain
le sens de l'éternité. »*

(Ecclésiaste 3.11, BS)

*« Dieu n'a sûrement pas créé un être tel que l'homme
pour n'exister qu'une journée !
Non, non, l'homme a été fait pour l'immortalité. »*

(Abraham Lincoln)

Cette vie n'est pas tout, loin de là.

La vie sur cette terre n'est qu'une répétition en costumes avant la vraie représentation. Vous passerez beaucoup plus de temps après la mort *dans l'éternité* qu'ici-bas. La terre est un stage, une préparation, un entraînement à la vie éternelle. Cette vie prépare à la suivante.

Au mieux, vous allez vivre cent ans sur terre, mais vous passerez tout le reste dans l'éternité. Votre existence terrestre est, comme l'a dit Sir Thomas Browne, « une petite parenthèse par rapport à l'éternité. » Vous avez été créé pour vivre éternellement.

La Bible dit : « *Il a implanté au tréfonds de l'être humain le sens de l'éternité.* »[1] Vous avez en vous un instinct inné qui aspire à l'immortalité. C'est dû au fait que Dieu vous a créé à son image pour que vous viviez éternellement. Bien que nous sachions que tout le monde finit par mourir, la mort nous paraît toujours contre-nature et injuste. Si nous avons l'impression que nous devrions vivre pour toujours, c'est parce que Dieu a mis ce désir dans notre esprit !

Un jour, votre cœur cessera de battre. Cela marquera la fin de votre corps et de votre temps sur la terre, mais non la fin de votre existence. Votre écorce terrestre n'est que la résidence provisoire de votre esprit. La Bible appelle votre corps « une tente », et fait allusion à votre corps futur comme à « une maison ». Elle explique : « *Nous savons, en effet, que si cette tente où nous habitons est détruite, nous avons dans le ciel un édifice qui est l'ouvrage de Dieu, une demeure éternelle qui n'a pas été faite de main d'homme.* »[2]

Si notre vie ici-bas nous offre de nombreux choix, l'éternité ne nous en présente que deux : le ciel ou l'enfer. Votre relation avec le Seigneur ici-bas engagera votre type de relation avec lui pour l'éternité. Si vous apprenez à aimer et à croire le Fils de Dieu, Jésus, vous serez invité à passer le reste de l'éternité en sa compagnie. À l'inverse, si vous rejetez son amour, son pardon et son salut, vous serez pour toujours séparé de lui ensuite.

C. S. Lewis a dit : « *Il y a deux sortes de personnes : celles qui disent à Dieu "Que ta volonté soit faite" et celles à qui Dieu dit "Très bien, fais ce que tu veux".* » Malheureusement, des multitudes de gens devront endurer une éternité sans Dieu parce qu'ils ont choisi de vivre sans lui ici-bas.

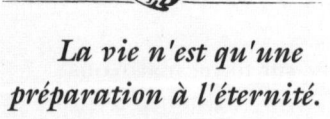

La vie n'est qu'une préparation à l'éternité.

Quand vous comprendrez pleinement que la vie ne se borne pas à la terre, mais qu'elle n'est qu'une préparation à l'éternité, vous vous mettrez à vivre différemment. Vous commencerez à *vivre à la lumière de l'éternité*, ce qui influera sur la façon dont vous gérerez toutes vos relations, vos tâches et vos circonstances. Subitement, de nombreuses activités, de multiples objectifs et même problèmes qui vous paraissaient si importants vous sembleront mesquins, insignifiants et indignes d'attirer votre attention. Plus vous vivrez près de Dieu, plus le reste vous paraîtra minime.

Quand vous vivez à la lumière de l'éternité, vos valeurs changent. Vous employez votre temps et votre argent plus judicieusement. Vous accordez la priorité aux relations et au développement intérieur au lieu de chercher la renommée, les richesses, les performances ou même les distractions. Votre échelle de valeurs se modifie. Les tendances, les modes et les valeurs populaires perdent de leur importance. Paul a expliqué : « *Mais ces choses qui pour moi étaient un gain, je les ai regardées, à cause de Christ comme une perte.* »[3]

Si votre vie se limitait à la terre, je vous conseillerais d'en profiter au maximum. Vous pourriez alors oublier d'être bon et droit et ne pas vous préoccuper des conséquences de vos actes. Comme vos actions, à long terme, n'auraient aucune répercussion, vous pourriez vous permettre d'être totalement égocentrique. Mais — *et cela fait toute la différence*— la mort n'est pas la fin de tout ! Elle ne met pas un terme à votre existence, mais elle vous propulse dans l'éternité : tout ce que vous faites ici-bas a donc des conséquences *éternelles*. Tout acte de votre vie met en mouvement une corde qui vibrera éternellement.

> *Quand vous vivez à la lumière de l'éternité, vos valeurs changent.*

L'aspect le plus navrant de la vie contemporaine est la vision à court terme. Pour tirer le maximum de votre vie, vous devez garder sans cesse à l'esprit la vision de l'éternité et repenser à sa valeur. La vie ne se borne pas à ici et maintenant ! L'instant présent n'est que l'aspect visible de l'iceberg. Cachée à vos yeux, il y a l'éternité.

Que sera l'éternité avec Dieu ? À vrai dire, notre esprit est trop limité pour en saisir la merveilleuse plénitude. C'est comme si vous tentiez d'expliquer à une fourmi le fonctionnement d'un ordinateur ! Vous seriez totalement incapable d'y parvenir. Aucun mot n'a la force d'exprimer ce que sera l'expérience de l'éternité. La Bible dit : « *Ce que nul homme n'a jamais vu ni entendu, ce à quoi nul homme n'a jamais pensé, Dieu l'a préparé pour ceux qui l'aiment.* »[4]

Toutefois, dans sa Parole, Dieu nous a donné un aperçu de ce que serait l'éternité. Nous savons que dès maintenant, le Seigneur nous prépare une demeure éternelle. Dans les cieux, nous serons réunis à des bien-aimés croyants, libérés de toute douleur et de toute souffrance, récompensés de notre fidélité sur la terre et chargés d'une mission que nous accomplirons avec joie. Nous ne serons *pas* couchés sur des nuages avec une auréole sur la tête et une harpe à la main ! Nous jouirons d'une communion ininterrompue avec Dieu, et il restera avec nous aux siècles des siècles. Un jour, Jésus nous dira : « *Venez, vous qui êtes bénis de mon Père ; prenez possession du royaume qui vous a été préparé dès la fondation du monde.* »[5]

JOUR 4 :
CRÉÉ POUR VIVRE ÉTERNEL-LEMENT

C. S. Lewis a décrit le concept de l'éternité à la dernière page des Chroniques de Narnia, sa série de sept ouvrages fantastiques pour enfants : « *Et ceci est pour nous la fin de tous les récits... Mais pour eux, ce n'est que le début de la véritable histoire. Toute leur vie en ce monde-ci... avait été seulement la couverture de la page de titre. Maintenant enfin, ils commençaient le premier chapitre de la Grande Histoire que personne sur terre n'a jamais lue. Celle qui dure toujours, et dans laquelle chaque chapitre est meilleur que le précédent.* »[6]

Dieu a un objectif pour votre vie sur la terre, mais il ne se termine pas ici-bas. Il va infiniment au-delà des quelques décennies que vous allez passer sur cette planète. Il dépasse le cadre de la vie terrestre de très loin. Dieu vous offre une occasion unique. La Bible dit : « *Les plans du Seigneur sont définitifs, ce qu'il a projeté tient de siècle en siècle.* »[7]

La plupart des gens ne pensent à l'éternité qu'au moment des enterrements, et ce ne sont souvent que des idées confuses et sentimentales basées sur l'ignorance. Vous estimez peut-être qu'il est morbide de songer à la mort, mais au contraire, il est malsain de vivre en la déniant, sans considérer ce qui est inévitable.⁸ Seul l'insensé parcourt la vie sans se préparer à ce qui ne manquera pas d'arriver. Vous devez penser *davantage* à l'éternité, et non moins.

De même que les neuf mois que vous avez passés dans le ventre de votre mère n'ont pas constitué une fin en eux-mêmes, mais une préparation à la vie, cette vie n'est qu'une préparation à la suivante. Si vous avez une relation avec Dieu par Jésus, vous n'avez pas à craindre la mort. Elle est la porte qui mène à l'éternité. Votre dernière heure ici-bas n'aura rien d'une fin. Au lieu de sonner le glas de votre vie, elle marquera la naissance de votre vie éternelle. La Bible dit : « *Ici-bas, nous n'avons pas de demeure permanente ; c'est la cité à venir que nous recherchons.* »⁹

Si on le mesure par rapport à l'éternité, notre temps passé sur terre ne dure qu'un clin d'œil, mais ses conséquences seront éternelles. Nos décisions terrestres conditionnent notre éternité. Nous devrions réaliser qu'« *en demeurant dans ce corps, nous demeurons loin du Seigneur.* »¹⁰ Il y a quelques années, un slogan populaire incitait les gens à vivre chaque journée comme « le premier jour du reste de leur vie ». En fait, mieux vaudrait vivre chaque jour comme si c'était le dernier. Matthew Henry a dit : « Ce devrait être l'affaire de chaque jour de nous préparer pour notre dernière journée. »

QUATRIÈME JOUR
DÉFINIR MON OBJECTIF

Idée à méditer : La vie, ce n'est pas seulement ici et maintenant.

Verset à retenir : « *Le monde passe avec tous ses attraits, mais celui qui accomplit la volonté de Dieu demeure éternellement.* » (1 Jean 2.17, BS)

Question à me poser : Comme j'ai été créé pour vivre éternellement, que dois-je cesser de faire et commencer à faire dès aujourd'hui ?

Voir la vie comme Dieu la voit

« Qu'est-ce que votre vie ? »

(Jacques 4.14, BG)

*« Nous ne voyons pas les choses telles qu'elles sont,
mais telles que nous sommes. »*

(Anaïs Nin)

Votre *façon de voir* la vie *conditionne* cette dernière.

La manière dont vous définissez votre existence détermine votre destinée. Votre perspective influence votre disposition à investir votre temps, dépenser votre argent, utiliser vos talents et considérer vos relations.

L'un des meilleurs moyens de comprendre les autres consiste à leur demander : *« Comment voyez-vous votre vie ? »* Si vous le faites, vous découvrirez qu'il y a autant de réponses différentes à cette question que de personnes. On m'a répondu que la vie était un cirque, un champ de mines, des montagnes russes, un puzzle, une symphonie, un voyage et une danse. Certains m'ont affirmé : « La vie est un manège : on monte, on descend, mais on ne fait que tourner en rond », ou « La vie est une bicyclette à dix vitesses, mais nous ne nous servons jamais de toutes » ou encore « La vie est un jeu de cartes : vous êtes obligé de jouer avec celles que vous avez en mains. »

Si je vous demandais comment vous vous représentez la vie, quelle image vous viendrait à l'esprit ? Cette image est *la métaphore de votre vie*, la vision de la vie que vous nourrissez, consciemment ou non, dans votre esprit. C'est votre description des rouages de votre existence et de ce que vous en espérez. Les gens expriment souvent leurs métaphores de vie par leurs vêtements, leurs bijoux, leur voiture, leur coiffure, les autocollants qu'ils mettent sur leur pare-brise et même leurs tatouages.

Vos métaphores tacites influent davantage sur votre vie que vous le pensez. Elles déterminent vos attentes, vos valeurs, vos relations, vos objectifs et vos priorités. Si, par exemple, vous estimez que la vie est une fête, votre priorité sera de *vous amuser*. Si vous pensez que la vie est une course, vous accorderez une grande importance à la *vitesse* et serez pressé la plupart du temps. Si, pour vous, la vie est un marathon, vous tiendrez *l'endurance* en haute estime. Si elle est une bataille ou une compétition à vos yeux, rien ne vous importera plus que de *gagner*.

JOUR 5 :
VOIR LA VIE
COMME
DIEU
LA VOIT

Quelle est votre vision de la vie ? Peut-être basez-vous votre existence sur une métaphore erronée ? Pour remplir les objectifs que Dieu vous a assignés, vous devez troquer la sagesse conventionnelle contre des métaphores *bibliques* de la vie. La Bible nous recommande : « *Ne vous laissez pas modeler par le monde actuel, mais laissez-vous transformer par le renouvellement de votre pensée, pour pouvoir discerner la volonté de Dieu : ce qui est bon, ce qui lui plaît, ce qui est parfait.* »[1]

La Bible nous offre trois métaphores qui nous apprennent comment le Seigneur voit la vie : c'est *un test, un dépôt* et *une mission temporaire*. Ces notions sont à la base de notre raison de vivre. Nous examinerons les deux premières dans ce chapitre et la troisième dans le suivant.

La vie sur terre est un test. Cette métaphore se rencontre dans nombre d'histoires de la Bible. Dieu met constamment à l'épreuve le caractère, la foi, l'obéissance, l'amour, l'intégrité et la loyauté de ses créatures. Les mots *éprouver, tenter, raffiner, émonder, etc.* reviennent plus de deux cents fois dans la Bible. L'Éternel a mis Abraham à l'épreuve en lui demandant d'offrir son fils Isaac en sacrifice. Il a testé Jacob lorsque ce dernier a dû travailler plusieurs années supplémentaires afin de gagner le droit d'épouser Rachel.

Adam et Ève ont raté leur test dans le jardin d'Eden, et plusieurs fois, David a échoué quand Dieu l'a mis à l'épreuve. Mais la Bible nous fournit aussi de nombreux exemples de gens qui ont réussi brillamment leur test, comme Joseph, Ruth, Esther et Daniel.

Les caractères se développent et se révèlent dans les épreuves, et *toute* la vie est un grand test. Vous êtes *perpétuellement* éprouvé. Le Seigneur observe sans cesse vos réactions face aux gens, aux problèmes, aux succès, aux conflits, à la maladie, aux déceptions et même au temps qu'il fait ! Il examine même vos gestes les plus simples, comme lorsque vous ouvrez une porte pour quelqu'un d'autre, que vous ramassez un détritus ou que vous vous montrez poli envers un employé ou une serveuse.

> *Les caractères se développent et se révèlent dans les épreuves, et toute la vie est un grand test.*

Nous ne savons pas combien de tests Dieu nous réserve, mais en nous basant sur la Bible, nous pouvons en prévoir certains. Nous serons éprouvés par de grands changements, par des promesses qui tardent à se réaliser, par des problèmes insolubles, par des prières sans réponse, par des critiques imméritées et même par des tragédies dont le sens nous échappera totalement. Dans ma propre vie, j'ai remarqué que le Seigneur éprouvait ma *foi* par des problèmes, *mon espoir* par ma façon de gérer mes biens et mon *amour* par mes relations avec les autres.

Il est très important pour Dieu de savoir comment vous réagissez quand vous *ne sentez pas* sa présence dans votre vie. Parfois, il se retire volontairement, et nous n'avons plus l'impression qu'il est près de nous. Un roi nommé Ezéchias a subi cette épreuve. La Bible dit : « *Dieu l'abandonna pour l'éprouver, afin qu'il connût tout ce qui était dans son cœur.* »[2] Ezéchias avait bénéficié d'une étroite communion avec Dieu, mais à un moment crucial de sa vie, le Seigneur le laissa seul afin de tester son caractère, de révéler une faille et de le préparer à de plus grandes responsabilités.

Si vous comprenez que la vie est un test, vous réaliserez que *rien* en elle n'est insignifiant. Même l'incident le plus minime contribue à développer votre caractère. *Tous les jours* ont leur importance, et chaque seconde vous donne l'occasion de tremper votre caractère, de manifester de l'amour ou de vous reposer sur le Seigneur. Certaines épreuves vous semblent insurmontables ; d'autres passent inaperçues. Mais toutes ont des répercussions éternelles.

Heureusement, Dieu souhaite vous voir réussir haut la main tous ces examens, et jamais il ne permet que les épreuves soient plus grandes que la grâce qu'il vous accorde pour les surmonter. La Bible dit : « *Les tentations que vous avez connues ont toutes été de celles qui se présentent normalement aux hommes. Dieu est fidèle à ses promesses et il ne permettra pas que vous soyez tentés au-delà de vos forces ; mais, au moment où surviendra la tentation, il vous donnera la force de la supporter et, ainsi, le moyen d'en sortir.* »[3]

Chaque fois que vous réussissez une épreuve, Dieu le remarque et prend ses dispositions pour vous récompenser dans l'éternité. Jacques a expliqué : « *Heureux l'homme qui tient ferme face à la tentation, car après avoir fait ses preuves, il recevra la couronne du vainqueur : la vie que Dieu a promise à ceux qui l'aiment.* »[4]

La vie sur terre est un dépôt. C'est la seconde métaphore biblique de la vie. Notre temps sur la terre et notre énergie, notre intelligence, nos opportunités, nos relations et nos ressources sont toutes des dons de Dieu. Il nous a laissé le soin de les gérer. Nous sommes les gestionnaires de tout ce que le Seigneur nous a confié. Pour cela, nous devons d'abord admettre que Dieu est le propriétaire de tout et de tous ici-bas. La Bible dit : « *À l'Éternel la terre et ce qu'elle renferme, le monde et ceux qui l'habitent !* »[5]

Au cours de notre bref passage ici-bas, jamais nous ne *possédons* vraiment quelque chose. Dieu ne fait que nous *prêter* la terre pendant notre séjour. Elle appartenait au Seigneur avant notre arrivée, et il la prêtera à quelqu'un d'autre après notre départ. Nous n'en avons la jouissance que pour un temps.

Quand Dieu a créé Adam et Ève, il les a chargés de prendre soin de sa création et il les a nommés administrateurs de sa propriété. La Bible dit : « *Et Dieu les bénit ; et Dieu leur dit : Fructifiez, et multipliez, et remplissez la terre et l'investissez.* »[6]

La première mission que l'Éternel a assignée aux hommes a été de gérer et de prendre soin de tous « les biens » de Dieu sur la terre. Ce rôle n'a jamais varié. Il fait partie de notre objectif actuel. Tout ce dont nous jouissons doit être traité comme un *dépôt* que Dieu a placé entre nos mains. La Bible dit : « *Qu'as-tu qui ne t'ait été donné ? Et puisqu'on t'a tout donné, pourquoi t'en vanter comme si tu ne l'avais pas reçu ?* »[7]

Il y a quelques années, un couple nous a laissés, ma femme et moi, nous installer dans sa belle maison d'Hawaï, au bord de la plage, pendant les vacances. Comme nous n'aurions jamais pu nous offrir un tel séjour, nous en avons profité à fond. Comme on nous avait dit de faire comme chez nous, nous nous sommes sentis à l'aise ! Nous avons nagé dans la piscine, nous avons mangé la nourriture qui était dans le réfrigérateur, nous nous sommes servis des draps de bain et de la vaisselle, et nous avons même sauté sur les lits pour nous amuser ! Mais nous n'avons jamais oublié que ce n'était pas *vraiment* à nous, et nous avons pris soin de ne rien abîmer. Nous avons profité de cette maison sans en être propriétaires.

Notre culture dit : « Si cela ne nous appartient pas, inutile d'en prendre soin. » Mais les chrétiens ont une toute autre éthique : « Comme cela appartient *à Dieu*, je dois en prendre le plus grand soin possible. » La Bible dit : « *Tout ce qu'on demande à un gérant, c'est d'être fidèle.* »⁸ Jésus compare souvent la vie à un dépôt et il a raconté de nombreuses histoires pour illustrer cette responsabilité envers Dieu. Dans la parabole des talents⁹, un homme d'affaires remet sa fortune entre les mains de ses serviteurs pendant son absence. En revenant, il évalue la responsabilité de chaque serviteur et il leur accorde une récompense en conséquence. Le propriétaire leur déclare : « *C'est bien, bon et fidèle serviteur ; tu as été fidèle en peu de choses, je te confierai beaucoup ; entre dans la joie de ton maître.* »¹⁰

> **Plus le Seigneur vous donne, plus il attend que vous soyez responsable.**

À la fin de votre vie sur la terre, vous serez jugé et récompensé si vous avez su gérer ce que Dieu vous avait confié. Cela sous-entend que *tout* ce que vous faites, y compris vos simples corvées quotidiennes, a des répercussions éternelles. Si vous considérez tout ce que vous avez comme un *dépôt*, Dieu vous promet trois récompenses dans l'éternité. Tout d'abord, il vous *félicitera*. Il vous dira : « Bon travail ! Très bien ! » Ensuite, vous aurez *une promotion*. Dieu vous confiera de plus grandes responsabilités dans l'éternité. « Je te mettrai à la tête de bien des choses. » Et enfin, vous aurez droit à une *célébration honorifique* : « Viens partager la joie de ton Maître ! »

La plupart des gens ne comprennent pas que l'argent est à la fois un *test* et un *dépôt* de Dieu. Le Seigneur se sert de nos finances pour nous apprendre à lui faire confiance, et pour beaucoup, l'argent est le test le plus ardu. Dieu regarde quel usage nous faisons de notre argent pour éprouver notre fidélité à son égard. La Bible déclare : « *Si donc vous n'avez pas été fidèles dans votre façon d'utiliser les richesses trompeuses de ce monde, qui pourrait vous confier les vraies richesses ?* »¹¹

C'est une vérité très importante. Le Seigneur établit une relation directe entre ma façon d'employer mon argent et la qualité de ma vie spirituelle. La manière dont je gère mon argent (mes « richesses trompeuses de ce monde ») détermine à quel point Dieu peut me confier des bénédictions spirituelles (des « vraies richesses »). Permettez-moi de vous poser une question : Votre façon de gérer votre budget empêche-t-elle Dieu de faire plus dans votre vie ? Pouvez-vous être digne de confiance en ce qui concerne les richesses spirituelles ?

Jésus a dit : « *À quiconque il aura été beaucoup donné, il sera beaucoup redemandé ; et à celui à qui il aura été beaucoup confié, il sera plus redemandé* »[12] La vie est un test et un dépôt, et plus le Seigneur vous donne, plus il attend que vous soyez responsable.

CINQUIÈME JOUR
DÉFINIR MON OBJECTIF

Idée à méditer : La vie est un test et un dépôt.

Verset à apprendre : « *Celui qui n'est pas fidèle dans les petites choses ne l'est pas non plus pour ce qui est important.* » (Luc 16.10b, BS)

Question à me poser : Que m'est-il arrivé récemment qui, je le comprends maintenant, était un test de Dieu ? Quelles sont les missions les plus importantes que Dieu m'ait confiées ?

La vie est une étape temporaire

« O Éternel, fais-moi savoir
quand finira ma vie,
quel est le nombre de mes jours,
afin que je sache à quel point
ma vie est éphémère. »

(Psaume 39.5, BS)

« Je ne suis qu'un étranger sur la terre. »

(Psaume 119.19, BFC)

La vie sur la terre est une étape temporaire.

La Bible regorge de métaphores qui nous enseignent la nature brève, temporaire, éphémère de la vie sur la terre. La vie est décrite comme *une buée, une course rapide, un souffle* et *une nuée*. La Bible dit : « *Car nous sommes d'hier... Nos jours sont comme une ombre sur la terre.* »[1]

Pour faire le meilleur usage possible de votre vie, vous ne devez jamais oublier deux réalités : premièrement, par rapport à l'éternité, la vie est extrêmement courte. Deuxièmement, la terre n'est qu'une résidence temporaire. Comme vous ne serez pas longtemps sur la terre, ne vous y attachez pas trop. Demandez à Dieu de vous aider à voir la vie sur la terre avec ses yeux. David a prié : « *Seigneur, fais-moi savoir quand finira* ma vie, oui, combien de temps j'ai à vivre ; que je connaisse la durée de mon sursis. »[2]

La Bible compare souvent la vie sur la terre à un séjour temporaire dans un pays étranger. Ce n'est ni votre demeure permanente, ni votre destination finale. Vous ne faites que passer ; vous êtes sur terre en visite. La Bible utilise des termes comme étranger, pèlerin, visiteur et voyageur pour décrire notre bref séjour sur terre. David disait : « *Je ne suis qu'un étranger sur terre* »[3] et Pierre recommandait : « *Si vous appelez Dieu votre Père, vivez comme des résidents temporaires sur la terre.* »[4]

En Californie, où je vis, beaucoup de gens sont venus d'autres parties du monde pour travailler, mais ils gardent leur citoyenneté d'origine. Ils doivent porter un permis de travail (nommé « carte verte ») qui leur donne le droit de travailler ici même s'ils ne sont pas de nationalité américaine. Les chrétiens devraient porter des cartes vertes *spirituelles* qui leur rappelleraient que leur citoyenneté est dans les cieux. Dieu dit que ses enfants ne doivent pas considérer la vie comme le font les non-croyants. « *Leurs pensées sont toutes dirigées vers les choses de ce monde. Quant à nous, nous sommes citoyens du royaume des cieux : de là, nous attendons ardemment la venue du Seigneur Jésus-Christ.* »[5] Les vrais chrétiens comprennent que la vie est loin de se limiter aux quelques années que nous passons sur cette planète.

Votre identité est dans l'éternité, et votre patrie est au ciel. Quand vous aurez compris cette vérité, vous cesserez de vouloir « tout avoir » sur cette terre. Le Seigneur nous montre clairement le danger que nous courons à vivre *ici et maintenant* et à adopter les valeurs, les priorités et le style de vie du monde qui nous entoure. Quand nous flirtons avec les tentations du monde, Dieu appelle cela de l'adultère spirituel. La Bible dit : « *Adultères, ne savez-vous pas que l'amitié du monde est inimitié* contre Dieu ? Quiconque voudra être ami du monde se constitue ennemi de Dieu. »[6]

Imaginez que votre pays vous demande d'être son ambassadeur dans une nation ennemie. Vous devriez sans doute apprendre une nouvelle langue et vous adapter à des coutumes et à des différences culturelles afin de pouvoir accomplir votre mission sans commettre d'impairs. En tant qu'ambassadeur, vous ne pourriez pas vous isoler de vos ennemis. Pour remplir votre mission, vous devriez entrer en contact avec eux et avoir des relations avec eux.

Mais supposez que vous soyez tellement à l'aise dans ce pays étranger que vous jetiez votre dévolu sur lui et que vous le préfériez à votre propre pays. Votre loyauté et votre engagement changeraient. Votre rôle d'ambassadeur serait compromis. Au lieu de représenter votre pays, vous vous mettriez à agir comme l'ennemi, et vous deviendriez un traître.

JOUR 6 :
LA VIE EST
UNE ÉTAPE
TEMPORAIRE

La Bible dit : « *Nous sommes donc des ambassadeurs envoyés par le Christ.* »[7] Malheureusement, beaucoup de chrétiens ont trahi leur Roi et son royaume. Ils ont stupidement déduit que, parce qu'ils habitaient sur la terre, c'était leur patrie. Mais ce n'est pas le cas ! La Bible est claire sur ce point : « *Mes chers amis, vous êtes dans ce monde comme des résidents temporaires, des hôtes de passage ; c'est pourquoi je vous le demande : ne cédez pas aux désirs de l'homme livré à lui-même : ils font la guerre à l'âme.* »[8] Dieu nous prévient de ne pas trop nous attacher à ce qui nous entoure, parce que c'est provisoire. Il nous est dit : « *Bref, que tous ceux qui jouissent des biens de ce monde vivent comme s'ils n'en jouissaient pas. Car le présent ordre des choses va vers sa fin.* »[9]

Jamais le monde occidental n'a eu une vie aussi « divertissante » qu'actuellement. Nous sommes constamment sollicités par une foule de distractions et tous nos besoins sont satisfaits. Toutes ces attractions fascinantes, ces médias captivants et ces expériences agréables à notre portée risquent de nous faire oublier que la recherche du bonheur n'est pas le but de notre vie. C'est seulement dans la mesure où nous nous souviendrons que la vie est un test, un dépôt et une étape temporaire que l'attrait de ces choses perdra de son emprise sur notre vie. Nous ne ferons alors que nous préparer à quelque chose de meilleur. « *Ce qui est visible est provisoire, mais ce qui est invisible dure toujours.* »[10]

Le fait que la terre ne soit pas notre destination finale explique pourquoi, en tant que disciples de Jésus, nous expérimentons des difficultés, des chagrins et du rejet dans ce monde.[11] Cela explique aussi pourquoi certaines des promesses de Dieu semblent inaccomplies, certaines prières sans réponse et certaines circonstances injustes. Ce n'est pas la fin de l'histoire !

Pour nous empêcher de trop nous attacher à la terre, Dieu permet que nous éprouvions une certaine dose de mécontentement et d'insatisfaction et que nous ayons des désirs qui ne seront *jamais* comblés ici-bas. Nous ne sommes pas totalement heureux parce que nous ne sommes pas censés l'être ! La terre n'est pas notre demeure finale ; nous avons été créés pour quelque chose de bien meilleur.

Un poisson ne sera jamais heureux de vivre sur la terre, parce qu'il a été fait pour l'eau. Jamais un aigle ne sera satisfait s'il n'a pas le droit de voler. Vous ne vous sentirez jamais totalement comblé sur la terre, parce que vous avez été créé pour plus que cela. Vous aurez de bons moments, mais rien de comparable à ce que Dieu a prévu pour vous dans l'au-delà.

> *La terre n'est pas notre demeure finale ; nous avons été créés pour quelque chose de bien meilleur.*

Comprendre que la vie sur terre n'est qu'une étape temporaire doit changer totalement votre sens des valeurs. Vous devez prendre vos décisions en fonction des valeurs éternelles et non des valeurs temporelles. Comme l'a fait remarquer C. S. Lewis, « tout ce qui n'est pas éternel est éternellement inutile. » La Bible dit : « *Nous regardons, non point aux choses visibles, mais à celles qui ont invisibles ; car les choses visibles sont passagères, mais les invisibles sont éternelles.* »[12]

Présumer que l'objectif de Dieu pour votre vie est la prospérité matérielle ou le succès populaire, comme le pense le monde, c'est commettre une erreur fatale. La vie abondante n'a rien à voir avec l'abondance *matérielle*, et la fidélité à Dieu ne garantit pas une carrière couronnée de succès, même dans le ministère. Ne vous polarisez jamais sur les couronnes temporaires.[13]

Paul était fidèle, mais il a fini ses jours en prison. Jean-Baptiste était fidèle, mais il a été décapité. Des millions d'hommes et de femmes fidèles ont subi le martyre, ont tout perdu ou sont arrivés à la fin de leur vie sans avoir rien accompli de marquant. *Mais la fin de la vie n'est pas la fin de tout !*

Aux yeux de Dieu, les plus grands héros de la foi ne sont pas ceux qui parviennent à la prospérité, au succès et au pouvoir dans cette vie, mais ceux qui la considèrent comme une étape temporaire et qui servent fidèlement le Seigneur en attendant la récompense éternelle qui leur est promise. La Bible décrit ainsi le Panthéon divin : « *C'est dans la foi que tous ces hommes sont morts. Ils n'ont pas reçu les biens que Dieu avait promis, mais ils les ont vus et salués de loin. Ils ont ouvertement reconnu qu'ils étaient des étrangers et des exilés sur la terre... Ils désiraient une patrie meilleure, c'est-à-dire la patrie céleste. C'est pourquoi Dieu n'a pas honte d'être appelé leur Dieu ; en effet, il leur a préparé une cité.* »[14] Le temps que vous passez sur la terre n'est pas l'histoire complète de votre vie. Vous devrez attendre d'être au ciel pour découvrir le reste des chapitres. Il faut avoir la foi pour vivre sur terre comme un étranger.

On raconte souvent l'histoire d'un missionnaire en retraite qui est rentré chez lui, en Amérique, par le même bateau que le président des États-Unis. À l'arrivée, le président fut accueilli par des foules en délire, un orchestre militaire, un tapis rouge et des bannières, alors que le missionnaire descendit du bateau incognito. Comme il s'apitoyait sur son sort et qu'il était très déçu, il fit part de son amertume à Dieu. Alors, le Seigneur lui rappela doucement : « Mais, mon enfant, *tu n'es pas encore rentré chez toi.* »

À peine arrivé au ciel vous vous écrierez : « *Pourquoi ai-je attaché une telle importance à des choses aussi éphémères ?* Qu'est-ce que j'avais en tête ? Pourquoi ai-je consacré autant de temps, d'énergie et de matière grise à ce qui n'allait pas durer ? »

Quand la vie se complique, quand vous êtes submergé par le doute ou que vous vous demandez si vivre pour Christ en vaut la peine, souvenez-vous que vous n'êtes pas encore à la maison. À la mort, vous ne quitterez pas votre demeure — vous y *entrerez*.

SIXIÈME JOUR
DÉFINIR MON OBJECTIF

Idée à méditer : Je ne suis pas chez moi dans ce monde.

Verset à apprendre : « *Nous regardons, non point aux choses visibles, mais à celles qui sont invisibles ; car les choses visibles sont passagères, mais les invisibles sont éternelles.* » (2 Corinthiens 4.18, BG)

Question à me poser : Comment le fait de réaliser que la vie n'est qu'un passage temporaire devrait-il changer ma façon de vivre actuelle ?

7

La raison d'être de tout

« *Tout vient de lui,
tout subsiste par lui et pour lui.* »

(Romains 11.36, BS)

« *L'Éternel a tout fait pour lui-même.* »

(Proverbes 16.4, BD)

Tout est pour lui.

Le but ultime de l'univers consiste à montrer la gloire de Dieu. C'est la raison d'être de tout ce qui existe, y compris de vous. Dieu a *tout* fait pour sa gloire. Sans elle, il n'y aurait rien.

Quelle est la gloire de Dieu ? C'est sa nature même. C'est l'essence de cette nature, le poids de son importance, le rayonnement de sa splendeur, la démonstration de sa puissance et l'atmosphère de sa présence. La gloire de Dieu est l'expression de sa bonté et de toutes ses autres qualités intrinsèques et éternelles.

Où est la gloire de Dieu ? Regardez autour de vous. *Tout* ce qui a été créé par le Seigneur reflète sa gloire d'une façon ou d'une autre. Nous la voyons partout, depuis la forme de vie la plus microscopique jusqu'à la Voie Lactée, des couchers de soleil et des étoiles aux tempêtes et aux saisons.

La Création révèle la gloire de notre Créateur. Dans la nature, nous apprenons que Dieu est puissant, qu'il aime la diversité, qu'il apprécie la beauté, qu'il est organisé, sage et créatif. La Bible dit : « *Les cieux racontent la gloire de Dieu.* »[1]

Au cours de l'histoire, Dieu a révélé sa gloire au peuple à plusieurs reprises : tout d'abord, dans le jardin d'Eden, puis à Moïse, dans le tabernacle et le temple, à travers Jésus et actuellement, par l'Église.[2] Elle a été dépeinte comme un feu dévorant, une nuée, une tempête, de la fumée et une lumière éclatante.[3] Au ciel, la gloire de Dieu procurera toute la lumière nécessaire. La Bible explique : « *La ville n'a besoin ni du soleil ni de la lune pour l'éclairer ; car la gloire de Dieu l'éclaire.* »[4]

> *Vivre pour la gloire de Dieu est la plus belle performance que notre vie puisse réaliser.*

C'est en Jésus-Christ que nous voyons le mieux la gloire de Dieu. Il est la Lumière du monde, et il nous éclaire sur la nature divine. Grâce à Jésus, nous n'ignorons plus qui est réellement Dieu. La Bible dit : « *Le Fils reflète la splendeur de la gloire divine.* »[5] Jésus est venu ici-bas afin que nous puissions comprendre pleinement la gloire de Dieu. « *Celui qui est la Parole est devenu homme et a vécu parmi nous. Nous avons contemplé sa gloire… plénitude de grâce et de vérité !* »[6]

La gloire *inhérente* de Dieu est ce qu'il possède parce qu'il est Dieu. C'est sa nature. Nous ne pouvons rien ajouter à cette gloire, de même qu'il nous serait impossible de faire briller plus fort le soleil. Mais il nous est commandé de *reconnaître* sa gloire, de l'*honorer*, de la *déclarer*, de la *louer*, de la *refléter* et de *vivre pour elle*.[7] Pourquoi ? Parce que Dieu le mérite ! Nous lui devons tous les honneurs possibles. Comme il a fait toutes choses, il mérite toute la gloire. La Bible dit : « *Tu es digne, notre Seigneur et notre Dieu, de recevoir la gloire, l'honneur, et la puissance ; car c'est toi qui as créé toutes choses.* »[8]

Dans tout l'univers, seules deux des créations de Dieu ne lui rendent pas la gloire qu'il mérite : les anges déchus (les démons) et les êtres humains. Tout péché, à la base, est un refus de rendre gloire au Seigneur. C'est aimer quelque chose plus que lui. Refuser de rendre gloire à Dieu, c'est de la rébellion orgueilleuse, péché qui a causé la chute de Satan — et la nôtre aussi. De diverses manières, nous avons tous vécu pour notre gloire personnelle, et non pour celle de Dieu. La Bible dit : « *Tous ont péché, en effet, et sont privés de la glorieuse présence de Dieu.* »[9]

Aucun d'entre nous n'a donné à Dieu la gloire totale qu'il mérite de nos vies. C'est le pire des péchés et la plus grave erreur que nous puissions commettre. En revanche, vivre pour la gloire de Dieu est la plus belle performance que notre vie puisse réaliser. Dieu a dit : « *Tous ceux qui s'appellent de mon nom, et que j'ai créés pour ma gloire.* »[10] Ce devrait donc être le but suprême de notre vie.

COMMENT PUIS-JE RENDRE GLOIRE À DIEU ?

Jésus a dit au Père : « *Moi, je t'ai glorifié sur la terre, j'ai achevé l'œuvre que tu m'as donnée à faire.* »[11] Jésus a honoré Dieu en atteignant son objectif sur la terre. Nous honorons Dieu de la même manière. Quand tout, dans sa création, accomplit ses desseins, cela rend gloire au Seigneur. Les oiseaux rendent gloire à Dieu en volant, en gazouillant, en pondant des œufs et en accomplissant les autres activités que le Seigneur a prévues pour eux. Même les humbles fourmis rendent gloire à Dieu en remplissant la mission qu'il leur a assignée. Dieu a fait les fourmis pour qu'elles se conduisent comme telles, et il vous a créé dans le même but. Saint Irénée a déclaré : « La gloire de Dieu, c'est un être humain qui vit pleinement ! »

> *Quand tout, dans sa création, accomplit ses desseins, cela rend gloire au Seigneur.*

Il y a beaucoup de façons de rendre gloire à Dieu, mais elles peuvent se résumer par les cinq objectifs de Dieu pour votre

Pourquoi suis-je sur terre ?

vie. Nous consacrerons le reste de ce livre à les étudier en détail, mais en voici déjà un avant-goût :

Nous rendons gloire à Dieu en l'adorant. L'adoration est notre première responsabilité envers le Seigneur. Nous l'adorons en nous réjouissant en lui. C. S. Lewis a dit : « En nous ordonnant de le glorifier, Dieu nous invite à nous réjouir en lui. » Il veut que notre adoration soit motivée par l'amour, la reconnaissance et l'élan du cœur, et non par le devoir.

John Piper note : « Dieu est glorifié au maximum en nous lorsque nous sommes pleinement satisfaits en lui. »

L'adoration surpasse la louange, le chant et la prière. C'est un mode de vie : nous *aimons* Dieu, *savourons sa présence* et *nous consacrons* à accomplir ses desseins. Quand on voue sa vie à la gloire du Seigneur, tout devient acte d'adoration. La Bible dit : « *Utilisez votre corps comme un outil pour faire ce qui est juste dans le but de la gloire de Dieu.* »[12] (Traduction littérale).

Nous rendons gloire à Dieu en aimant les autres croyants. Quand vous êtes né de nouveau, vous êtes devenu membre de la famille de Dieu. Suivre Christ n'est pas seulement une question de foi ; cela inclut aussi *l'appartenance* à la famille de Dieu, que nous apprenons à aimer. Jean a écrit : « *Nous savons que nous sommes passés de la mort à la vie parce que nous aimons nos frères.* »[13] Paul a dit : « *Accueillez-vous les uns les autres, comme le Christ vous a accueillis, pour la gloire de Dieu.* »[14]

JOUR 7 :
LA RAISON
D'ÊTRE
DE TOUT

Vous devez apprendre à aimer comme le Seigneur le fait, car il est amour et cela l'honore. Jésus a dit : « *Oui, comme je vous ai aimés, aimez-vous les uns les autres. À ceci, tous reconnaîtront que vous êtes mes disciples : à l'amour que vous aurez les uns pour les autres.* »[15]

Nous rendons gloire à Dieu en devenant semblables à Christ. Une fois que nous sommes nés dans la famille de Dieu, il veut que nous croissions jusqu'à ce que nous atteignions la maturité spirituelle. Qu'est-ce que cela signifie ? Être mûr spirituellement, c'est penser, réagir et agir comme Jésus. Plus votre caractère s'approchera de celui de Christ, plus vous glorifierez le Seigneur. La Bible dit : « *Nous sommes transformés en la même image, de gloire en gloire, par l'Esprit du Seigneur.* »[16]

Dieu vous a donné une nouvelle vie et une nouvelle nature lorsque vous avez accepté Christ. Maintenant, pendant le reste de votre vie sur la terre, il veut continuer à transformer votre caractère. La Bible dit : « *Vous paraîtrez devant lui chargés d'œuvres justes, ce fruit que Jésus-Christ aura produit en vous, à la gloire et à la louange de Dieu.* »[17]

Nous rendons gloire à Dieu en servant les autres avec nos dons. Chacun d'entre nous a été doté de talents, de dons, d'aptitudes et de capacités uniques. Rien n'est dû au hasard. Le Seigneur ne vous a pas octroyé ces capacités pour des objectifs personnels égoïstes, mais pour servir les autres, de même que les autres ont reçu des dons pour vous servir. La Bible dit : « *Que chacun de vous utilise pour le bien des autres le don particulier qu'il a reçu de Dieu. Vous serez ainsi de bons administrateurs des biens divins… Que celui qui a le don de servir l'utilise avec la force que Dieu lui accorde : il faut qu'en toutes choses gloire soit rendue à Dieu.* »[18]

Nous rendons gloire à Dieu en parlant de lui aux autres. Le Seigneur ne veut pas que son amour et ses desseins soient gardés secrets. Une fois que nous connaissons la vérité, il s'attend à ce que nous la transmettions à d'autres. C'est un grand privilège de parler de Jésus aux autres, de les aider à découvrir leur objectif et de les préparer pour leur destinée éternelle. La Bible déclare : « *La grâce de Dieu atteint de plus en plus de personnes, en augmentant ainsi le nombre de prières de reconnaissance exprimées à la gloire de Dieu.* »[19]

POURQUOI ALLEZ-VOUS VIVRE ?

Passer le reste de votre vie pour la gloire de Dieu va nécessiter que vous modifiiez vos priorités, votre emploi du temps, vos relations et tout le reste. Parfois, cela impliquera que vous choisissiez un sentier difficile au détriment d'un autre plus aisé. Même Jésus a été en butte à ce problème. Quand il a su qu'il allait être crucifié, il a crié : « *Mon âme est troublée. Et que dirai-je ?... Père, délivre-moi de cette heure ?... Mais c'est pour cela que je suis venu jusqu'à cette heure. Père, glorifie ton nom !* »[20]

Jésus se tenait à la croisée des chemins. Accomplirait-il sa mission et rendrait-il gloire à Dieu, ou reculerait-il et opterait-il pour une vie plus confortable et égocentrique ? Vous êtes face au même choix. Allez-vous vivre pour vos objectifs personnels, votre confort et votre plaisir, ou passerez-vous le reste de votre vie à la gloire de Dieu, sachant qu'il a promis des récompenses éternelles ? La Bible dit :

« *Celui qui affectionne sa vie la perdra ; et celui qui hait sa vie dans ce monde-ci la conservera pour la vie éternelle.* »[21]

Il est temps de régler ce problème. *Pour qui* allez-vous vivre : pour vous-même ou pour Dieu ? Peut-être hésitez-vous. Vous vous demandez si vous aurez la force de vivre pour le Seigneur. Ne vous inquiétez pas : **Si vous choisissez de vivre pour lui, Dieu vous donnera ce dont vous avez besoin.** La Bible dit : « *Dans son grand amour, il nous a fait naître à une vie nouvelle, grâce à la résurrection de Jésus-Christ d'entre les morts, pour nous donner une espérance vivante.* »[22]

Dès à présent, Dieu vous invite à vivre à sa gloire en remplissant les objectifs qu'il vous a fixés. C'est la seule vie digne de ce nom. Sinon, vous ne ferez qu'*exister*. La vraie vie commence par une consécration totale à Jésus-Christ. Si vous n'êtes pas certain de l'avoir fait, il vous suffit de *le recevoir* et de *croire en lui*. La Bible promet : « *À tous ceux qui l'ont reçu, à ceux qui croient en son nom, il a donné le pouvoir de devenir enfants de Dieu.* »[23] Voulez-vous accepter l'offre de Dieu ?

Jésus vous donnera tout ce que vous avez besoin pour vivre pour lui.

Tout d'abord, croyez que le Seigneur vous aime et qu'il vous a créé pour accomplir ses desseins. Soyez convaincu que vous n'êtes pas là par hasard, que vous êtes destiné à vivre éternellement, que Dieu vous a choisi pour avoir une relation avec Jésus qui est mort sur la croix pour vous et que, quoi que vous ayez fait, Dieu veut vous pardonner.

Ensuite, recevez Jésus dans votre vie comme Seigneur et Sauveur. Acceptez son pardon pour vos péchés et son Esprit qui vous donnera le pouvoir d'accomplir ce pour quoi vous avez été créé. La Bible garantit : « *Qui place sa confiance dans le Fils possède la vie éternelle.* »[24] Là où vous êtes, je vous invite à courber la tête et à murmurer tout bas la prière qui changera votre éternité : « *Jésus, je crois en toi et je te reçois.* » Allez-y, faites-le !

Si vous avez prononcé cette prière du fond du cœur, bravo ! Bienvenue dans la famille de Dieu ! Vous voilà prêt à découvrir le plan de Dieu pour votre vie et à vivre en conformité avec lui. Je vous invite à en parler à quelqu'un qui saura vous soutenir dans votre démarche.

SEPTIÈME JOUR
DÉFINIR MON OBJECTIF

Idée à méditer : Tout est pour Dieu.

Verset à apprendre : « *En effet, tout vient de lui, tout subsiste par lui et pour lui.* » (Romains 11.36, BS)

Question à me poser : Dans quel domaine de ma routine quotidienne puis-je prendre davantage conscience de la gloire de Dieu ?

PREMIER OBJECTIF

VOUS AVEZ ÉTÉ CONÇU POUR LE PLAISIR DE DIEU

« Alors on les comparera à des arbres
qui font honneur à Dieu,
à un jardin qui révèle la gloire du Seigneur. »

(Ésaïe 61.3, BFC)

Conçu pour le plaisir de Dieu

*« Car c'est toi qui as créé toutes choses,
elles sont venues à l'existence parce que tu l'as voulu. »*

(Apocalypse 4.11, BFC)

« Car l'Éternel prend plaisir à son peuple. »

(Psaume 149.4a, BG)

Vous avez été conçu pour le plaisir de Dieu.

Au moment où vous êtes né dans ce monde, Dieu était là, comme un témoin invisible, *souriant* à votre vue. Il voulait que vous existiez et votre arrivée lui fit grand plaisir. Dieu n'avait pas *besoin* de vous créer, mais il a *choisi* de le faire pour sa satisfaction personnelle. Vous existez pour son bien, sa gloire, ses desseins et sa joie.

Faire les délices de votre Seigneur et vivre pour lui plaire est le premier objectif de votre vie. Si vous comprenez bien cela, jamais plus vous ne vous sentirez insignifiant, car ce simple fait prouve votre valeur. Si vous êtes *si important* pour Dieu et qu'il vous considère comme assez précieux pour vous garder avec lui éternellement, que demander de plus ? Vous êtes un enfant de Dieu, et vous lui apportez un plaisir particulier que nulle autre de ses créatures ne pourra jamais lui procurer. La Bible dit : « *Puisqu'il nous a aimés, il nous a destinés d'avance à être ses enfants qu'il voulait adopter par Jésus-Christ. Voilà ce que, dans sa bonté, il a voulu pour nous.* »[1]

L'un des plus grands dons que Dieu vous ait fait, c'est la capacité d'éprouver du plaisir. Pour cela, il vous a doté de cinq sens et de la capacité d'éprouver des émotions. Il souhaite vous voir jouir de la vie, pas l'endurer. Si vous pouvez éprouver du plaisir, c'est parce que le Seigneur vous a créé *à son image*.

Nous oublions souvent que Dieu a, lui aussi, des émotions. Il ressent les choses très profondément. La Bible nous dit que le Seigneur s'afflige, éprouve de la jalousie et se met en colère, mais aussi qu'il ressent de la compassion, de la pitié, de la peine et de la sympathie aussi bien que du bonheur, de la joie et de la satisfaction. L'Éternel aime, se délecte, éprouve du plaisir, se réjouit, s'amuse et même rit ![2]

Apporter du plaisir à Dieu s'appelle « l'adoration ». La Bible dit : « *Le plaisir de l'Éternel est en ceux qui le craignent, en ceux qui s'attendent à sa bonté.* »[3]

Tout ce que vous faites et qui apporte du plaisir à Dieu est un acte d'adoration. Comme un diamant, l'adoration a de *multiples facettes*. Il faudrait des livres entiers pour expliquer *tout* ce qu'il y a à comprendre à ce sujet, mais dans cette partie, nous examinerons les aspects principaux de l'adoration.

> *Tout ce que vous faites et qui apporte du plaisir à Dieu est un acte d'adoration.*

Les anthropologues ont remarqué que l'adoration était un besoin universel que Dieu avait profondément ancré dans notre être intérieur — une soif instinctive d'entrer en contact avec le Seigneur. Elle est aussi naturelle que de manger ou de respirer. Si nous n'adorons pas Dieu, nous trouvons toujours un substitut. Souvent, nous finissons par nous idolâtrer nous-mêmes ! Si Dieu a mis en nous ce désir, c'est qu'il veut trouver des adorateurs ! Il a dit : « *Le Père recherche des hommes qui l'adorent.* »[4]

Vos traditions religieuses vous ont peut-être donné une vision trop étriquée de « l'adoration ». Pour vous, cela évoque soit des réunions de l'Église où l'on chante, prie et écoute une prédication, soit des cérémonies avec des bougies et la Sainte Cène, soit des guérisons, des miracles et des expériences surnaturelles. Certes, l'adoration peut contenir ces éléments, mais elle va *bien au-delà*. L'adoration est un mode de vie !

L'adoration va bien au-delà de la musique, à l'inverse de ce que s'imaginent beaucoup de gens qui disent : « Dans notre assemblée, nous avons d'abord l'adoration et ensuite le message. » C'est un gros contresens ! *Toutes* les parties d'une réunion de l'Église sont des expressions d'adoration : la prière, la lecture des Écritures, le chant, la confession, le silence, le recueillement, l'écoute d'une prédication, la prise de notes, le don de l'offrande, le baptême, la Sainte Cène, la signature d'une carte d'engagement et même l'accueil des autres chrétiens.

> *L'adoration va bien au-delà de la musique.*

Actuellement, l'adoration est souvent assimilée à la musique, mais dans le jardin d'Eden, Adam a adoré l'Éternel, alors que la musique n'est mentionnée que dans Genèse 4.21 au cours de la naissance de Jubal. Si l'adoration se bornait à la musique, tous ceux qui ne sont pas doués dans ce domaine ne pourraient jamais adorer Dieu. L'adoration va bien au-delà.

Pire encore, « l'adoration » est souvent un mot employé pour qualifier un certain *style* de musique : « D'abord nous avons chanté un hymne, puis un chant *de louange et d'adoration*. » Ou encore : « J'apprécie les chants de louange rapides, mais je préfère les lents cantiques d'adoration. » Dans cette phrase, si un chant est rapide, fort ou qu'on y entend des cuivres, on dit que c'est un « cantique de louange », alors que s'il est lent, doux et recueilli, avec éventuellement un accompagnement à la guitare, on parle d'adoration. C'est une erreur courante de définition du terme « adoration ».

Cette dernière n'a rien à voir avec le style, le volume ou la cadence d'un chant. Dieu aime toutes les sortes de musique, car c'est lui qui a tout inventé — les mélodies rapides comme les lentes, les fortes comme les douces, les anciennes comme les nouvelles. Vous ne les appréciez sans doute pas toutes, mais Dieu les aime ! Si elles sont offertes au Seigneur en esprit et en vérité, elles constituent un acte d'adoration.

Les chrétiens contestent souvent certains types de musique qu'on fait monter vers Dieu dans l'adoration. Ils défendent fougueusement leur style préféré, qu'ils considèrent comme le plus biblique et celui qui honore le plus l'Éternel. Mais la Bible ne définit pas de style précis ! Elle ne renferme aucune note de musique ; nous n'avons même plus les instruments employés aux temps bibliques.

À vrai dire, votre style musical préféré en dit plus long sur *vous* — sur votre éducation et votre personnalité — que sur Dieu. Un groupe ethnique peut apprécier un style musical qui casse les oreilles à un autre. Mais le Seigneur, qui aime la variété, apprécie tout.

Il n'y a pas de « musique chrétienne » bien définie, mais seulement des chants chrétiens. Ce sont les paroles qui rendent un chant spirituel et non la mélodie. Il n'y a pas de mélodie spirituelle. Si je vous faisais entendre un air sans paroles, vous n'auriez aucun moyen de savoir s'il s'agit d'un chant « chrétien ».

JOUR 8 :
CONÇU
POUR
LE PLAISIR
DE DIEU

L'adoration n'est pas destinée à votre profit personnel. En tant que pasteur, je reçois parfois des petits mots qui me disent : « J'ai beaucoup aimé l'adoration aujourd'hui. Elle m'a beaucoup apporté. » C'est une autre idée fausse de l'adoration. Elle n'est pas destinée à notre profit, mais à celui de Dieu ! Quand nous lui rendons grâces, c'est pour son plaisir et non pour le nôtre.

S'il vous est arrivé de dire : « Je n'ai rien retiré de l'adoration aujourd'hui, » c'est que vous adorez le Seigneur pour de mauvaises raisons. L'adoration n'est pas pour vous, mais pour Dieu. Évidemment, la plupart des services « d'adoration » comprennent aussi des moments de communion fraternelle, d'édification et d'évangélisation, et nous en bénéficions vraiment quand nous adorons Dieu, mais nous ne le faisons pas pour nous plaire à nous-mêmes. Notre objectif est de glorifier et de réjouir notre Créateur.

Dans Ésaïe 29, Dieu déplore la tiédeur et l'hypocrisie de l'adoration. Les gens offraient alors à Dieu des prières monotones, des mots vides et des rituels humains sans penser à ce qu'ils faisaient. Le cœur du Seigneur n'est pas touché par les traditions religieuses, mais par la passion et la consécration. La Bible dit : « *Quand ce peuple s'approche de moi, il m'honore de la bouche et des lèvres, mais son cœur est éloigné de moi, et la crainte qu'il a de moi n'est qu'un précepte de tradition humaine.* »[5]

L'adoration n'est pas *une partie* de votre vie, mais sa totalité. Elle ne se borne pas aux réunions de l'Église, mais il nous est demandé d'« adorer Dieu continuellement ».[6] « *Du lieu où le soleil se lève jusque là-bas où il se couche, que tous glorifient le Seigneur !* »[7] Dans la Bible, les gens louaient Dieu au travail, à la maison, au combat, en prison et même au lit ! Louer le Seigneur devrait être votre premier réflexe dès que vous ouvrez les yeux et votre dernière activité quand vous les fermez avant de dormir.[8] David disait : « *Je bénirai l'Éternel en tout temps ; sa louange sera toujours dans ma bouche.* »[9]

Toute activité peut être transformée en acte d'adoration quand on l'accomplit pour la louange, la gloire et le plaisir de Dieu. La Bible dit : « *Ainsi, que vous mangiez, que vous buviez ou que vous fassiez quoi que ce soit, faites tout pour la gloire de Dieu.* »[10] Martin Luther affirmait : « Une fille de ferme peut traire les vaches pour la gloire de Dieu. »

Comment est-il possible de tout faire pour la gloire de Dieu ? En accomplissant tout *comme si c'était pour Jésus* et en dialoguant constamment avec lui pendant ce temps. La Bible donne ce conseil : « *Tout ce que vous faites, faites-le de bon cœur, comme pour le Seigneur, et non pour les hommes.* »[11]

Voilà le secret d'une vie vouée à l'adoration : tout faire comme si c'était pour Jésus ; La paraphrase du Message dit : « *Prenez votre vie ordinaire, celle de tous les jours — votre sommeil, vos repas, votre travail et votre train-train quotidien — et placez-les devant Dieu comme une offrande.* »[12] Si vous dédiez votre travail au Seigneur et que vous l'accomplissez en ayant conscience de sa présence, votre tâche deviendra un acte d'adoration.

Quand je suis tombé amoureux de ma femme, je pensais à elle constamment : pendant que je prenais mon petit déjeuner, que j'allais à l'université, que je suivais les cours, que je faisais la queue au supermarché, que je prenais de l'essence — cette femme était constamment dans mes pensées ! Je ressassais tout ce que j'aimais en elle, et c'est ce qui me permettait de rester proche de Kay malgré les centaines de kilomètres qui nous séparaient, car nous fréquentions des universités différentes. En pensant perpétuellement à elle, je *demeurais dans son amour*. C'est cela, la véritable adoration : *tomber amoureux de Jésus*.

HUITIÈME JOUR
DÉFINIR MON OBJECTIF

Idée à méditer : J'ai été conçu pour le plaisir de Dieu.

Verset à apprendre : « *L'Éternel prend plaisir à son peuple.* » (Psaume 149.4a, BG)

Question à me poser : Quelle tâche banale pourrais-je commencer à accomplir comme si c'était directement pour Jésus ?

Qu'est-ce qui fait sourire Dieu ?

« *Que l'Éternel te sourie...* »
(Nombres 6.25, traduction littérale)

« *Souris-moi, moi qui suis ton serviteur, enseigne-moi la bonne manière de vivre.* »
(Psaume 119.135, traduction littérale)

Le sourire de Dieu est l'objectif de votre vie.

Comme votre priorité est de plaire à Dieu, votre tâche primordiale consiste à découvrir comment y parvenir. La Bible dit : « *Tâche de trouver ce qui plaît au Seigneur, puis, fais-le.* »[1] (Traduction littérale). Heureusement, la Bible nous fournit un exemple précis d'une vie qui a plu au Seigneur : celle de Noé.

À son époque, le monde entier avait sombré dans l'iniquité. Chacun vivait pour son plaisir personnel et non pour la gloire de Dieu. L'Éternel ne pouvait plus trouver un seul homme sur la terre qui souhaitait lui plaire, à tel point qu'il était consterné et qu'il regrettait d'avoir créé l'être humain. Il était tellement écœuré par la race humaine qu'il songeait à l'exterminer. Mais un homme le faisait sourire. La Bible déclare : « *Noé trouva grâce aux yeux de l'Éternel.* »[2]

Dieu se disait : « Ce type me plaît. Il me fait sourire. Je vais tout recommencer avec sa famille. » Comme Noé a trouvé grâce aux yeux de Dieu, vous et moi sommes vivants aujourd'hui. Sa vie nous enseigne les cinq actes d'adoration qui font sourire le Seigneur.

Dieu sourit quand nous l'aimons plus que tout. Noé aimait l'Éternel plus que tout au monde, même lorsqu'il était le seul à le faire ! La Bible nous apprend que pendant toute sa vie, « Noé était un homme juste et irréprochable au milieu de ses contemporains. Il conduisait sa vie sous le regard de Dieu. »[3]

C'est ce que le Seigneur désire le plus : avoir une relation avec vous ! C'est le fait le plus bouleversant de l'univers : notre Créateur souhaite être en contact avec nous. Dieu vous a créé afin de vous aimer, et il aspire à être aimé en retour. Il a dit : *« Je ne veux pas tes sacrifices, mais ton amour. Je ne veux pas tes offrandes, mais je désire que tu me connaisses. »*[4]

Dans ce verset, sentez-vous à quel point Dieu se passionne pour vous ? Il vous aime ardemment et il souhaite que vous l'aimiez en retour. Il *aspire* à être connu de vous et à vous voir passer du temps avec lui. C'est pourquoi l'objectif suprême de votre vie devrait être d'apprendre à aimer Dieu et à être aimé de lui. Rien d'autre n'est aussi important. Jésus a dit, du reste, que c'était le plus grand commandement : *Tu aimeras le Seigneur, ton Dieu, de tout ton cœur, de toute ton âme et de toute ta pensée. C'est le premier et le plus grand commandement.* »[5]

Dieu sourit lorsque nous lui faisons totalement confiance. La seconde raison pour laquelle Noé a plu à Dieu est qu'il lui a fait confiance même lorsque cela semblait insensé. La Bible dit : « *Par la foi, Noé écouta les avertissements de Dieu au sujet de ce qui allait se passer et qu'on ne voyait pas encore. Il prit Dieu au sérieux et construisit une arche... et obtint, grâce à sa foi, que Dieu le considère comme juste.* »[6]

> *C'est ce que le Seigneur désire le plus : avoir une relation avec vous !*

Imaginez cette scène. Un jour, Dieu vient trouver Noé pour lui dire : « Les êtres humains me déçoivent trop. Dans le monde entier, tu es le seul qui penses à moi. Mais, Noé, quand je te regarde, je me mets à sourire. Ta vie me plaît, si bien que je vais faire venir le déluge sur ce monde et repartir à zéro avec toi. Je veux bâtir un bateau géant qui vous sauvera, toi et les animaux. »

Trois problèmes auraient pu amener Noé à douter. Tout d'abord, il n'avait jamais vu de pluie, car avant le déluge, Dieu irriguait la terre directement par le sol.[7] Ensuite, Noé vivait à des centaines de kilomètres de l'océan le plus proche. Même s'il apprenait à construire un bateau, comment le mettrait-il sur l'eau ? Et enfin, comment rassemblerait-il les animaux et préserverait-il leur vie ? Mais Noé ne se lamenta pas et n'échafauda pas d'excuses. Il crut totalement en Dieu, ce qui fit sourire le Seigneur.

Croire totalement en Dieu, c'est avoir la foi dans le fait qu'il sait ce qui est le meilleur pour votre vie. Vous vous attendez alors à ce qu'il tienne parole, qu'il vous aide dans vos problèmes et même, le cas échéant, qu'il fasse l'impossible. La Bible dit : « *L'Éternel aime ceux qui le craignent, ceux qui espèrent en sa bonté.* »[8]

Noé a mis cent vingt ans à construire son arche. Je suppose qu'il a dû être découragé à maintes reprises, année après année, lorsqu'il n'y avait pas la moindre goutte de pluie et que les gens se moquaient sans vergogne du « vieux fou qui pensait que Dieu lui parlait. » J'imagine que ses enfants devaient se sentir gênés à la vue de cet énorme bateau construit devant chez eux. Toutefois, Noé continua à faire confiance au Seigneur.

Dans quels domaines de votre vie avez-vous besoin de vous confier totalement au Seigneur ? Croire est un acte d'adoration ! De même que les parents aiment que leurs enfants se fient à leur amour et à leur sagesse, votre foi réjouit le Seigneur. La Bible dit : « *Sans la foi, il est impossible de plaire à Dieu.* »[9]

Dieu sourit quand nous lui obéissons sans réserve. Sauver l'espèce animale d'un déluge universel nécessitait une grande attention à la logistique et aux détails. Tout devait être fait *exactement comme Dieu l'avait prescrit*. L'Éternel n'a pas dit : « Fais un bateau à ton idée, Noé. » Il lui a donné des instructions très précises concernant la taille, la forme et les matériaux de l'arche, ainsi que le nombre d'animaux qui devaient monter à bord. La Bible nous dévoile la réaction de Noé : « *Noé obéit et fit tout comme Dieu le lui avait ordonné.* »[10]

Vous remarquerez que Noé a obéi *complètement* (sans négliger la moindre instruction) et *exactement* (à la façon et au moment voulus par l'Éternel). Quel zèle ! Il n'est pas étonnant que Dieu ait souri en regardant Noé !

Si le Seigneur vous demandait d'ériger un bateau géant, ne pensez-vous pas que vous pourriez émettre quelques questions, objections ou réserves ? Mais Noé n'a pas réagi ainsi. Il a obéi à Dieu sans broncher ; il a fait tout ce qu'il lui demandait sans réticences ni hésitations. Il n'a pas remis les choses à plus tard en balbutiant : « Je prierai à ce sujet. » Non ! Il a obéi immédiatement. Tous les parents savent que l'obéissance remise à plus tard est, en réalité, de la désobéissance.

Dieu ne vous doit pas une explication ou une justification pour tout ce qu'il vous demande de faire. Tant pis si nous ne comprenons pas : obéissons sans délai ! L'obéissance instantanée vous en apprendra plus sur Dieu qu'une vie entière de discussions bibliques. En fait, vous ne comprendrez certains commandements que si vous commencez par leur obéir. L'obéissance ouvre l'intelligence spirituelle.

Souvent, nous tentons d'offrir au Seigneur une obéissance *partielle*. Nous essayons de choisir nos commandements favoris au détriment des autres. Nous tenons une liste des commandements que nous apprécions et auxquels nous obéissons et nous ignorons ceux qui nous semblent excessifs, difficiles, contraignants ou rébarbatifs. Je vais à l'église, mais pas question de verser la dîme. Je lis ma Bible, mais je ne pardonne pas à la personne qui m'a blessée, etc... Sachez que l'obéissance partielle est de la désobéissance.

Croire totalement en Dieu, c'est avoir la foi dans le fait qu'il sait ce qui est le meilleur pour votre vie.

L'obéissance sans réserve est joyeuse et enthousiaste. La Bible dit : « *Servez l'Éternel avec joie !* »[11] C'est l'attitude de David : « *Montre-moi, Seigneur, la voie que je dois suivre, et je m'y engagerai jusqu'au bout.* »[12]

Jacques expliquait aux chrétiens : « *Nous plaisons à Dieu par ce que nous faisons, et non pas seulement par ce que nous croyons.* »[13] (Traduction littérale). La Parole de Dieu explique clairement qu'on ne peut pas gagner son salut. Il nous est acquis par grâce, et non par nos efforts. Mais en tant qu'enfants de Dieu, nous pouvons faire plaisir à notre Père céleste en lui obéissant. Tout acte d'obéissance constitue une manifestation d'adoration. Pourquoi l'obéissance plaît-elle tant au Seigneur ? Parce qu'elle prouve que nous l'aimons vraiment. Jésus a dit : « *Si vous m'aimez, gardez mes commandements.* »[14]

Dieu sourit lorsque nous le louons et le remercions continuellement. Rien n'est plus agréable que de recevoir des compliments sincères ; Dieu aime aussi cela. Quand nous lui exprimons notre adoration et notre gratitude, il sourit.

La vie de Noé a plu à Dieu parce qu'il avait le cœur rempli de louanges et de reconnaissance. Après avoir survécu au déluge, la première chose qu'il a faite a consisté à exprimer sa gratitude à Dieu en offrant un sacrifice. La Bible rapporte : « *Noé bâtit un autel à l'Éternel… et offrit des holocaustes sur l'autel.* »[15]

Grâce au sacrifice de Jésus, nous n'offrons plus de sacrifices d'animaux comme l'a fait Noé. Il nous est demandé de lui présenter des « *sacrifices de louange* »[16] et des « *sacrifices d'actions de grâces.* »[17] Nous louons le Seigneur pour *ce qu'il est*, et nous le remercions pour *ce qu'il a fait*. David a dit : « *Alors je te louerai, ô Dieu, dans mes cantiques, et je proclamerai ta gloire par ma reconnaissance. Voilà, ô Éternel, ce qui te plaît.* »[18]

Quand nous apportons à Dieu notre louange et nos actions de grâces, il se produit un phénomène stupéfiant. Lorsque nous réjouissons le cœur de Dieu, notre propre cœur se remplit de joie !

Ma mère aimait beaucoup me faire la cuisine. Même après mon mariage avec Kay, lorsque nous allions chez mes parents, maman préparait de vrais festins. L'un des grands plaisirs de sa vie consistait à nous regarder manger joyeusement ce qu'elle nous avait préparé. Plus nous nous régalions, plus elle était ravie.

Mais nous aimions aussi lui faire plaisir en lui disant à quel point son repas nous avait plu. Cela fonctionnait dans les deux sens. En dégustant ses bons petits plats, je couvrais ma mère d'éloges. Je ne voulais pas seulement les savourer, mais aussi faire plaisir à ma mère. Tout le monde était content !

L'adoration est, elle aussi, à double sens. Nous nous réjouissons de ce que Dieu a accompli pour nous, et quand nous exprimons notre satisfaction au Seigneur, cela lui fait plaisir — tout en accroissant notre joie. Le livre des Psaumes déclare : « *Les justes se réjouissent, ils triomphent devant Dieu, ils ont des transports d'allégresse.* »[19]

Dieu sourit lorsque nous employons nos talents. Après le déluge, l'Éternel a donné à Noé ces instructions simples : « *Fructifiez et multipliez et remplissez la terre... Tout ce qui se meut et qui est vivant vous sera pour nourriture ; comme l'herbe verte, je vous donne tout.* »[20]

Dieu a dit, en quelque sorte : « Il est temps de vivre ! Fais ce que j'ai prévu pour les hommes. Aime ton épouse. Aie des bébés et élève-les. Sème des graines et prends tes repas. Sois humain ! C'est ce que j'ai prévu pour toi ! »

Vous pensez peut-être que vous ne plaisez au Seigneur que lorsque vous pratiquez des « activités spirituelles », telles que lire la Bible, aller à l'église, prier ou témoigner de votre foi, et que Dieu ne s'intéresse pas au reste de votre vie. Et pourtant, le Seigneur aime observer *tous* les détails de votre vie, que vous travailliez, jouiez, vous reposiez ou mangiez. Il ne manque pas un seul de vos gestes. La Bible nous dit : « *L'Éternel affermit les pas de l'homme, et il prend plaisir à sa voie.* »[21]

le Seigneur aime observer tous les détails de votre vie.

Toute activité humaine (à l'exception du péché) peut procurer du plaisir à Dieu si vous l'accomplissez avec une attitude de louange. Vous pouvez laver la vaisselle, réparer une machine, vendre un produit, écrire un programme pour votre ordinateur, récolter une moisson ou élever des enfants pour la gloire de Dieu.

Comme un père fier de son enfant, Dieu aime beaucoup vous voir utiliser les talents et les capacités dont il vous a doté. Le Seigneur nous a accordé volontairement des dons différents pour son plaisir. Il a pourvu certains de capacités athlétiques et d'autres de dons analytiques. Vous êtes peut-être doué pour la mécanique, pour les mathématiques, pour la musique ou pour des milliers d'autres choses. Toutes ces capacités peuvent faire sourire le Seigneur. La Bible nous explique : « *Il a formé leur cœur à tous, et il reste attentif à chacun de leurs actes.* »[22]

Vous n'apportez ni gloire, ni plaisir à Dieu en dissimulant vos aptitudes ou en essayant d'être quelqu'un d'autre. Ce qui lui plaît, c'est de vous voir être vous-même. Chaque fois que vous rejetez une partie de vous-même, vous rejetez la sagesse et la souveraineté que le Seigneur a manifestées en vous créant. Dieu a dit : « *Quel malheur de voir un homme, simple pot de terre parmi les autres, qui ose faire des reproches à celui qui l'a façonné ! L'argile demande-t-elle à celui qui la façonne : Que fais-tu là ?* »[23]

Dans le film *Les chariots de feu*, le coureur olympique Eric Liddel déclare : « Je crois que Dieu m'a créé pour un but, mais il m'a aussi fait courir vite, et quand je cours, je sens son plaisir. » Par la suite, il a ajouté : « Cesser de courir le décevrait. » Il n'y a pas de capacités *non-spirituelles*. Commencez donc à employer les vôtres pour la gloire de Dieu.

JOUR 9 : QU'EST-CE QUI FAIT SOURIRE DIEU ?

Le Seigneur aime aussi vous voir *apprécier* sa création. Il vous a doté d'yeux pour jouir de la beauté, d'oreilles pour jouir des sons, d'un nez et de papilles gustatives pour jouir des odeurs et des saveurs et de nerfs sous la peau pour jouir du toucher. Chaque fois que vous le faites, vous pouvez remercier le Seigneur pour cela, et cela devient alors un acte d'adoration. La Bible nous précise : « *Dieu... nous donne avec abondance toutes choses pour que nous en jouissions.* »[24]

Le Seigneur aime même vous regarder dormir ! Quand mes enfants étaient petits, je me souviens les avoir observés avec attendrissement pendant leur sommeil. Parfois, la journée avait été remplie de problèmes et de désobéissances, mais lorsqu'ils dormaient, ils semblaient contents, paisibles et doux, et je me souvenais alors combien je les aimais.

Mes enfants n'avaient rien à faire pour que je savoure leur présence. Je les aimais tant qu'il me suffisait de les voir *respirer* pour me réjouir. Leur petit torse se levait et s'abaissait doucement : je souriais, et parfois, des larmes de joie embuaient mes yeux. Quand vous dormez, Dieu vous couve des yeux avec amour parce qu'il vous a créé selon son idée. Il vous aime comme si vous étiez la seule personne sur la terre.

Les parents n'ont pas besoin que leurs enfants soient parfaits, ou même mûrs, pour les aimer. Ils observent avec joie tous les stades de leur développement. De même, Dieu n'attend pas que vous ayez atteint la maturité pour vous apprécier. Il vous aime et vous chérit à tous les stades du votre croissance.

Quand vous étiez petit, vous avez peut-être eu des enseignants ou des proches mécontents, mais ne pensez pas que ce soit là l'attitude de Dieu. Il sait que vous êtes incapable d'être parfait ou impeccable. La Bible dit : « *Car il sait de quoi nous sommes formés, il se souvient que nous sommes poussière.* »[25]

Ce que Dieu regarde, c'est l'attitude de votre cœur : votre profond désir est-il de lui plaire ? C'était le but suprême de l'apôtre Paul : « *Aussi, que nous restions dans ce corps ou que nous le quittions, notre ambition est de plaire au Seigneur.* »[26] Si vous vivez à la lumière de l'éternité, vous ne vous demanderez plus : « Combien de plaisirs vais-je pouvoir tirer de la vie ? » mais « Quel plaisir le Seigneur tire-t-il de ma vie ? »

Au vingt-et-unième siècle, Dieu cherche des gens qui, comme Noé, veulent vivre pour le plaisir de Dieu. La Bible dit : « *L'Éternel, du haut des cieux, regarde les fils de l'homme, pour voir s'il y a quelqu'un qui soit intelligent, qui cherche Dieu ?* »[27]

Voulez-vous consacrer toute votre vie à plaire au Seigneur ? Dieu est prêt à tout pour ceux qui sont totalement voués à cette tâche.

NEUVIÈME JOUR
DÉFINIR MON OBJECTIF

Idée à méditer : Dieu sourit quand je lui fais confiance.

Verset à apprendre : « *L'Éternel aime ceux qui le craignent, ceux qui espèrent en sa bonté.* » (Psaume 147.11, BG)

Question à me poser : Comme Dieu sait ce qui est le meilleur, dans quels domaines de ma vie ai-je besoin de lui faire davantage confiance ?

10
Le cœur de l'adoration

> « *Offrez-vous à Dieu...*
> *et mettez-vous tout entiers à son service*
> *comme instruments de ce qui est juste.* »
>
> (Romains 6.13, BFC)

Le cœur de l'adoration est la soumission.

La soumission est un mot impopulaire, presque autant que le mot *sujétion*. Il sous-entend une capitulation, et personne n'a envie d'être un *perdant*. *Se soumettre*, c'est admettre sa défaite au combat, perdre un match sportif ou déclarer forfait devant un adversaire plus fort que soi. Ce terme est presque toujours utilisé dans un contexte négatif. Les criminels capturés *se soumettent* aux autorités.

Dans notre culture compétitive actuelle, on nous enseigne à ne jamais baisser les bras ni nous rabaisser. Nous n'entendons donc guère parler de soumission. On doit gagner à tout prix ; la soumission est *inconcevable*. Nous préférons penser à gagner, réussir, triompher et conquérir plutôt qu'à nous abaisser, céder, obéir et capituler. Et pourtant, la soumission à Dieu est au cœur de l'adoration. C'est une réaction naturelle face à l'amour et à la grâce prodigieuses du Seigneur. Nous nous donnons à lui, non par crainte ou par obligation, mais par amour, « *parce qu'il nous a aimés le premier.* »[1]

Après avoir consacré onze chapitres du livre des Romains à nous expliquer l'incroyable grâce de Dieu envers nous, Paul nous incite à soumettre totalement nos vies à Dieu dans l'adoration : « *Je vous exhorte donc, frères, par les compassions de Dieu, à offrir vos corps comme un sacrifice vivant, saint, agréable à Dieu, ce qui sera de votre part un culte raisonnable.* »[2]

La véritable adoration – celle qui est agréable à Dieu — se produit quand vous vous offrez totalement au Seigneur.

Le cœur de l'adoration, c'est l'offrande de votre vie.

Le cœur de l'adoration, c'est l'offrande de votre vie.

Cet acte de soumission personnelle sous-entend beaucoup de choses : que vous vous consacriez vous-même, que vous fassiez de Jésus votre Seigneur, que vous preniez votre croix, que vous mouriez à vous-même et que vous vous consacriez au Saint-Esprit. Ce qui compte, ce ne sont pas les termes que vous employez, mais c'est votre démarche. Le Seigneur souhaite avoir votre vie toute entière. Quatre-vingt-quinze pour cent n'est pas suffisant. Trois obstacles bloquent votre soumission totale à Dieu : la peur, l'orgueil et la confusion. Nous ne réalisons pas à quel point Dieu nous aime. Nous voulons contrôler notre vie et nous nous méprenons sur le sens de la soumission.

Puis-je me fier à Dieu ? La confiance est un élément essentiel de la soumission. Vous ne vous soumettrez pas au Seigneur si vous ne lui faites pas confiance, mais cela ne sera possible que lorsque vous le connaîtrez mieux. La peur nous empêche de nous soumettre, mais *l'amour dissipe toutes les craintes*. Plus vous réaliserez combien Dieu vous aime, plus il vous sera facile de vous soumettre à lui.

Comment savez-vous que Dieu vous aime ? Il vous en donne de nombreuses preuves. : il dit qu'il vous aime[3], il ne vous quitte pas des yeux[4], il veille sur les moindres détails de votre vie[5], il vous donne la capacité de jouir de toutes sortes de plaisirs[6], il a de bons projets pour votre vie[7], il vous pardonne[8] et il use de patience envers vous[9]. Le Seigneur vous aime infiniment plus que vous pouvez l'imaginer.

La plus grande expression de son amour est le sacrifice du Fils de Dieu pour vous. *« Dieu nous a prouvé à quel point il nous aime : le Christ est mort pour nous alors que nous étions encore pécheurs.* »[10] Si vous souhaitez savoir à quel point vous comptez pour Dieu, regardez Christ, les bras ouverts sur la croix, et écoutez-le vous dire : « Je t'aime à ce point-là ! Je préfère encore mourir que vivre sans toi. »

Dieu n'est pas un cruel conducteur d'esclaves, ni un caïd qui se sert de ses poings pour nous forcer à nous soumettre. Il n'essaie pas de briser notre volonté mais il nous tend tendrement la main afin que nous venions à lui de notre plein gré. Dieu est aimant et libérateur, et nous soumettre à lui nous apportera la liberté et non l'esclavage. Lorsque nous nous consacrons totalement à Jésus, nous découvrons qu'il n'est pas un tyran, mais un Sauveur ; pas un patron, mais un frère ; pas un dictateur, mais un ami.

Admettre nos limites. Le deuxième obstacle à la soumission totale, c'est notre fierté. Nous ne voulons pas admettre que nous sommes de simples créatures et que nous ne dominons pas tout. C'est la plus ancienne de toutes les tentations : *« Vous serez comme Dieu.* »[11] Ce désir de contrôle absolu cause beaucoup de tensions dans notre vie. La vie est un combat, mais la plupart des gens ne réalisent pas que bien des fois, à l'instar de Jacob, c'est contre le Seigneur que nous combattons ! Nous voulons être Dieu, et c'est une bataille perdue d'avance.

A. W. Tozer a dit : « La raison pour laquelle bien des gens sont encore troublés, encore en recherche, encore chancelants, c'est qu'ils ne sont pas parvenus au bout d'eux-mêmes. » Nous essayons toujours de donner des ordres et d'interférer avec l'œuvre de Dieu en nous.

Nous ne sommes pas le Seigneur, et nous ne le serons *jamais*. Nous sommes humains. C'est lorsque nous tentons d'être Dieu que nous finissons comme Satan, qui nourrissait la même ambition.

JOUR **10** :
LE CŒUR DE L'ADORATION

Nous acceptons notre humanité sur le plan intellectuel, mais pas sur le plan émotionnel. Quand nous sommes confrontés à nos limites, nous réagissons par l'irritation, la colère et la rancune. Nous voudrions être plus grands (ou plus petits), plus séduisants, plus forts, plus doués, plus beaux et en meilleure santé. Nous aimerions tout avoir et tout savoir faire, et quand tout ne se déroule pas comme prévu, nous nous fâchons. Lorsque nous constatons que Dieu attribue aux autres des caractéristiques qui nous font défaut, nous sommes envieux, jaloux, et nous nous apitoyons sur notre sort.

Que signifie se soumettre ? Il ne s'agit ni de résignation passive, ni de fatalisme, ni d'excuses pour faire preuve de paresse. Il n'est pas question non plus d'accepter le statut quo. C'est parfois exactement l'inverse : sacrifier votre vie ou souffrir afin de changer ce qui peut l'être. Le Seigneur appelle souvent les gens soumis à mener des combats pour lui. La soumission n'est faite ni pour les lâches, ni pour les chiffes molles. De plus, il ne s'agit pas d'abandonner tout raisonnement rationnel. Le Seigneur n'a aucun désir de gâcher le cerveau dont il vous a doté ! Il n'a nulle envie d'être servi par des robots...

Vous soumettre, ce n'est pas réprimer votre personnalité. Dieu souhaite, au contraire, s'en servir. Au lieu de la diminuer, la soumission l'enrichit. C. S. Lewis remarquait : « Plus nous laissons Dieu régner en nous, plus nous devenons véritablement nous-mêmes, car il nous a créés. Il a inventé toutes nos particularités personnelles... C'est quand je me tourne vers Christ et que je me soumets à sa personnalité que la mienne commence vraiment à se dévoiler. »

Ce qui démontre la soumission, c'est l'obéissance. Quoi qu'il vous demande, répondez « *Oui Seigneur.* » Dire « *non, Seigneur* », c'est vous contredire, car comment peut-on appeler Jésus son Seigneur tout en refusant de lui obéir ? Après avoir pêché toute une nuit en vain, Pierre a montré ce qu'était la soumission en répondant, lorsque Jésus lui a enjoint de faire une nouvelle tentative : « *Maître, nous avons travaillé toute la* nuit et nous n'avons rien pris ; mais sur ta parole, je lâcherai le filet. »[12] Les gens soumis obéissent à la Parole de Dieu, même lorsqu'elle semble n'avoir aucun sens.

Une vie totalement soumise se caractérise aussi par la confiance. Abraham a suivi la direction divine sans savoir *où* cela le mènerait. Anne a attendu l'heure parfaite de Dieu sans savoir *quand* ce serait. Marie a attendu un miracle sans savoir *comment* il aurait lieu. Joseph a cru au plan de Dieu sans comprendre *pourquoi* les circonstances se déroulaient comme elles le faisaient. Chacun d'eux était totalement soumis à Dieu.

Vous savez que vous êtes pleinement consacré au Seigneur lorsque vous comptez sur lui pour accomplir son œuvre au lieu d'essayer de manipuler les autres, de surcharger votre programme et de contrôler la situation. Vous abandonnez la situation au Seigneur et vous le laissez faire. Vous n'avez pas besoin de vous « charger de tout ». La Bible dit : « *Reste en silence devant le Seigneur, attends-le avec patience.* »[13]

Au lieu de redoubler d'efforts, apprenez à vous fier davantage à Dieu. Vous saurez aussi que vous êtes vraiment soumis lorsque, face aux critiques, vous n'essaierez pas de vous défendre à tout prix. C'est dans les relations mutuelles qu'on reconnaît le mieux les cœurs soumis : ils n'évincent pas les autres, ne font pas valoir leurs droits et ne cherchent pas à défendre leurs intérêts.

Pour de nombreux chrétiens, le domaine financier est le plus difficile de tous à soumettre. Beaucoup pensent : « Je veux vivre pour Dieu, mais je souhaite aussi gagner assez d'argent pour vivre confortablement et avoir une bonne retraite. » Ce genre d'objectif ne coïncide pas avec une vie consacrée, parce qu'il attire notre attention sur autre chose que Dieu. Jésus a dit : « *Vous ne pouvez pas servir à la fois Dieu et l'argent.* »[14] et « *Ton cœur sera toujours là où sont tes richesses.* »[15]

> *Ce qui démontre la soumission, c'est l'obéissance.*

Le suprême exemple de soumission nous est fourni par Jésus. La nuit précédent sa crucifixion, Jésus se soumit au plan de Dieu. Il pria : « *Abba, Père, toutes choses te sont possibles, éloigne de moi cette coupe ! Toutefois, non pas ce que je veux, mais ce que tu veux.* »[16]

Jésus n'a pas prié : « Père, si tu es *capable* de m'ôter cette peine, s'il te plaît, fais-le. » Il avait déjà affirmé que Dieu pouvait tout faire ! Au lieu de cela, il a dit : « Père, s'il est *dans ton intérêt* d'ôter cette souffrance, je te prie de le faire, mais si cela *sert tes plans*, c'est ce que je veux, moi aussi. »

La véritable soumission dit : « Père, si ce problème, cette douleur, cette maladie ou cette circonstance sont indispensables pour accomplir ton plan ou pour te glorifier dans ma vie ou dans celle de quelqu'un d'autre, s'il te plaît, *ne l'ôte pas.* » Ce niveau de maturité n'est pas facile à atteindre. Dans le cas de Jésus, le plan de Dieu lui causa une telle agonie qu'il transpira des gouttes de sang. La soumission n'est pas une mince affaire. Dans notre cas, c'est un combat acharné contre notre nature égocentrique.

La bénédiction de la soumission. La Bible nous explique clairement les bénédictions que nous procure une soumission totale de notre vie à Dieu. Tout d'abord, nous connaissons la paix. « *Réconcilie-toi avec lui, je te prie, et sois en paix : ainsi le bonheur t'arrivera.* »[17] Ensuite, nous sommes réellement libres : « *Offrez-vous vous-mêmes aux voies de Dieu et à la liberté qui n'abandonne jamais. Toute votre vie vous avez laissé le péché dicter votre conduite. Mais grâce à Dieu vous avez commencé à écouter un nouveau maître, celui dont les directives vous libèrent pour vivre ouvertement dans cette liberté.* »[18] (Traduction littérale). Et enfin, nous expérimentons la puissance de Dieu dans notre vie. Quand nous nous consacrons à Christ, nous pouvons vaincre les tentations récurrentes et les problèmes insurmontables.

Lorsque Josué a été sur le point de livrer la plus grande bataille de sa vie,[19] il a rencontré Dieu, il s'est prosterné devant lui pour l'adorer et il lui a soumis ses plans. Cette soumission a abouti à l'éblouissante victoire de Jéricho. Le paradoxe, c'est que la soumission mène à la victoire. Elle ne vous affaiblit pas, mais elle vous fortifie. Si vous êtes soumis à Dieu, vous ne craignez plus personne. William Booth, le fondateur de l'Armée du Salut, a déclaré : « La grandeur du pouvoir d'un homme est proportionnelle à sa soumission. »

Ce sont les gens soumis que Dieu emploie. Si le Seigneur a choisi Marie pour être la mère de Jésus, ce n'était pas parce qu'elle était particulièrement douée, riche ou belle, mais parce qu'elle lui était totalement soumise. Quand l'ange lui a expliqué le plan insolite de Dieu, elle a répondu calmement : « *Je suis la servante du Seigneur. Que tout ce que tu m'as dit s'accomplisse pour moi.* »[20] Rien n'est plus puissant qu'une vie placée entre les mains de Dieu. « *Soumettez-vous donc à Dieu.* »[21]

La meilleure façon de vivre. Tôt ou tard, nous nous soumettons tous à quelque chose ou à quelqu'un. Si ce n'est pas à Dieu, ce sera aux opinions ou aux exigences des autres, à l'argent, à la rancune, ou à votre orgueil, à vos convoitises et à votre ego. Vous avez été conçu pour adorer Dieu, et si vous ne le faites pas, vous vouerez votre vie à des idoles. Vous êtes libre de choisir à qui vous vous soumettrez, mais vous ne pourrez pas maîtriser les conséquences de votre choix. E. Stanley Jones a dit : « Si vous ne vous soumettez pas à Christ, vous vous soumettrez au chaos. »

La soumission n'est pas la *meilleure* façon de vivre ; c'est la *seule* qui soit valable. Tout le reste est voué à l'échec. Toute autre conception mène à la frustration, à la déception et à l'autodestruction. La Bible de Genève nomme la soumission « un culte *raisonnable* »[22]. La Bible en français courant, elle, dit que « c'est là le véritable culte que vous lui devez. »[23] Soumettre votre vie n'est pas une stupide pulsion émotionnelle, mais un acte rationnel et intelligent, le plus raisonnable et sensé que vous puissiez accomplir de votre vie. C'est pour cela que Paul a dit : « *Notre ambition est de plaire au Seigneur* ».[24] Les moments où vous serez le plus intelligent seront ceux où vous direz oui à Dieu.

La soumission n'est pas la meilleure façon de vivre ; c'est la seule qui soit valable. Tout le reste est voué à l'échec.

Il vous faudra peut-être des années, mais vous finirez par découvrir que le plus grand obstacle à la bénédiction de Dieu dans votre vie n'est pas les autres, mais vous-même — votre volonté personnelle, votre stupide orgueil et vos ambitions. Si vous vous concentrez sur vos propres visées, jamais vous ne pourrez accomplir le plan de Dieu pour votre vie.

Pour que Dieu puisse réaliser une œuvre profonde en vous, il faut commencer par la soumission. Remettez-lui tout : vos regrets passés, vos problèmes présents, vos ambitions futures, vos peurs, vos rêves, vos points faibles, vos habitudes, vos crève-cœur et vos complexes. Laissez Jésus-Christ s'asseoir sur le siège du conducteur de votre vie et passez-lui le volant. N'ayez crainte : entre ses mains, vous n'irez jamais dans le fossé. Si vous êtes soumis à Christ, tout ira bien. Vous direz, à l'instar de Paul : « *J'ai appris à être content en moi-même dans les circonstances où je me trouve... Je puis toutes choses en celui qui me fortifie.* »[25]

L'instant où Paul s'est soumis date du chemin de Damas, après qu'une lumière éblouissante l'aie jeté par terre. Souvent, Dieu emploie des méthodes moins spectaculaires pour attirer notre attention, mais dans tous les cas, la soumission n'est jamais l'affaire d'un instant. Paul a dit : « Je meurs *chaque jour.* »[26] Il y a un *moment* de soumission, et aussi une *pratique* de la soumission, qui dure toute la vie. Le problème, ave un sacrifice *vivant*, c'est qu'il peut quitter l'autel : vous devez donc soumettre votre vie à nouveau cinquante fois par jour. C'est une habitude quotidienne ! Jésus a dit : « *Si quelqu'un veut me suivre, qu'il renonce à lui-même, qu'il se charge chaque jour de sa croix, et qu'il me suive.* »[27]

Je vous préviens, si vous décidez de vivre dans une consécration totale, votre décision sera mise à l'épreuve. Parfois, vous serez amené à faire des tâches rébarbatives, peu appréciées, coûteuses ou qui paraissent impossibles. Souvent, vous devrez faire le contraire de ce qui vous plairait.

L'un des grands leaders chrétiens du vingtième siècle, Bill Bright, a fondé *Campus Crusade for Christ*. Grâce à l'œuvre entreprise par ses équipes dans le monde entier, au tract des quatre lois spirituelles et au film *Jésus* (vu par plus de quatre milliards de personnes), plus de cent cinquante millions d'hommes et de femmes sont venus à Christ et passeront l'éternité au ciel.

Un jour, j'ai demandé à Bill : « Pourquoi Dieu a-t-il tant employé et béni votre vie ? » Il m'a expliqué : « Quand j'étais jeune, j'ai fait un pacte avec Dieu. Je l'ai écrit en toutes lettres et signé en bas de la page. J'ai noté : "À partir d'aujourd'hui, je suis un esclave de Jésus-Christ." »

Avez-vous signé ce genre de contrat avec Dieu, ou discutez-vous encore sans cesse avec lui pour ne pas le laisser diriger votre vie comme il l'entend ? Il est grand temps de vous soumettre à la grâce, à l'amour et à la sagesse de Dieu.

DIXIÈME JOUR
DÉFINIR MON OBJECTIF

Idée à méditer : Le cœur de l'adoration est la soumission.

Verset à apprendre : « *Mettez-vous tout entiers à son service comme instruments de ce qui est juste.* » (Romains 6.13b, BFC)

Question à me poser : Quels domaines de ma vie est-ce que je refuse encore de soumettre à Dieu ?

Devenir les meilleurs amis de Dieu

« *Alors que nous étions ses ennemis,
Dieu nous a réconciliés avec lui
par la mort de son Fils ;
à plus forte raison,
maintenant que nous sommes réconciliés,
serons-nous sauvés par sa vie.* »

(Romains 5.10, BS)

Dieu veut être votre meilleur ami.

Votre relation avec Dieu revêt de nombreux aspects différents : il est votre Créateur et Fabricant, Seigneur et Maître, Juge, Rédempteur, Père, Sauveur et beaucoup plus encore.[1] Mais la vérité la plus stupéfiante, c'est que ce Dieu tout-puissant aspire à être votre Ami !

En Eden, nous voyons la relation idéale de Dieu avec nous : Adam et Ève ont joui d'une communion intime avec le Seigneur. Il n'y avait ni rituel, ni cérémonies, ni religion. Juste une relation simple et aimante entre Dieu et les êtres qu'il avait créés. Sans culpabilité ni crainte, Adam et Ève se réjouissaient en Dieu, et réciproquement.

Nous avons été créés pour vivre dans la présence continuelle de Dieu, mais après la chute, cette relation idéale s'est perdue.

Seuls quelques rares privilégiés ont été amis avec le Seigneur dans l'Ancien Testament. Moïse et Abraham ont été nommés « amis de Dieu », David a été appelé « un homme selon le cœur de Dieu » et Job, Hénoch et Noé ont eu une relation étroite avec l'Éternel.[2] Mais à l'époque, la crainte de Dieu était bien plus répandue que l'amitié.

Puis Jésus a changé la situation. Lorsqu'il a expié nos péchés sur la croix, le voile du temple qui symbolisait notre séparation d'avec Dieu s'est déchiré de haut en bas, ce qui indique qu'un accès direct à Dieu était de nouveau possible.

À la différence des sacrificateurs de l'Ancien Testament qui devaient se préparer pendant des heures avant de rencontrer Dieu, nous pouvons nous approcher de lui en tout temps. La Bible dit : « *Nous nous réjouissons devant Dieu par notre Seigneur Jésus-Christ, grâce auquel nous sommes maintenant réconciliés avec Dieu.* »[3]

JOUR 11 :
DEVENIR
LES
MEILLEURS
AMIS
DE DIEU

Notre amitié avec Dieu n'est possible que par la grâce de Dieu et le sacrifice de Jésus. « *Tout cela est l'œuvre de Dieu, qui nous a réconciliés avec lui par le Christ.* »[4] Le vieux cantique proclame : « Quel ami fidèle et tendre nous avons en Jésus-Christ », mais en réalité, Dieu nous invite à jouir de l'amitié et de la communion des trois personnes de la Trinité : notre Père[5], le Fils[6], et le Saint-Esprit[7].

Jésus a dit : « *Je ne vous appelle plus serviteurs, parce que le serviteur ne sait pas ce que fait son maître, mais je vous ai appelés amis, parce que je vous ai fait connaître tout ce que j'ai appris de mon Père.* »[8] Le mot *ami* de ce verset ne correspond pas à une vague connaissance, mais à une relation étroite et intime. Ce même mot est employé pour désigner le meilleur des hommes au cours d'un mariage[9], le conseiller le plus proche parmi le cercle d'hommes de confiance d'un roi. Dans les cours royales, les serviteurs doivent garder leur distance par rapport aux rois, mais quelques rares privilégiés jouissent d'un contact étroit, d'un accès direct et d'informations confidentielles.

Il m'est difficile de comprendre que Dieu veut de moi pour ami intime, mais la Bible nous garantit : « *C'est un Dieu qui désire **passionnément** entretenir des relations avec toi.* »[10]

L'Éternel aspire de tout cœur à ce que nous le connaissions de façon intime. Il a même conçu l'univers et orchestré l'histoire, y compris les détails de notre vie, pour que nous puissions devenir ses amis. La Bible nous explique : « *Il a fait d'un seul sang toutes les races des hommes pour habiter sur toute la face de la terre, ayant déterminé les temps ordonnés et les bornes de leur habitation, pour qu'ils cherchent Dieu, s'ils pouvaient en quelque sorte le toucher en tâtonnant et le trouver, quoiqu'il ne soit pas loin de chacun de nous.* »[11]

Connaître et aimer le Seigneur est notre plus grand privilège, et être connu et aimé est le plaisir suprême de Dieu. Il a dit : « Si quelqu'un veut se vanter, qu'il se vante plutôt d'être capable de me connaître… Ce sont de telles gens qui me plaisent. »[12]

Il est difficile d'imaginer comment une amitié intime est possible entre un Dieu omnipotent, invisible et parfait et un être humain limité et pécheur. Il est plus facile de concevoir une relation de maître à serviteur, de créateur à créature ou même de père à enfant. Mais que signifie le fait que Dieu veuille de moi pour ami ? En examinant la vie des amis de Dieu dans la Bible, nous apprenons six secrets de la communion avec Dieu. Nous en étudierons donc deux dans ce chapitre et quatre dans le suivant.

COMMENT DEVENIR L'AMI INTIME DE DIEU

Par une conversation permanente. Jamais vous n'établirez de relation étroite avec Dieu seulement en vous rendant à l'église une fois par semaine ou même en ayant un culte personnel quotidien. On tisse des liens d'amitié avec le Seigneur en partageant *toutes* ses expériences de vie avec lui.

Évidemment, il est important de prendre l'habitude d'avoir un culte personnel quotidien avec Dieu[13], mais le Seigneur ne veut pas être limité à un court instant de votre programme. Il souhaite être inclus dans *toutes* vos activités, toutes vos

> *Connaître et aimer le Seigneur est notre plus grand privilège, et être connu et aimé est le plaisir suprême de Dieu.*

conversations, tous vos problèmes et même chacune de vos pensées. Au cours de vos journées, vous pouvez maintenir un dialogue permanent avec lui en lui exposant ce que vous faites ou ce que vous pensez *au moment même*.

« *Prier sans cesse* »[14], c'est converser avec Dieu en faisant ses courses, en travaillant ou en accomplissant n'importe quelle autre tâche de sa vie quotidienne.

On se méprend souvent sur le sens de « passer du temps avec Dieu ». On se figure qu'il faut, pour cela, être *seul* avec lui. Bien sûr, à l'exemple de Jésus, vous avez besoin de passer du temps seul avec le Seigneur, mais il s'agit seulement d'une fraction de votre journée. Or, *toutes vos activités* peuvent être « du temps passé avec Dieu » si vous l'invitez à y participer et que vous restez conscient de sa présence.

Le livre classique qui nous apprend à développer une relation constante avec Dieu est *Practicing the Presence of God*. Il a été écrit au dix-septième siècle par Frère Laurent, un humble cuisinier dans un monastère français. Frère Laurent était capable de transformer même les lieux les plus banals et les tâches les plus humbles, comme la préparation des repas ou la vaisselle, en actes de louange et d'adoration de Dieu. Le secret de la communion avec lui, disait-il, ne consiste pas à changer ce que vous faites, mais à modifier *votre attitude* envers ce que vous accomplissez. Vous commencez à effectuer vos tâches pour Dieu et non pour vous-même, que vous mangiez, vous laviez, travailliez, vous détendiez ou sortiez la poubelle.

Aujourd'hui, nous avons l'impression de devoir « nous écarter » de notre routine quotidienne pour adorer le Seigneur, mais c'est seulement parce que nous n'avons pas appris à être en sa présence en permanence. Frère Laurent n'éprouvait aucune difficulté à adorer le Seigneur en pratiquant les tâches banales de la vie ; il n'avait pas besoin de partir en retraite spirituelle pour le faire.

C'est l'idéal de Dieu. En Eden, l'adoration n'était pas un événement auquel on devait assister, mais une attitude perpétuelle. Comme le Seigneur est sans cesse avec vous, aucun lieu n'est plus proche de lui que celui où vous vous trouvez maintenant. La Bible dit : « *Dieu... règne sur tous, agit par tous et demeure en tous.* »[15]

Une autre idée utile de Frère Laurent était de faire monter vers Dieu *continuellement* de courtes prières sur le ton de la conversation au lieu d'essayer, de temps à autre, de prier longtemps et de façon complexe. Pour se concentrer et ne pas laisser vagabonder ses pensées, il disait : « Je ne vous conseille pas d'employer une grande quantité de mots dans la prière, car les longs discours sont souvent une occasion de rêvasser. »[16]

À une époque où l'on éprouve tant de difficultés à se concentrer, cette suggestion datant de quatre cent cinquante ans semble particulièrement judicieuse.

La Bible nous dit de « prier sans cesse »[17]. Comment est-ce possible ? L'une des meilleures façons d'y parvenir consiste à employer des « prières dans un souffle » tout au long de la journée, comme l'ont fait de multiples chrétiens au cours des siècles. Vous choisissez une brève formule ou une courte phrase qui peuvent être répétées à Jésus dans un souffle : « Tu es avec moi. » « Je reçois ta grâce. » « Je dépends de toi. » « Je veux te connaître. » « Je t'appartiens. » « Aide-moi à te faire confiance. »

> *Toutes vos activités peuvent être « du temps passé avec Dieu » si vous l'invitez à y participer et que vous restez conscient de sa présence.*

Vous pouvez aussi employer une courte phrase des Écritures : « Pour moi, vivre c'est Christ. » « Tu ne m'abandonneras jamais. » « Tu es mon Dieu. » Dites-la aussi souvent que possible afin qu'elle s'enracine profondément dans votre cœur, dans le but d'honorer Dieu, et non de lui dicter vos souhaits.

S'entraîner à rester en présence de Dieu est un art, une habitude que vous pouvez développer. De même que les musiciens font des gammes tous les jours afin de jouer facilement de leur instrument, vous devez vous obliger à penser à Dieu à divers moments de la journée. Exercez votre esprit à vous souvenir de lui.

Au début, vous devez trouver des moyens de vous rappeler régulièrement que Dieu est avec vous à ce moment-là. Commencez par vous entourer de « pense-bêtes ». Vous pouvez, par exemple, afficher des petits mots qui rappellent : « *Dieu est avec moi et pour moi à l'instant même !* » Les moines bénédictins se servent du carillon horaire d'une horloge pour se souvenir de marquer une pause et de faire monter vers Dieu leur « prière horaire ». Si vous avez une montre-réveil ou un portable avec une alarme, vous pouvez faire de même. Parfois, vous sentirez la présence de Dieu, d'autres fois pas.

Si vous cherchez à *expérimenter* sa présence par tous ces moyens, vous n'avez pas compris le but de cette discipline. Nous ne louons pas Dieu pour nous sentir bien, mais pour *bien faire*. Votre but n'est pas d'éprouver des sensations, mais de prendre conscience de la réalité de la présence de Dieu. C'est le mode de vie de l'adorateur.

Par la méditation constante. Une autre façon d'établir une amitié avec Dieu consiste à penser à sa Parole au cours de la journée. Cela s'appelle la méditation, et la Bible nous encourage souvent à méditer sur l'identité de Dieu, sur ce qu'il a fait et ce qu'il a dit.[18]

Si nous ne *savons pas ce qu'il dit*, il nous est impossible d'être des amis de Dieu. On ne peut pas aimer Dieu sans le connaître, et on ne peut pas le connaître sans méditer sa Parole. La Bible dit que Dieu « *se révélait à Samuel pour lui faire connaître sa Parole.* »[19] Le Seigneur emploie toujours la même méthode aujourd'hui.

Si nous ne pouvons pas passer toute notre journée à étudier la Bible, nous pouvons *y penser souvent*, nous souvenir des versets que nous avons lus ou mémorisés et les repasser dans notre esprit.

On se méprend souvent sur le sens de la méditation. Elle est considérée comme un rituel difficile et mystérieux pratiqué par les moines et les mystiques retirés. Mais en fait, il s'agit simplement de pensées concentrées. C'est un art que nous pouvons apprendre et pratiquer partout.

Quand vous ressassez perpétuellement un problème dans votre tête, vous vous faites du souci. Quand vous repassez continuellement la Parole de Dieu dans votre esprit, il s'agit de méditation. Donc, si vous savez vous faire du souci, vous avez déjà compris le principe de la méditation ! Il suffit simplement que vous détourniez votre attention de vos problèmes au profit des versets bibliques. Plus vous méditerez la Parole de Dieu, moins vous vous rongerez d'inquiétude.

Si l'Éternel a considéré Job et David comme ses amis intimes, c'est parce qu'ils ont tenu sa Parole en plus haute estime que n'importe quoi d'autre et qu'il y ont repensé constamment en cours de journée. Job a déclaré : « *J'ai chéri les paroles de sa bouche plus que mon pain quotidien.* »[20] David a dit : « *Combien j'aime ta loi ! Elle est tout le jour l'objet de ma méditation,* »[21] et « *Je veux méditer sur tes œuvres, et réfléchir à tes hauts faits.* »[22]

Les amis se confient leurs secrets, et si vous prenez l'habitude de penser à sa Parole pendant la journée, le Seigneur partagera ses secrets avec vous. Il l'a fait avec Abraham, ainsi qu'avec Daniel, Paul, les disciples et ses autres amis.[23]

Quand vous lisez la Bible, ou que vous écoutez une prédication ou une cassette, ne l'oubliez pas aussitôt que vous passez à autre chose. Habituez-vous à repasser cette vérité dans votre esprit et à y repenser souvent. Plus vous méditerez ce que le Seigneur a dit, plus vous entendrez les « secrets » de cette vie qui échappent à la plupart des gens. La Bible dit : « *L'Éternel confie ses desseins à ceux qui le révèrent, il les instruit de son alliance.* »[24]

Dans le prochain chapitre, nous verrons quatre autres secrets pour cultiver une amitié avec Dieu, mais n'attendez pas jusqu'à demain pour vous entraîner à converser constamment avec le Seigneur et à méditer continuellement sa Parole. Les prières vous permettent de parler à Dieu ; les méditations, elles, lui donnent l'occasion de vous répondre. Toutes deux sont essentielles pour que vous deveniez un ami de Dieu.

ONZIÈME JOUR
DÉFINIR MON OBJECTIF

Idée à méditer : Dieu veut être mon ami intime.

Verset à apprendre : « *L'amitié de l'Éternel est pour ceux qui le craignent.* » (Psaume 25.14a, BG)

Question à me poser : Que puis-je faire pour me souvenir de penser à Dieu et de lui parler plus souvent pendant la journée ?

12
Développer votre amitié avec Dieu

« Il est un ami pour les hommes droits. »
(Proverbes 3.32, BG)
*« Approchez-vous de Dieu,
et il s'approchera de vous. »*
(Jacques 4.8, BD)

Vous êtes aussi proches de Dieu que vous choisissez de l'être.

Comme toute amitié, vous devez développer celle que vous avez avec Dieu. Cela n'arrivera pas par hasard. Il faut que vous la désiriez et que vous y consacriez du temps et de l'énergie. Si vous souhaitez tisser des liens plus étroits avec Dieu, vous devez apprendre à lui confier honnêtement vos sentiments, à compter sur lui lorsqu'il vous demande de faire quelque chose et à désirer son amitié plus que tout.

Je dois choisir d'être honnête envers Dieu. La première pierre angulaire d'une amitié plus profonde envers Dieu est une franchise absolue — qu'il s'agisse de vos fautes ou de vos sentiments. Le Seigneur ne s'attend pas à ce que nous soyons parfaits, mais il veut que nous soyons totalement honnêtes.

Dans la Bible, aucun des amis de Dieu n'était parfait. S'il fallait atteindre la perfection pour être ami de Dieu, jamais nous ne serions capables d'y parvenir. Heureusement, par la grâce de Dieu, Jésus est encore « *l'ami des pécheurs.* »[1]

Dans la Bible, les amis de Dieu exprimaient franchement leurs sentiments. Ils se plaignaient souvent, émettaient des hypothèses, accusaient leur Créateur et contestaient avec lui. Toutefois, Dieu ne semblait pas troublé par leur franchise. Au contraire, il l'encourageait.

L'Éternel a laissé Abraham le questionner et le mettre au défi de détruire la ville de Sodome. Abraham a insisté auprès de Dieu, et de cinquante justes nécessaires pour épargner la ville, il est parvenu à faire descendre le Seigneur jusqu'à dix.

Dieu a aussi écouté patiemment les nombreuses accusations d'injustice, de trahison et d'abandon que David a émises contre lui. Il n'a pas foudroyé Jérémie quand ce dernier l'a accusé de l'avoir trompé. Pendant son épreuve, Job a eu le droit d'exprimer son amertume, et à la fin, l'Éternel a loué sa franchise et réprimandé ses amis de leur fourberie. Il leur a dit : « *Je suis très en colère contre toi et tes deux amis, car contrairement à mon serviteur Job, vous n'avez pas parlé de moi avec droiture... et mon serviteur Job priera pour vous. C'est par égard pour lui que je ne vous traiterai pas selon votre folie.* »[2]

> *Le Seigneur ne s'attend pas à ce que nous soyons parfaits, mais il veut que nous soyons totalement honnêtes.*

Dans un exemple frappant de véritable amitié[3], Dieu a franchement exprimé sa désapprobation totale de la désobéissance des enfants d'Israël. Il a expliqué à Moïse qu'il tiendrait sa promesse de donner aux Israélites la terre promise, *mais* qu'il ne ferait pas un pas de plus avec eux dans le désert ! Dieu était à bout de patience, et il expliqua à Moïse ce qu'il ressentait.

Moïse s'adressa à Dieu comme à un ami, et il répondit avec une candeur semblable à celle du Seigneur : « *Voici, tu me dis :*

Fais monter ce peuple ! Et tu ne me fais pas connaître qui tu enverras avec moi... Si j'ai trouvé grâce à tes yeux, fais-moi connaître tes voies... Considère que cette nation est **TON** *peuple... Si tu ne marches pas toi-même avec nous, ne nous fais point partir d'ici. Comment sera-t-il donc certain que j'ai trouvé grâce à tes yeux, moi et ton peuple ? Ne sera-ce pas quand tu marcheras avec nous ?... L'Éternel dit à Moïse : Je ferai ce que tu me demandes, car tu as trouvé grâce à mes yeux, et je te connais par ton nom.* »[4]

Le Seigneur peut-il supporter de votre part ce genre d'honnêteté absolue ? Sûrement ! Avec nos vrais amis, nous mettons notre cœur à nu. Ce qui peut sembler audacieux, Dieu le considère comme *authentique*. Il écoute les paroles passionnées de ses amis ; les clichés répétitifs et pieux le lassent. Pour être l'ami de Dieu, vous devez être honnête avec lui, lui dire ce que vous éprouvez vraiment, et non ce que vous estimez devoir ressentir ou dire.

Pour cela, vous devrez sans doute confesser de la colère secrète ou de la rancune contre Dieu dans certains domaines de votre vie où vous vous êtes senti lésé ou déçu. Si nous ne sommes pas assez mûrs pour comprendre que le Seigneur emploie *tout* pour notre bien dans notre vie, nous en voulons à Dieu pour notre apparence, notre milieu, nos prières sans réponse, nos blessures passées et d'autres choses que nous changerions si nous étions à sa place. Souvent, les gens blâment le Seigneur pour des blessures que d'autres leur ont causées. Cela engendre ce que William Backus a appelé « votre rupture secrète avec Dieu ».

L'amertume est le plus grand obstacle à l'amitié avec Dieu. Pourquoi voudrais-je être son ami s'il a permis *cela* ? L'antidote, bien sûr, consiste à comprendre que le Seigneur agit *toujours* au mieux de vos intérêts, même quand c'est douloureux ou que vous n'y comprenez rien. Exprimer votre rancœur et exposer vos sentiments constitue le premier pas vers la guérison. Comme l'ont fait des multitudes de personnes dans la Bible, dites à Dieu exactement ce que vous ressentez.[5]

> *L'amertume est le plus grand obstacle à l'amitié avec Dieu.*

Pour nous inculquer cette franchise candide, Dieu nous a donné le livre des Psaumes — un manuel d'adoration, rempli de coups de colère, de fureur, de doutes, de craintes, de ressentiment et de débordements combinés avec des remerciements, des louanges et des proclamations de foi. Toute la gamme des émotions humaines se retrouve dans les Psaumes. Quand nous lisons les confessions de David et des autres héros de la Bible, nous nous apercevons que Dieu veut être adoré, mais qu'il est prêt à entendre tout ce que nous éprouvons. Nous pouvons prier comme David : « *À pleine voix, je crie vers l'Éternel, à pleine voix, je supplie l'Éternel, et devant lui, je répands ma plainte.* »[6]

Il est encourageant de savoir que tous les amis intimes de Dieu — Moïse, David, Abraham, Job et les autres — ont eu des moments de doute. Mais au lieu de masquer leurs défaillances derrière des formules pieuses, ils les ont candidement exposées ouvertement et publiquement. Exprimer nos doutes constitue parfois la première étape vers un niveau supérieur d'intimité avec Dieu.

Je dois choisir d'obéir au Seigneur par la foi. Chaque fois que vous vous fiez à la sagesse de Dieu et que vous faites ce qu'il dit, même sans comprendre, vous approfondissez votre amitié avec le Seigneur. Généralement, on ne considère pas l'obéissance comme une condition de l'amitié ; elle est réservée aux relations avec un parent, son patron ou un officier supérieur, et non à un ami. Toutefois, Jésus a dit clairement que l'obéissance était une condition indispensable à l'amitié avec Dieu. Il a affirmé : « *Vous êtes mes amis si vous faites ce que je vous commande.* »[7]

Dans le dernier chapitre, j'ai expliqué que le mot employé par Jésus lorsqu'il nous a appelés « amis » pouvait s'appliquer aux « amis du roi » dans une cour royale. Si ces compagnons avaient des privilèges particuliers, ils étaient néanmoins des sujets du roi, et ils devaient obéir à ses ordres. Nous sommes les amis de Dieu, mais non ses égaux. Il est notre chef aimant et nous le suivons.

Nous n'obéissons pas à Dieu par devoir, par peur ou par contrainte, mais parce que nous *l'aimons* et que nous croyons qu'il sait ce qui est le meilleur pour nous. Nous *voulons* le suivre en signe de reconnaissance de tout ce qu'il a fait pour nous, et plus nous le suivons de près, plus notre amitié s'approfondit.

Les incroyants pensent souvent que les chrétiens obéissent par obligation, par culpabilité ou par crainte de la punition, mais c'est tout le contraire. Comme nous avons été pardonnés et affranchis, nous obéissons par amour — et cela nous procure une grande joie ! Jésus a dit : « *Comme le Père m'a aimé, je vous ai aussi aimés. Demeurez dans mon amour. Si vous gardez mes commandements, vous demeurerez dans mon amour, de même que j'ai gardé les commandements de mon Père, et que je demeure dans son amour. Je vous ai dit ces choses, afin que ma joie soit en vous, et que votre joie soit parfaite.* »⁸

JOUR 12 : DÉVELOPPER VOTRE AMITIÉ AVEC DIEU

Vous remarquerez que Jésus s'attend à ce que nous fassions ce qu'il a fait avec le Père. Sa relation avec le Père est l'exemple que nous devons suivre pour être en relation avec lui. Par amour, Jésus a fait ce que son Père lui demandait d'accomplir.

La véritable amitié n'est pas passive. Elle agit. Quand Jésus nous a demandé d'aimer les autres, d'aider les nécessiteux, de partager nos biens, de garder nos vies pures, de pardonner et de lui amener des âmes, c'est l'amour qui nous pousse à lui obéir sans délai.

Nous sommes souvent mis au défi de faire « *de grandes choses* » pour le Seigneur, mais en fait, Dieu aime beaucoup que nous fassions de petites choses pour lui par amour et obéissance. Même si les autres ne les voient pas, Dieu les remarque et les considère comme des actes d'adoration.

Nous n'avons de « grandes occasions » qu'une ou deux fois dans la vie, alors que, chaque jour, une quantité de petites occasions s'offrent à nous. Des actes tout simples, comme dire la vérité, être aimable et encourager les autres font sourire le Seigneur. Dieu choisit davantage nos simples actes d'obéissance que nos prières, nos louanges ou nos offrandes. La Bible nous dit : « *Les holocaustes et les sacrifices font-ils autant plaisir à l'Éternel que l'obéissance à ses ordres ? Non ! Car l'obéissance est préférable aux sacrifices.* »⁹

Jésus a débuté son ministère public à l'âge de trente ans en étant baptisé par Jean. Au cours de cet événement, Dieu a parlé du haut des cieux : « *Celui-ci est mon Fils bien-aimé ; je mets en lui toute ma joie.* »[10] Qu'avait donc fait Jésus pendant trente ans pour donner autant de plaisir à Dieu ? La Bible ne nous dit rien de ces années cachées, sauf dans une simple phrase de Luc 2.51 : « *Et il descendit avec eux, et vint à Nazareth, et il leur était soumis* » (BD). Trente ans passés à plaire à Dieu sont résumés dans ces trois mots : « Il était soumis ! »

Je dois choisir d'apprécier ce qu'il apprécie. C'est ce que font les amis : ils se soucient de ce qui est important pour leur compagnon. Plus vous deviendrez l'ami de Dieu, plus vous vous soucierez de ce qui est important à ses yeux, vous vous affligerez de ce qui l'attriste et vous vous réjouirez de ce qui lui plaît.

Paul représente le meilleur exemple de cette attitude. Le plan de Dieu était le sien, la passion du Seigneur était la sienne : « *Car j'ai pour vous un amour qui ne supporte aucun rival et qui vient de Dieu lui-même.* »[11] David éprouvait les mêmes sentiments : « *L'amour que j'ai pour ta maison est en moi comme un feu qui me consume, et les insultes des hommes qui t'insultent sont retombées sur moi.* »[12]

De quoi Dieu se soucie-t-il le plus ? De la rédemption de ses enfants. Il veut retrouver toutes ses brebis perdues ! C'est pour cette raison qu'il est venu sur cette terre. Ce qui est le plus cher au cœur de Dieu, c'est la mort de son Fils. La seconde chose qui lui tient à cœur, c'est de voir ses enfants partager cette nouvelle avec les autres. Pour être un ami de Dieu, vous devez vous soucier de tout votre entourage comme Dieu lui-même le fait. Les amis de Dieu parlent de lui tout autour d'eux.

Je dois désirer l'amitié de Dieu plus que toute autre chose. Les Psaumes sont remplis d'exemples de ce désir. David aspirait passionnément à connaître le Seigneur plus que tout. Il employait des mots tels que *désir, soupir, soif, faim*. Il se passionnait pour Dieu. Il disait : « *Je ne demande qu'une chose au Seigneur, mais je la désire vraiment : c'est de rester toute ma*

> *Plus vous deviendrez l'ami de Dieu, plus vous vous soucierez de ce qui est important à ses yeux.*

vie chez lui, pour jouir de son amitié et guetter sa réponse dans son temple. »[13] Dans un autre psaume, il affirme : « *Car ton amour vaut bien mieux que la vie.* »[14]

Jacob souhaitait si ardemment que Dieu bénisse sa vie qu'il a lutté toute la nuit avec Dieu dans la poussière en disant : « *Je ne te laisserai point aller sans que tu m'aies béni.* »[15] Fait stupéfiant, le Dieu tout-puissant a laissé gagner Jacob ! Dieu ne s'offusque pas lorsque nous « luttons » avec lui, parce que cela nous rapproche de lui et implique que nous entrions en contact personnel avec lui ! C'est aussi une activité passionnée, et l'Éternel aime que nous nous passionnions pour lui.

Paul était, lui aussi, passionné par l'amitié avec Dieu. Rien ne comptait plus à ses yeux ; c'était sa priorité absolue, son but suprême, sa passion exclusive. C'est pour cela que Dieu a pu l'utiliser d'une façon si spectaculaire. Il a expliqué : « *Tout ce que je désire, c'est de connaître le Christ et la puissance de sa résurrection, d'avoir part à ses souffrances et d'être rendu semblable à lui dans sa mort.* »[16]

En réalité, vous êtes aussi proche de Dieu que vous choisissez de l'être. L'amitié intime avec le Seigneur est un choix et non un hasard. Vous devez le chercher délibérément. Souhaitez-vous le trouver plus que toute autre chose ? Quelle valeur a-t-il pour vous ? Vaut-il la peine que vous lui sacrifiez tout le reste ? Est-il digne que vous vous efforciez de développer les habitudes et les capacités qu'il requiert ?

Peut-être avez-vous été passionné par Dieu dans le passé, puis avez-vous perdu ce désir ? C'était le problème des chrétiens d'Éphèse : ils avaient perdu leur premier amour. Ils faisaient tout ce qu'il fallait, mais par devoir et non par amour. Si vous ne faites « qu'accomplir vos devoirs religieux », ne soyez pas surpris que Dieu permette aux afflictions de vous frapper.

La souffrance est le carburant de la passion : elle nous pousse à changer avec une intensité dont nous sommes habituellement dépourvus. C. S. Lewis a dit : « La douleur est le mégaphone de Dieu. » C'est sa façon de nous faire sortir de notre léthargie spirituelle. Vos problèmes ne sont pas une punition, mais les appels à vous réveiller de votre Dieu d'amour. Dieu n'est pas fâché contre vous, mais il désire

 ardemment retrouver une vraie communion avec vous, quitte à prendre les mesures qui s'imposent dans ce but. Mais il existe un meilleur moyen de ranimer votre passion pour Dieu : demandez-lui de vous enflammer et continuez à l'implorer jusqu'à ce que vous ayez reçu sa réponse. Priez ainsi pendant la journée : « Cher Jésus, plus que toute autre chose, je souhaite te connaître de façon intime. » Dieu a dit aux captifs de Babylone : « *Vous me trouverez lorsque vous vous tournerez vers moi de tout votre cœur.* »[17]

VOTRE RELATION LA PLUS IMPORTANTE

Il n'y a rien — absolument rien — de plus important que de nouer des liens d'amitié avec Dieu. C'est une relation qui durera éternellement. Paul a dit à Timothée : « *Certaines de ces personnes sont passées à côté de la chose la plus importante de leur vie — ils ne connaissent pas Dieu.* »[18] Est-ce votre cas ? Alors, il est grand temps de prendre un nouveau départ. Souvenez-vous que la balle est dans votre camp. Vous serez aussi proche de Dieu que vous choisirez de l'être.

DOUZIÈME JOUR
DÉFINIR MON OBJECTIF

Idée à méditer : Je suis aussi proche de Dieu que je choisis de l'être.

Verset à apprendre : « *Approchez-vous de Dieu, et il s'approchera de vous.* » (Jacques 4.8a, BG)

Question à me poser : Quels choix pratiques vais-je faire aujourd'hui pour m'approcher de Dieu ?

13

Le culte agréable à Dieu

*« Tu aimeras le Seigneur,
ton Dieu, de tout ton cœur, de toute ton âme,
de toute ta pensée, et de toute ta force. »*

(Marc 12.30)

Dieu veut tout de vous.

Il ne désire pas une simple portion de votre vie, mais *tout* votre cœur, *toute* votre âme, *toute* votre pensée et *toute* votre force. Il n'est pas intéressé par un engagement mitigé, une obéissance partielle et les restes de votre temps et de votre argent. Il veut que vous lui consacriez toute votre vie, et non des restes.

Un jour, une femme samaritaine a tenté de demander à Jésus quel était le meilleur moment, le meilleur lieu et la meilleure façon pour l'adorer. Jésus lui a répondu que la question ne se posait pas en ces termes. Ce qui compte, ce n'est pas l'endroit où vous rendez un culte à Dieu, mais c'est *pourquoi* et *comment* vous vous offrez vous-même au Seigneur dans l'adoration. La Bible dit : *« Manifestons cette reconnaissance en servant Dieu*

PREMIER OBJECTIF *Vous avez été conçu pour le plaisir de Dieu d'une manière qui lui soit agréable, avec respect et crainte. »*[1] Le genre d'adoration qui plaît à l'Éternel présente quatre caractéristiques :

Notre culte est agréable à Dieu quand il est exact. Souvent, les gens disent : « J'aime considérer Dieu comme… », puis ils expliquent quel genre de Seigneur ils ont envie d'adorer. mais nous ne pouvons pas créer de toutes pièces l'image de Dieu qui nous arrange ou qui est « politiquement correcte » et nous mettre à l'adorer. C'est de l'idolâtrie.

L'adoration doit être basée sur les vérités scripturaires et non sur nos opinions personnelles concernant Dieu. Jésus a dit à la femme samaritaine : *« Les vrais adorateurs adoreront le Père en esprit et en vérité, car ce sont là les adorateurs que le Père demande. »*[2]

« Adorer en vérité », c'est adorer Dieu comme il est réellement révélé dans la Bible.

Notre culte est agréable à Dieu quand il est authentique. Lorsque Jésus dit qu'on doit « adorer en esprit », il ne parle pas du Saint-Esprit, mais de *votre* esprit. Étant fait à l'image de Dieu, vous êtes un esprit qui réside dans un corps, et le Seigneur a prévu que votre esprit communique avec le sien. L'adoration, c'est votre esprit qui répond à celui de Dieu. Quand Jésus nous a prescrit « d'aimer Dieu de tout notre cœur et de toute notre âme », il voulait dire que notre adoration doit être authentique et sincère. Il ne s'agit pas seulement de prononcer les mots opportuns ; vous devez penser ce que vous dites. Une louange du bout des lèvres n'a aucun sens ! Elle est sans valeur. Elle constitue une insulte à Dieu.

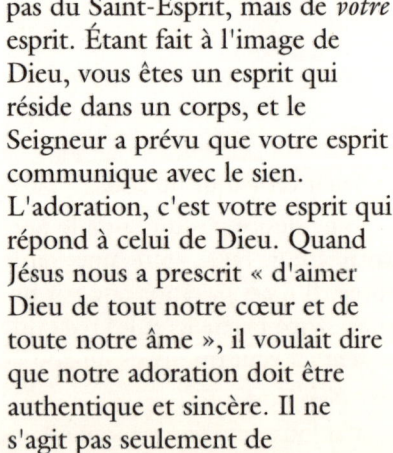

L'adoration qui plaît à Dieu jaillit du fond du cœur tout en étant strictement biblique. Elle met en jeu notre cœur aussi bien que notre tête.

Quand nous adorons le Seigneur, ce dernier observe, au-delà des mots, la disposition de notre cœur. La Bible dit : *« L'homme regarde à l'apparence extérieure, et l'Éternel regarde au cœur. »*[3]

Comme l'adoration implique que nous nous délections en Dieu, elle met en œuvre nos émotions. Le Seigneur vous a donné des émotions afin que vous puissiez l'adorer avec des sentiments profonds — mais ces émotions doivent être authentiques et non feintes. Dieu a horreur de l'hypocrisie. Pour lui, votre culte doit être exempt d'effets théâtraux, de simulation et de fausseté. Il veut que vous l'aimiez pour de bon. Si vous l'adorez maladroitement, qu'importe ! L'essentiel est que vous soyez *sincère*.

Bien sûr, la sincérité seule n'est pas tout ; on peut se tromper en toute bonne foi. C'est pour cela que l'esprit et la vérité sont tous deux requis. L'adoration doit être à la fois précise et authentique. L'adoration qui plaît à Dieu jaillit du fond du cœur tout en étant strictement biblique. Elle met en jeu notre cœur aussi bien que notre tête.

Aujourd'hui, beaucoup s'imaginent être touchés par le Saint-Esprit lorsqu'ils sont émus par la musique, mais ce n'est pas la même chose. La véritable adoration se produit lorsque notre esprit répond à celui de Dieu et non lorsque nous vibrons en entendant de la musique. Au contraire, certains cantiques sentimentaux et introspectifs *font obstacle à* l'adoration, parce qu'ils détournent l'attention de Dieu pour la fixer sur vos sentiments. Votre plus grande distraction dans l'adoration est alors vous-même — vos intérêts et votre souci de ce que les autres pensent de vous.

Les chrétiens ne sont pas toujours d'accord sur les meilleurs moyens d'exprimer leur louange à Dieu, mais ces divergences ne reflètent généralement que des personnalités ou des milieux variés. La Bible mentionne de nombreuses formes d'adoration : confesser ses fautes, chanter, crier, se lever pour marquer son respect, s'agenouiller, danser, faire un bruit joyeux, témoigner, jouer des instruments de musique et lever les mains[4]. Le meilleur style d'adoration est celui qui représente de façon la

> *Le meilleur style d'adoration est celui qui représente de façon la plus authentique votre amour pour Dieu.*

plus authentique votre amour pour Dieu, selon le milieu et la personnalité que le Seigneur vous a donnés.

Mon ami Gary Thomas a remarqué que beaucoup de chrétiens semblent *bloqués* dans un style figé d'adoration — une routine insatisfaisante — au lieu d'avoir une amitié vibrante avec Dieu, parce qu'ils se forcent à employer des méthodes de dévotion ou des styles d'adoration qui ne correspondent pas à la façon unique dont le Seigneur les a façonnés. Gary s'est demandé : « Si Dieu nous a volontairement créés tous différents, pourquoi devrions-nous tous adorer le Seigneur de la même façon ? » En lisant des classiques chrétiens et en interrogeant des chrétiens affermis, Gary s'est rendu compte qu'en vingt siècles, les chrétiens avaient joui de l'intimité avec Dieu de multiples manières différentes : en allant en pleine nature, en étudiant, en chantant, en lisant, en dansant, en dessinant, en servant les autres, en s'isolant, en jouissant de la communion fraternelle et en participant à des dizaines d'autres activités.

Dans son livre *Sacred Pathways* (Sentiers sacrés), Gary énumère neuf moyens par lesquels les gens se rapprochent de Dieu. *Ceux qui aiment la nature* parviennent davantage à aimer le Seigneur à l'extérieur, dans de beaux paysages. *Les sensitifs* aiment Dieu avec leurs sens et apprécient les belles réunions, où leur vue, leur goût, leur odorat et leur toucher sont mis à contribution, et pas seulement leurs oreilles. *Les traditionalistes* se rapprochent de Dieu par des rituels, des liturgies, des symboles et des structures immuables. *Les ascètes* préfèrent rendre un culte à Dieu dans la solitude et la simplicité. *Les activistes* aiment le Seigneur en s'opposant au mal, en se battant contre l'injustice et en luttant pour que le monde soit meilleur. *Les altruistes* aiment Dieu en s'attachant à pourvoir aux besoins de leur entourage. *Les enthousiastes* adorent le Seigneur par des fêtes, *les contemplatifs*, par la méditation, et *les intellectuels* en faisant fonctionner leur matière grise.[5]

Il n'y a pas de « méthode standard » pour adorer le Seigneur et être son ami. Une chose est sûre : nous ne glorifions jamais Dieu en essayant d'être quelqu'un qu'il n'a jamais prévu que nous soyons. Il souhaite que nous restions nous-mêmes. « *Les vrais adorateurs adoreront le Père en esprit et en vérité, car ce sont là les adorateurs que le Père demande.* »[6]

Notre culte est agréable à Dieu quand il est réfléchi. Le commandement de Jésus « *d'aimer Dieu de toute notre pensée* » est répété quatre fois dans le Nouveau Testament. Les cantiques chantés machinalement, les prières mécaniques faites de clichés, les « Gloire à Dieu » criés par habitude et parce que nous ne savons pas quoi dire d'autre ne sont pas agréables à l'Éternel. Si l'adoration n'est pas réfléchie, elle n'a pas de valeur. Il faut faire fonctionner notre cerveau.

Jésus appelait l'adoration machinale « de vaines redites »[7]. Même les termes bibliques peuvent devenir des clichés si nous les employons trop et que nous ne réfléchissons pas à ce qu'ils signifient. Il est tellement plus facile d'adorer Dieu par des clichés que de faire l'effort d'honorer Dieu avec des paroles et des façons nouvelles ! C'est pour cela que je vous encourage à lire les Écritures dans diverses traductions et paraphrases. C'est un moyen d'étendre vos expressions de louange.

JOUR 13 : LE CULTE AGRÉABLE

Essayez de rendre grâce à Dieu sans vous servir des mots *louange, alléluia, merci* ou *amen*. Au lieu de vous borner à dire : « Nous sommes venus pour te louer », faites une liste de synonymes et employez des mots nouveaux comme *admirer, respecter, chérir, révérer, honorer* et *apprécier*.

De plus, *soyez précis*. Si quelqu'un s'approchait de vous et vous répétait : « Je te loue ! » dix fois, vous vous demanderiez sans doute : « Mais pour quelle raison ? » Vous préféreriez recevoir deux compliments précis que vingt généralités vagues, et Dieu aussi.

Autre idée : Faites une liste des différents noms du Seigneur et concentrez-vous sur eux. Aucun d'eux n'est arbitraire. Tous nous dévoilent un aspect de son caractère ! Dans l'Ancien Testament, Dieu s'est révélé progressivement à Israël en se désignant par de nouveaux noms, et il nous commande de louer son nom.[8]

Dieu veut aussi que nos cultes collectifs soient mûrement réfléchis. Paul y consacre un chapitre entier dans 1 Corinthiens 14, et il conclut : « *Que toutes choses se fassent avec bienséance et avec ordre.* »[9]

À ce propos, Dieu insiste pour que nos cultes soient à la portée des non-croyants qui y assistent. Paul observe : « *Si tu rends grâces par l'esprit, comment celui qui est dans les rangs des simples auditeurs répondra-t-il : Amen ! à ton action de grâces, puisqu'il ne sait pas ce que tu dis ? Tu rends, il est vrai, d'excellentes actions de grâces, mais l'autre n'en est pas édifié.* »[10] Tenir compte des non-croyants qui assistent à vos cultes est un ordre du Seigneur. Le négliger, c'est faire preuve à la fois de désobéissance et de manque d'amour. Pour de plus amples explications à ce sujet, lisez le chapitre « Le culte peut être un témoignage » dans *L'Église, une passion, une vision*.

Notre culte est agréable à Dieu quand il est pratique. La Bible dit d'offrir « *votre corps comme un sacrifice vivant, saint et qui plaise à Dieu.* »[11] Pourquoi le Seigneur veut-il votre corps ? Pourquoi ne prescrit-il pas « Offrez votre esprit » ? Parce que, sur cette planète, vous ne pouvez rien faire sans votre corps. Dans l'éternité, vous recevrez un corps nouveau très supérieur au précédent, mais pendant que vous êtes ici-bas, le Seigneur vous demande : « Donne-moi ce que tu as ! » Il parle de l'adoration d'une façon très pratique.

Vous avez déjà entendu des gens vous dire : « Je ne peux pas assister à la réunion aujourd'hui, mais je serai avec vous *en esprit* » ? Qu'est-ce que cela veut dire ? Rien. Cela n'a aucune valeur ! Tant que vous serez sur la terre, votre esprit ne pourra être qu'avec votre corps. Si votre corps est absent, votre esprit l'est aussi !

Dans l'adoration, nous sommes appelés à « offrir nos corps en sacrifice *vivant*. » Nous avons tendance à associer le terme de « sacrifice » à quelque chose de mort, mais Dieu veut que vous soyez un sacrifice vivant. Il souhaite vous voir *vivre* pour lui ! Toutefois, le problème d'un sacrifice vivant, c'est qu'il peut quitter l'autel, ce que nous faisons souvent. Nous chantons

La véritable louange est enracinée dans la parole de Dieu.

« En avant, soldats du Christ » le dimanche, et puis, le lundi, nous nous absentons sans permission.

Dans l'Ancien Testament, Dieu a pris plaisir aux nombreux sacrifices d'adoration, parce qu'ils ont préfiguré celui de Jésus sur la croix. Actuellement, Dieu apprécie divers types de sacrifices : actions de grâces, louanges, humilité, repentance, offrandes d'argent, prière, service des autres et partage de ses biens avec ceux qui en ont besoin.[12]

La véritable adoration est coûteuse. David, qui le savait, a dit : « *Je n'offrirai point à l'Éternel, mon Dieu, des holocaustes qui ne me coûtent rien.* »[13]

L'adoration nous fait sortir de notre égocentrisme. On ne peut pas exalter Dieu et soi-même en même temps. On ne lui rend pas un culte pour être vu par les autres ou pour se plaire à soi-même, mais on détourne délibérément l'attention de soi pour la porter vers le Seigneur.

Quand Jésus nous a prescrit : « *Aime Dieu de toute ta force* », il a souligné le fait que l'adoration coûtait du temps et de l'énergie. Elle n'est pas toujours simple et aisée. Parfois, elle constitue un acte délibéré de la volonté — un sacrifice volontaire. L'adoration passive est un paradoxe.

Quand on loue le Seigneur sans en avoir envie, lorsqu'on quitte son lit pour l'adorer alors qu'on est fatigué ou qu'on aide les autres quand on est à bout, on offre à l'Éternel un sacrifice qui lui plaît.

Matt Redman, un dirigeant de l'adoration anglais, a relaté de quelle façon son pasteur avait enseigné à l'Église le vrai sens de l'adoration. Pour montrer que l'adoration ne se limitait pas aux cantiques, il avait supprimé tous les chants des réunions pendant un certain laps de temps, au cours duquel les membres de son assemblée ont appris à adorer le Seigneur d'autres façons. À la fin de cette période, Matt a écrit le chant classique « Le cœur de l'adoration » :

Je t'apporterai plus qu'un cantique,
   parce que ce n'est pas le chant lui-même que tu recherches.
Tu vois plus loin, bien plus loin

Que les apparences
Tu sondes le fond de mon cœur.[14]

Le cœur de la question est une question de cœur.

TREIZIÈME JOUR
DÉFINIR MON OBJECTIF

Idée à méditer : Dieu veut *tout* de moi.

Verset à apprendre : « *Tu aimeras le Seigneur, ton Dieu, de tout ton cœur, de toute ton âme, de toute ta pensée, et de toute ta force.* » (Marc 12.30, BG)

Question à me poser : Actuellement, qu'est-ce qui plaît le plus au Seigneur : mon culte privé ou mon adoration publique ? Que vais-je faire à ce sujet ?

14

Lorsque Dieu semble distant

« J'attends le Seigneur.
Pour l'instant, il se détourne des descendants de Jacob,
mais je compte patiemment sur lui. »

(Ésaïe 8.17, BFC)

Dieu est réel, quels que soient vos sentiments.

Il est facile d'adorer le Seigneur quand tout va bien dans votre vie — lorsqu'il vous a procuré de la nourriture, des amis, une famille, la santé et des situations agréables. Mais les circonstances ne sont pas toujours idéales. Comment adorez-vous le Seigneur quand tout va mal ? Comment réagissez-vous lorsque Dieu vous semble être à un million de kilomètres ?

Le niveau le plus profond de l'adoration consiste à louer Dieu malgré la douleur, à le remercier pendant une épreuve, à lui faire confiance lorsque nous sommes tentés, à nous soumettre à sa seigneurie devant nos souffrances et à l'aimer lorsqu'il semble éloigné.

Les amitiés sont souvent mises à l'épreuve par la séparation et le silence ; soit les amis sont éloignés sur le plan géographique, soit ils ne parviennent plus à communiquer. Dans votre relation avec le Seigneur, vous ne vous sentirez pas toujours *proche* de lui. Philip Yancey a fait remarquer à juste titre : « Toute relation inclut des temps de proximité et des temps d'éloignement, et au cours d'une relation avec Dieu, aussi intime soit-elle, le balancier oscillera d'un côté à l'autre. »[1] C'est à ce moment-là que l'adoration devient difficile.

Pour affirmer votre amitié, Dieu vous fera passer par des périodes de séparation *apparente*. À ce moment-là, vous aurez l'impression qu'il vous a abandonné ou oublié. Dieu vous semblera être à des millions de kilomètres de vous. Saint Jean de la Croix a dit que ces jours de sécheresse spirituelle, de doute et d'éloignement de Dieu étaient « la nuit sombre de l'âme ». Henri Nouwen les a nommés « le ministère de l'absence ». D'autres parlent d'« hiver du cœur ».

À part Jésus, David a sans doute été plus proche de Dieu que n'importe qui, au point que le Seigneur l'a qualifié d'« homme selon son cœur »[2]. Et pourtant, le psalmiste a souvent déploré l'apparente absence de Dieu : « *Pourquoi, ô Éternel, te tiens-tu éloigné ? Pourquoi te caches-tu au temps de la détresse ?* »[3] « *Pourquoi m'as-tu abandonné ? Tu restes loin, tu ne viens pas me secourir malgré toutes mes plaintes.* »[4] « *Pourquoi donc me rejettes-tu ?* »[5]

Évidemment, Dieu n'avait pas vraiment laissé David, pas plus qu'il ne vous abandonne vous-même. Il a souvent promis : « *Je ne te délaisserai pas et ne t'abandonnerai jamais.* »[6] Mais il n'a pas garanti : « Tu *sentiras* toujours ma présence. » En fait, Dieu admet qu'il nous cache parfois sa face[7]. Par moments, il semble s'effacer complètement de notre vie.

JOUR **14** :
LORSQUE
DIEU
SEMBLE
DISTANT

Floyd McClung décrit cela en ces termes : « Vous vous réveillez un matin et tous vos sentiments spirituels ont disparu. Vous priez, mais il ne se passe rien. Vous chassez l'adversaire, mais cela ne change rien. Vous vous livrez à vos exercices spirituels… vous demandez à vos amis de prier pour vous… vous confessez tous les péchés que vous pouvez imaginer, puis vous demandez pardon à tous les gens que vous connaissez.

Vous jeûnez... toujours rien. Des jours ? Des semaines ? Des mois ? Cela cessera-t-il un jour ?... Tout se passe comme si vos prières s'arrêtaient au plafond. Totalement désespéré, vous criez : "Qu'est-ce qui ne va pas chez moi ?" »[8]

Vous n'avez rien fait de mal ! C'est une étape normale du test et de la croissance de votre amitié avec Dieu. *Tous* les chrétiens passent par là au moins une fois, et généralement plusieurs. C'est douloureux et déconcertant, mais absolument vital pour le développement de votre foi. Le fait de le savoir a redonné espoir à Job quand il n'a plus senti la présence de Dieu dans sa vie. Il a dit : « *Si je vais à l'est, il n'y est pas, si je vais à l'ouest, je ne l'aperçois pas. Si je le cherche au nord, je ne peux pas l'atteindre. Se cache-t-il au sud ? Jamais je ne le vois. Cependant, il sait bien quelle voie j'ai suivie. Qu'il me passe au creuset, j'en sortirai pur comme l'or.* »[9]

> *Dieu admet qu'il nous cache parfois sa face.*

Quand Dieu semble distant, vous avez peut-être l'impression qu'il est fâché contre vous ou qu'il vous fait subir une punition pour certains péchés que vous avez commis. Et il est vrai que le péché vous empêche d'être en communion étroite avec Dieu. Nous attristons l'Esprit de Dieu et entravons notre communion avec lui par notre désobéissance, nos conflits avec les autres, notre activité frénétique, notre amitié avec le monde, etc.[10]

Mais souvent, cette sensation d'abandon ou d'éloignement de Dieu n'a rien à voir avec le péché. C'est une épreuve de la foi que nous devons tous affronter : allons-nous continuer à aimer Dieu, à croire en lui, à lui obéir et à l'adorer, même si nous ne sentons plus sa présence et que nous ne le voyons plus agir visiblement dans notre vie ?

L'erreur la plus courante des chrétiens d'aujourd'hui est que, dans l'adoration, ils cherchent *une expérience* au lieu de chercher Dieu. Ils aspirent à éprouver une sensation, et lorsque c'est le cas, ils concluent qu'ils ont « eu un bon culte ». Mais c'est faux ! C'est pourquoi le Seigneur nous prive souvent de sensations, afin que nous ne dépendions pas d'elles. Chercher une sensation, même celle de se sentir tout près de Christ, n'est pas rendre un culte à Dieu.

Quand vous étiez un nouveau-né en Christ, Dieu vous a donné quantité d'émotions pour confirmer sa présence, et souvent, il a répondu à certaines de vos prières les plus immatures et égocentriques — afin que vous sachiez qu'il existe. Mais quand vous avez grandi dans la foi, il vous a ôté ces béquilles.

> *L'erreur la plus courante des chrétiens d'aujourd'hui est que, dans l'adoration, ils cherchent une expérience au lieu de chercher Dieu.*

L'omniprésence du Seigneur n'est pas équivalente à la manifestation de sa présence. L'une est un fait, l'autre est souvent un sentiment. Dieu est toujours présent, même lorsque vous n'en avez pas conscience, et cette présence est trop profonde pour pouvoir être mesurée par de simples émotions.

Certes, il veut vous faire sentir sa présence, mais il préfère que vous *lui fassiez confiance* plutôt que de chercher des *sensations*. C'est la foi qui plaît à Dieu et non les sentiments.

C'est quand tout va de travers dans votre vie et que vous ne voyez plus Dieu à l'œuvre que votre foi grandit le plus. C'est ce qui est arrivé à Job. En un seul jour, il a *tout* perdu — sa famille, son travail, sa santé et tous ses biens. C'était extrêmement décourageant : pendant trente-sept chapitres, Dieu ne lui a rien dit !

Comment louer l'Éternel quand vous ne comprenez pas ce qui vous arrive dans la vie et que Dieu garde le silence ? De quelle façon rester lié à lui au cours des moments critiques où toute communication avec lui semble rompue ? Comment garder les yeux fixés sur Jésus lorsqu'ils sont pleins de larmes ? En réagissant comme Job : « *Alors Job se leva, déchira son manteau, et se rasa la tête ; puis, se jetant par terre, il se prosterna, et dit : Je suis sorti nu du sein de ma mère, et nu je* retournerai dans le sein de la terre. L'Éternel a donné, et l'Éternel a ôté ; que le nom de l'Éternel soit béni ! »[11]

Dites à Dieu exactement ce que vous éprouvez. Répandez votre cœur devant lui. Exposez-lui toutes les émotions que vous ressentez. C'est ce que Job a fait lorsqu'il a dit : « *Je ne veux plus me taire davantage ; j'ai l'esprit en détresse, il faut donc que je parle.* »[12] Quand le Seigneur lui a paru très loin, il a crié : « *Ah, combien j'aimerais retrouver le passé, ce temps où je vivais sous la garde de Dieu, quand sa lampe brillait au-dessus de ma tête !* »[13] Dieu peut gérer votre doute, votre colère, votre peur, votre chagrin, votre confusion et vos questions.

Saviez-vous qu'admettre franchement votre désespoir peut être une déclaration de foi ? David, désespéré, mais croyant néanmoins toujours en Dieu, a écrit : « *J'ai gardé la foi, même quand je répétais : Me voilà en bien triste état !* »[14] Cela semble contradictoire : Je crois en Dieu, mais je suis au bout du rouleau ! Mais en fait, la franchise de David révèle une foi profonde : tout d'abord, il croyait en Dieu. Ensuite, il était convaincu que le Seigneur écouterait sa prière. Et enfin, il savait que le Seigneur l'aimerait toujours, même s'il lui disait tout ce qu'il avait sur le cœur.

Concentrez-vous sur l'identité de Dieu — sur sa nature immuable. Quelles que soient les circonstances et ce que vous éprouvez, accrochez-vous au caractère immuable du Seigneur. Souvenez-vous de ce que vous savez être vrai au sujet de Dieu : il est bon, il m'aime, il est avec moi, il sait ce que j'endure, il s'intéresse à moi, il a un bon plan pour ma vie. V. Raymond Edman a dit : « Quand vous êtes dans le noir, ne remettez jamais en question ce que Dieu vous a dit lorsque vous étiez dans la lumière. »

Quand la vie de Job a tourné au désastre et que Dieu a gardé le silence, Job a trouvé de quoi remercier le Seigneur :

- de sa bonté et de son amour.[15]
- de sa toute-puissance.[16]
- de ce qu'il remarquait tous les détails de sa vie.[17]
- de ce qu'il contrôlait parfaitement la situation.[18]

- de ce qu'il avait un plan pour sa vie.[19]
- de ce qu'il le sauverait.[20]

Croyez que le Seigneur tiendra ses promesses. Au cours des périodes de sécheresse spirituelle, vous devez vous appuyer patiemment sur les promesses de Dieu et non sur vos émotions et réaliser qu'il vous amène à un niveau de maturité plus profond. Une amitié basée sur les émotions est très fragile.

Alors, ne vous laissez pas troubler par les coups durs. Les circonstances ne peuvent pas changer le caractère de Dieu. La grâce du Seigneur est toujours agissante ; il est là pour vous même lorsque vous ne le sentez pas. En l'absence de circonstances pour confirmer cela, Job s'est accroché à la Parole de Dieu. Il a dit : *« Je n'ai pas abandonné les commandements de ses lèvres ; j'ai fait plier ma volonté aux paroles de sa bouche. »*[21]

Cette foi en la Parole de Dieu a aidé Job à rester fidèle quand plus rien n'avait de sens. Sa confiance est restée inébranlable en dépit de sa souffrance : *« Quand même il me tuerait, j'espérerais en lui. »*[22]

Quand vous vous sentez abandonné de Dieu et que vous continuez à lui faire confiance malgré ce que vous éprouvez, vous l'adorez de la façon la plus sublime qui soit.

Souvenez-vous de ce que Dieu a déjà accompli pour vous. S'il n'avait jamais rien fait de particulier dans votre vie, le Seigneur mériterait votre louange continuelle pendant le reste de votre existence à cause de ce que Jésus a accompli pour vous sur la croix. *Le Fils de Dieu est mort pour vous !* C'est la plus grande de toutes les raisons pour l'adorer.

Hélas, nous oublions les cruels détails du sacrifice atroce que Dieu a réalisé pour nous, car nous y sommes trop accoutumés. Même avant la crucifixion, le Fils de Dieu a été exposé nu, battu jusqu'à être méconnaissable, fouetté, ridiculisé et en proie aux sarcasmes, couronné d'épines et couvert de crachats. Comme un jouet entre les mains de ses bourreaux, il a été traîné plus bas que terre.

Ensuite, après avoir perdu tant de sang qu'il était presque inconscient, il a été forcé de porter une lourde croix en haut d'une colline, et on l'a laissé endurer la lente et atroce torture de la mort par crucifixion. Pendant que son sang coulait, des opposants se tenaient près de lui et lui criaient des insultes, en se moquant de sa souffrance et en riant de sa prétention d'être Dieu.

> *Quand vous vous sentez abandonné de Dieu et que vous continuez à lui faire confiance, vous l'adorez de la façon la plus sublime qui soit.*

Ensuite, lorsque Jésus a pris sur lui tout le péché et toute la culpabilité de l'humanité, Dieu a détourné les yeux de cet affreux spectacle, et Jésus, complètement désespéré, a crié : « Mon Dieu, mon Dieu, pourquoi m'as-*tu* abandonné ? » Jésus aurait pu se sauver lui-même... Mais dans ce cas, il n'aurait pas pu nous sauver.

Aucun mot ne peut décrire la noirceur de ce moment. Pourquoi Dieu a-t-il permis et enduré un traitement aussi effroyable ? Pourquoi ? Pour que *vous* puissiez éviter de passer l'éternité en enfer, et qu'ainsi, *vous* puissiez avoir part à sa gloire pour toujours ! La Bible dit : « *Le Christ était sans péché, mais Dieu l'a chargé de notre péché, afin que, par lui, nous ayons part à l'œuvre salutaire de Dieu.* »[23]

Jésus a tout laissé pour que vous puissiez tout avoir. Il est mort afin que vous puissiez vivre éternellement. *Ce seul fait suffit à nous faire déborder d'actions de grâces en permanence.* Dès maintenant, ne vous demandez plus jamais pour quelles raisons vous devez être reconnaissant.

QUATORZIÈME JOUR
DÉFINIR MON OBJECTIF

Idée à méditer : Dieu est réel, quels que soient mes états d'âme.

Verset à apprendre : « *Car Dieu a dit : Je ne te laisserai point et je ne t'abandonnerai point.* » (Hébreux 13.5)

Question à me poser : Comment puis-je rester concentré sur la présence de Dieu, en particulier lorsqu'il semble distant ?

DEUXIÈME OBJECTIF

VOUS AVEZ ÉTÉ FORMÉ POUR LA FAMILLE DE DIEU

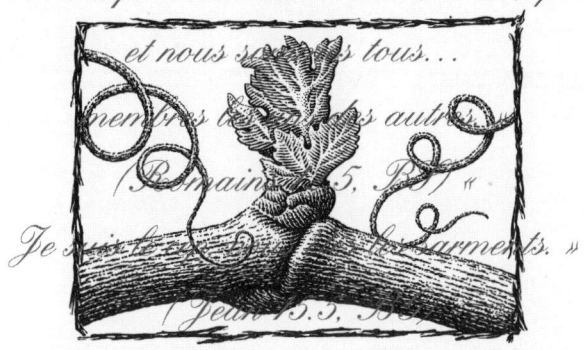

« Je suis le cep, vous êtes les sarments. »

(Jean 15.5, BG)

« Nous formons ensemble un seul corps...
et nous sommes tous...
membres les uns des autres... »

(Romains 12.5, BS)

Formé pour la famille de Dieu

*« En effet, Dieu, qui a créé tout ce qui existe
et pour qui sont toutes choses,
voulait conduire beaucoup de fils
à participer à sa gloire. »*

(Hébreux 2.10a, BS)

*« Voyez à quel point le Père nous a aimés !
Son amour est tel que nous sommes appelés enfants de Dieu,
et c'est ce que nous sommes réellement. »*

(1 Jean 3.1, BFC)

Vous avez été formés pour la famille de Dieu.

Le Seigneur souhaite avoir une famille, et il vous a créés pour en faire partie. C'est le deuxième objectif de Dieu pour votre vie, et il l'a prévu avant votre naissance. Toute la Bible est l'histoire de Dieu construisant une famille qui l'aimera, qui l'honorera et qui règnera avec lui pour toujours. Elle nous explique : *« Dans son amour, Dieu avait décidé par avance qu'il ferait de nous ses enfants par Jésus-Christ ; dans sa bienveillance, voilà ce qu'il a voulu.* [1]

Comme le Seigneur est amour, il apprécie beaucoup les relations. Par nature, il est relationnel et il parle de lui-même en termes familiaux : le Père, le Fils et le Saint-Esprit. La Trinité est la relation de Dieu avec lui-même. C'est le modèle parfait de l'harmonie relationnelle, et nous devrions étudier ses implications.

Comme Dieu a toujours entretenu une relation aimante avec lui-même, jamais il n'a été seul. Il n'avait pas *besoin* d'une famille, mais il en désirait une. C'est pour cette raison qu'il a mis au point un plan pour nous créer, nous adjoindre à sa famille et partager tous ses biens avec nous. C'est une grande source de plaisir pour Dieu. La Bible dit : « *Ce fut un heureux jour pour lui que celui où il donna une nouvelle vie, par la vérité de sa Parole, et où nous sommes devenus, en quelque sorte, les premiers enfants de sa nouvelle famille.* »[2]

Lorsque nous plaçons notre foi en Christ, Dieu devient notre Père, nous devenons ses enfants, les autres chrétiens deviennent nos frères et sœurs et l'Église devient notre famille spirituelle. La famille de Dieu se compose de tous les chrétiens passés, présents et futurs.

Tous les êtres humains ont été *créés* par Dieu, mais tous ne sont pas des *enfants* de Dieu. Le seul moyen d'entrer dans la famille du Seigneur, c'est de naître de nouveau. Vous faites partie de votre famille humaine par votre première naissance, mais vous devenez membre de la famille de Dieu par la seconde. Dieu « *nous a octroyé le privilège de naître de nouveau, si bien que nous sommes maintenant membres de la famille de Dieu.* »[3]

L'invitation à faire partie de la famille de Dieu est universelle[4], mais à une condition : la foi en Jésus. La Bible dit : « *Vous êtes tous fils de Dieu par la foi en Jésus-Christ.* »[5]

Votre famille spirituelle surpasse en importance votre famille physique, parce qu'elle durera éternellement. Nos familles terrestres sont de merveilleux dons de Dieu, mais elles sont temporaires et fragiles. Souvent, le divorce, la distance, la vieillesse et, inévitablement, la mort les brisent. Notre famille spirituelle, en revanche — nos relations avec les autres chrétiens — durera éternellement. C'est une union beaucoup plus forte, un lien plus permanent que les liens du sang.

Chaque fois que Paul se mettait à penser à l'objectif éternel de Dieu pour nous, il faisait monter vers lui ses actions de grâces : « *C'est pourquoi je me mets à genoux devant le Père, de qui dépendent, comme d'un modèle, toutes les familles des cieux et de la terre.* »[6]

LES AVANTAGES D'APPARTENIR À LA FAMILLE DE DIEU

Dès que vous êtes né spirituellement dans la famille de Dieu, vous avez reçu des cadeaux de naissance inouïs : votre nom de famille, la ressemblance avec les autres membres de la famille, les privilèges familiaux, l'accès à l'intimité familiale et à son héritage ![7] La Bible explique : *« Puisque tu es fils, tu es héritier des biens promis. »*[8]

Le Nouveau Testament fait grand cas de notre riche « héritage ». Il nous dit : *« Mon Dieu pourvoira à tous vos besoins selon sa richesse, avec gloire, en Jésus-Christ. »*[9] En tant qu'enfants de Dieu, nous avons droit à une part de la fortune familiale. Ici-bas, nous recevons déjà *« les richesses... de sa grâce... la bonté... la patience... la gloire... la sagesse... la puissance... et la miséricorde. »*[10] Et dans l'au-delà, nous recevrons bien plus encore.

Votre famille spirituelle surpasse en importance votre famille physique, parce qu'elle durera éternellement.

Paul a dit : *« Par le moyen de la Bonne Nouvelle, les non-Juifs sont destinés à recevoir avec les Juifs les biens que Dieu réserve à son peuple. »*[11] Que comprend exactement cet héritage ? Premièrement, nous irons auprès de Dieu pour toujours[12]. Deuxièmement, nous serons totalement changés à l'image de Christ.[13] Troisièmement, nous serons libérés de toute peine, de tout deuil et de toute souffrance[14]. Quatrièmement, nous serons récompensés et il nous sera attribué un nouveau service[15]. Cinquièmement, nous aurons part à la gloire de Christ[16]. Quel héritage ! Vous êtes bien plus riche que vous le pensez !

La Bible dit que Dieu a réservé à ses enfants *« un héritage qui ne se peut ni corrompre, ni souiller, ni flétrir. »*[17] Cela signifie que votre héritage éternel est sans prix, pur, permanent et protégé. Personne ne peut vous le prendre ; il ne peut être détruit ni par la guerre, ni par la récession économique, ni par une catastrophe naturelle. C'est cet héritage éternel que vous devez désirer, et c'est pour lui que vous devez travailler et non pour votre retraite. Paul a dit : « *Tout ce que vous faites, faites-le de bon cœur, comme pour le Seigneur et non pour les hommes, sachant que vous recevrez du Seigneur l'héritage pour récompense.* »[18] La retraite n'est qu'un objectif à court terme. Vivez plutôt à la lumière de l'éternité.

LE BAPTÊME : L'IDENTIFICATION À LA FAMILLE DE DIEU

JOUR 15 :
FORMÉ
POUR
LA FAMILLE
DE DIEU

Les familles saines ont leur fierté. Leurs membres n'ont pas honte d'en faire partie. Hélas, j'ai rencontré de nombreux chrétiens qui ne se sont jamais identifiés publiquement à leur famille spirituelle, comme Jésus l'a commandé, en étant baptisés.

Le baptême n'est pas un rituel facultatif dont on peut se passer ou qui peut être remis à plus tard, mais il marque votre entrée dans la famille de Dieu. Il annonce publiquement au monde : « Je n'ai pas honte de faire partie des membres du corps de Christ. » Avez-vous été baptisé ?

Jésus recommande cette belle démarche à tous ses enfants. Il nous a prescrit : « *Allez, faites de toutes les nations des disciples, les baptisant au nom du Père, du Fils et du Saint-Esprit.* »[19]

Pendant des années, je me suis demandé pourquoi l'ordre de mission de Jésus plaçait le baptême sur le même plan que les grandes tâches telles que l'évangélisation et l'édification. Pourquoi le baptême est-il si important ? J'ai compris un jour que c'était parce qu'il symbolisait le deuxième objectif de Christ pour notre vie : la participation à la communion avec la famille éternelle de Dieu.

Le baptême a une signification primordiale. C'est lui qui démontre publiquement votre foi et votre désir d'avoir part à la mort et à la résurrection de Christ. Il symbolise votre mort à votre ancienne vie et annonce votre nouvelle vie en Christ. C'est aussi une célébration de votre entrée dans la famille de Dieu.

Votre baptême est l'image physique d'une vérité spirituelle. Il représente ce qui s'est passé au moment où le Seigneur vous a fait entrer dans sa famille : « *Nous avons tous été baptisés par un seul et même Esprit pour former un seul corps, que nous soyons*

Juifs ou non-Juifs, esclaves ou hommes libres. C'est de ce seul et même Esprit que nous avons tous reçu à boire. »[20]

Le baptême ne *fait* pas de vous un membre de la famille de Dieu ; seule la foi en Christ a ce pouvoir. Mais il *montre* que vous êtes l'un de ses enfants. Comme une alliance, il est le rappel visible d'un engagement invisible pris dans votre cœur. C'est un acte d'*initiation*, et non une simple formalité que vous pouvez différer jusqu'à ce que vous soyez mûrs spirituellement. La seule condition biblique est que vous ayez foi en Dieu.[21]

Dans le Nouveau Testament, les gens étaient baptisés dès qu'ils croyaient au Seigneur. À la Pentecôte, trois mille personnes furent baptisées *le jour même* où elles acceptèrent Christ. Un peu plus tard, un chef éthiopien fut baptisé *sur le champ* dès sa conversion, et Paul et Silas baptisèrent un geôlier de Philippe et sa famille *à minuit*. Dans le Nouveau Testament, jamais on ne tardait à baptiser les gens. Si vous n'avez pas été baptisé pour exprimer votre foi en Christ, faites-le dès que possible, comme l'a ordonné Jésus.

LE PLUS GRAND PRIVILÈGE DE LA VIE

La Bible dit : « *Or, Jésus qui purifie les êtres humains de leurs péchés et ceux qui sont purifiés ont tous le même Père. C'est pourquoi Jésus n'a pas honte de les appeler ses frères.* »[22] Méditez cette stupéfiante réalité. Vous faites partie de la famille de Dieu, et comme Jésus vous a sanctifié, Dieu est fier de vous ! Les paroles de Jésus sont sans ambiguïté : « *Puis, étendant la main sur ses disciples, il dit : Voici ma mère et mes frères. Car quiconque fait la volonté de mon Père qui est dans les cieux, celui-là est mon frère, et ma sœur, et ma mère.* »[23] : Être admis dans la famille de Dieu est le plus grand honneur et le privilège le plus éblouissant que vous recevrez jamais. Rien ne vaut cela, et de

> *Être admis dans la famille de Dieu est le plus grand honneur et le privilège le plus éblouissant que vous recevrez jamais.*

loin. Quand vous vous sentirez insignifiant, peu aimé ou mal à l'aise, souvenez-vous de Celui à qui vous appartenez.

QUINZIÈME JOUR
DÉFINIR MON OBJECTIF

Idée à méditer : J'ai été formé pour la famille de Dieu.

Verset à apprendre : « *Dans son amour, Dieu avait décidé par avance qu'il ferait de nous ses enfants par Jésus-Christ.* » (Éphésiens 1.5a, BFC)

Question à me poser : Comment puis-je commencer à traiter les autres chrétiens comme des membres de ma famille ?

16

Ce qui compte le plus

*« Si même je sacrifiais tous mes biens,
et jusqu'à ma vie, pour aider les autres,
au point de pouvoir m'en vanter, si je n'ai pas l'amour,
cela ne me sert de rien. »*

(1 Corinthiens 13.3, BS)

*« L'amour consiste à vivre selon les commandements
de Dieu. Et le commandement que vous avez appris
dès le commencement, c'est que vous viviez dans l'amour. »*

(2 Jean 1.6, BFC)

Toute la vie gravite autour de l'amour.

Comme Dieu est amour, la leçon la plus importante qu'il souhaite vous voir apprendre ici-bas, c'est comment aimer. C'est en aimant que nous lui ressemblons le plus, si bien que l'amour est le fondement de tous les commandements qu'il nous a donnés : *« Car toute la loi est accomplie dans une seule parole, dans celle-ci : Tu aimeras ton prochain comme toi-même. »*[1]

Apprendre à aimer avec abnégation n'est pas une tâche facile. Cela va à l'encontre de notre nature égocentrique. C'est pourquoi nous avons toute une vie pour l'apprendre. Évidemment, Dieu veut que nous aimions tout le monde, mais il se préoccupe particulièrement de nous voir aimer les autres membres de sa famille. Comme nous l'avons déjà vu, c'est le deuxième objectif de votre vie. Pierre nous prescrit : *« Aimez vos frères en la foi. »²* Paul fait écho à ce sentiment : « *Ainsi, tant que nous en avons l'occasion, faisons du bien à tous, et surtout à nos frères dans la foi. »³*

JOUR 16 :

CE QUI COMPTE LE PLUS

Pourquoi Dieu insiste-t-il pour que nous accordions un amour et une attention tout particuliers aux autres chrétiens ? Pourquoi ont-ils la priorité ? Parce que Dieu veut avant tout que sa famille ait la réputation d'être aimante. Jésus a dit que *notre amour mutuel* — et non nos théories doctrinales— était notre plus grand témoignage envers ce monde : « *À ceci tous connaîtront que vous êtes mes disciples, si vous avez de l'amour entre vous. »⁴*

Au ciel, nous jouirons pour toujours de la compagnie de la famille de Dieu, mais tout d'abord, nous avons du travail à accomplir ici-bas afin de nous préparer à une éternité d'amour. Dieu nous forme en nous donnant des « responsabilités familiales », en particulier en nous exhortant à nous aimer les uns les autres.

Le Seigneur souhaite que vous soyez en communion régulière étroite avec les autres chrétiens pour apprendre à les aimer. L'amour ne s'apprend pas dans l'isolement. Vous devez entourer les autres, les gens irritants, imparfaits et décevants. Par la communion fraternelle, nous apprenons trois vérités importantes.

LE MEILLEUR USAGE DE LA VIE, C'EST L'AMOUR

L'amour devrait être votre priorité absolue, votre objectif suprême et votre plus grande ambition. Ce n'est pas seulement *une grande part* de votre vie, mais c'est *la plus importante*. La Bible dit : « *Recherchez avant tout l'amour. »⁵*

Dire : « L'un des buts de ma vie est d'aimer les autres » ne suffit pas. Les relations doivent primer sur tout le reste de votre vie. Pourquoi ?

La vie sans amour est totalement sans valeur. Paul insiste sur ce point : « *Si même je sacrifiais tous mes biens, et jusqu'à ma vie, pour aider les autres, au point de pouvoir m'en vanter, si je n'ai pas l'amour, cela ne me sert de rien. »⁶*

Souvent, nous agissons comme si nos rapports avec les autres devaient être casés tant bien que mal dans notre emploi du temps. Nous affirmons devoir *trouver* du temps pour nos enfants ou *prendre* du temps pour notre entourage. Cela donne l'impression que nos relations ne sont qu'une partie de notre vie parmi bien d'autres. Mais Dieu dit qu'elles sont à la base de notre existence !

Quatre des dix commandements traitent de nos relations avec le Seigneur, alors que les six autres concernent nos relations avec les autres, mais tous nous parlent de relations ! Par la suite, Jésus a résumé ce qui comptait le plus pour Dieu en deux affirmations : aime Dieu et aime les autres. Il a dit : « *Tu aimeras le Seigneur, ton Dieu, de tout ton cœur, de toute ton âme, et de toute ta pensée. C'est le premier et le plus grand commandement. Et voici le second, qui lui est semblable : Tu aimeras ton prochain comme toi-même. De ces deux commandements dépendent toute la loi et les prophètes.* »[7] Après avoir appris à aimer Dieu (adoration), apprendre à aimer les autres est le deuxième objectif de votre vie.

Ce qui compte le plus, ce ne sont ni les performances, ni l'accumulation des biens matériels, mais ce sont les relations. Alors, pourquoi leur accordons-nous si peu d'importance ? Quand notre planning est surchargé, nous prélevons du temps sur nos relations et nous n'accordons plus aux autres le temps, l'énergie et l'attention qu'ils méritent. Ce qui est primordial aux yeux de Dieu est remplacé par ce qui est urgent.

Les affaires sont les ennemies jurées des relations. Nous nous préoccupons de nous faire une situation, d'accomplir notre travail, de payer nos factures et d'atteindre nos objectifs comme s'ils étaient prioritaires, mais ce n'est pas le cas. Le plus important est d'apprendre à aimer Dieu et les autres. Une vie sans amour est stérile.

L'amour durera éternellement. Une autre raison pour laquelle Dieu nous prescrit de faire de l'amour notre priorité absolue, c'est qu'il est éternel : « *Maintenant donc ces trois choses demeurent : la foi, l'espérance et l'amour ; mais la plus grande de ces choses, c'est l'amour.* »[8]

L'amour laisse un héritage. L'impact le plus durable que vous puissiez avoir sur cette terre est dû à la façon dont vous avez traité les autres, et non à votre richesse ou à vos performances. Comme l'a dit mère Teresa, « ce n'est pas ce que vous faites qui compte, mais c'est la dose d'amour que vous y mettez. » L'amour est le secret d'un héritage durable.

J'ai été au chevet de nombreuses personnes au cours de leurs derniers instants, lorsqu'elles ont été sur le point de rendre l'âme, et jamais je n'en ai entendu une seule dire : « Apportez-moi mes diplômes ! Je voudrais les voir une dernière fois. Montrez-moi mes récompenses, mes médailles, la montre en or qu'on m'a donnée ! » À la fin de leur vie terrestre, les gens ne se préoccupent plus de leurs biens. Ce qu'ils veulent, ce sont les êtres chers— ceux qu'ils aiment et avec lesquels ils ont eu des relations étroites.

les relations sont tout ce qui compte.

Au cours de nos derniers instants, nous réalisons que les relations sont tout ce qui compte. Si nous sommes sages, nous comprendrons cette vérité dès maintenant, sans attendre d'être sur notre lit de mort.

Nous serons jugés d'après notre amour. La troisième raison de faire de l'apprentissage de l'amour le but de notre vie, c'est que nous serons jugés d'après lui dans l'éternité. L'un des critères du Seigneur pour mesurer notre maturité spirituelle, c'est la qualité de vos relations. Au ciel, Dieu ne dira pas : « Parle-moi de ta carrière, de ton compte en banque et de tes hobbies », mais il verra comment vous avez traité les autres, surtout ceux qui sont dans le besoin[9]. Jésus a dit que le meilleur moyen de l'aimer était de chérir sa famille et de pourvoir à ses besoins pratiques : « *Toutes les fois que vous avez fait ces choses à l'un de ces plus petits de mes frères, c'est à moi que vous les avez faites.* »[10]

Quand vous partirez dans l'au-delà, vous laisserez tous vos biens derrière vous. Vous ne prendrez avec vous que votre caractère. C'est pourquoi la Bible dit : « *Ce qui compte, c'est la foi qui agit par l'amour.* »[11]

Sachant cela, je vous suggère, en vous réveillant chaque matin, de vous agenouiller près de votre lit ou de vous asseoir au bord, et de prier ainsi : « Seigneur, avant de faire quoi que ce soit aujourd'hui, je veux être sûr de passer du temps à t'aimer et à aimer les autres, parce que c'est la base même de ma vie. Je ne veux pas gâcher cette journée. » Pourquoi Dieu devrait-il vous donner une nouvelle journée si c'est pour la gaspiller ?

LA MEILLEURE EXPRESSION DE L'AMOUR EST LE TEMPS

L'importance que nous accordons aux choses est proportionnelle au laps de temps que nous sommes prêts à leur consacrer. Plus vous passez du temps à quelque chose, plus vous révélez l'importance et la valeur qu'elle a pour vous. Si vous souhaitez connaître les priorités de quelqu'un, regardez ce qu'il fait de son temps.

Le temps est votre bien le plus précieux, parce qu'il est limité. Vous pouvez gagner plus d'argent, mais il vous est impossible d'augmenter votre temps. Quand vous sacrifiez du temps à quelqu'un, vous lui offrez une partie de votre vie qui ne reviendra jamais. Votre temps est votre vie. C'est pourquoi le plus grand don qu'on puisse faire à quelqu'un, c'est son temps.

Il ne suffit pas de *dire* que les relations sont importantes ; nous devons le prouver en leur donnant du temps. Les mots seuls sont sans valeur. « *Mes enfants, que votre amour ne se limite pas à des discours et à de belles paroles, mais qu'il se traduise par des actes accomplis dans la vérité.* »[12] Les relations prennent du temps et nécessitent des efforts, et la meilleure façon d'épeler l'amour est « T-E-M-P-S ».

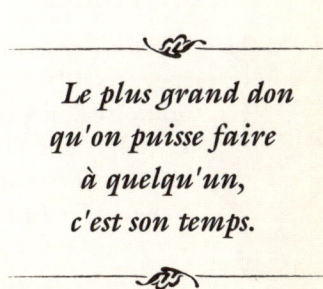

Le plus grand don qu'on puisse faire à quelqu'un, c'est son temps.

L'essence de l'amour n'est pas ce que nous pensons, faisons ou procurons aux autres, mais c'est ce que nous *donnons de nous-mêmes*. Les hommes, en particulier, éprouvent des difficultés à le comprendre. Beaucoup m'ont décrété : « Je ne comprends pas ma femme et mes enfants. Je leur procure tout ce dont ils ont besoin. Que peuvent-ils bien vouloir de plus ? » C'est vous qu'ils veulent ! Vos yeux, vos oreilles, votre attention, votre présence, votre intérêt... Bref, votre temps. Rien ne peut remplacer cela.

Le don d'amour le plus prisé, ce ne sont pas des diamants, des roses ou des chocolats, mais de *l'attention concentrée*, un amour qui se fixe si intensément sur l'autre que vous vous oubliez momentanément. L'attention proclame : « Pour moi, tu as assez de valeur pour que je t'accorde ce que j'ai de plus précieux : mon temps. » Chaque fois que vous donnez du temps, vous faites un sacrifice, et les sacrifices sont l'essence même de l'amour. Jésus nous a montré l'exemple dans ce domaine : « *Marchez dans l'amour, à l'exemple de Christ, qui nous a aimés, et qui s'est livré lui-même à Dieu pour vous comme une offrande et un sacrifice de bonne odeur.* »[13]

On peut donner sans amour, mais on ne peut pas aimer sans donner. « *Dieu a tant aimé le monde qu'il a donné...* »[14] L'amour implique le sacrifice de mes préférences, de mon confort, de mes objectifs, de ma sécurité, de mon argent, de mon énergie ou de mon temps au profit de quelqu'un d'autre.

LE MEILLEUR MOMENT POUR AIMER, C'EST MAINTENANT

Parfois, on est obligé de remettre à plus tard des tâches secondaires, mais comme l'amour est primordial, il a toujours priorité. La Bible insiste sur ce point. Elle nous recommande : « *Tant que nous en avons l'occasion, faisons du bien à tout le monde.* »[15] « *Faites un bon usage de toutes les occasions qui se présentent à vous.* »[16] « *Chaque fois que tu en as la possibilité, n'hésite pas à faire du bien à ceux qui en ont besoin.* »[17]

Pourquoi est-ce le moment ou jamais d'exprimer votre amour ? Parce que vous ne savez pas combien de temps vous en aurez l'occasion. Les circonstances changent, les gens meurent, les enfants grandissent... Nos lendemains sont incertains. Si vous voulez exprimer votre amour, mieux vaut le faire maintenant.

Sachant qu'un jour, vous serez devant Dieu, voici quelques questions à considérer : Comment lui expliquerez-vous que parfois, les projets ou les choses ont eu plus d'importance que les personnes à vos yeux ? Avec qui devriez-vous passer plus de temps actuellement ? Que devriez-vous retrancher à votre planning pour que ce soit possible ? Quels sacrifices devez-vous accomplir ?

La meilleure chose que nous puissions faire dans la vie, c'est d'aimer. La meilleure façon de montrer notre amour, c'est de donner du temps aux autres. Le meilleur moment pour cela, c'est maintenant.

SEIZIÈME JOUR
DÉFINIR MON OBJECTIF

Idée à méditer : Toute la vie gravite autour de l'amour.

Verset à apprendre : « *Toute la loi est accomplie dans une seule parole, celle-ci : Tu aimeras ton prochain comme toi-même.* » (Galates 5.14, BG)

Question à me poser : Honnêtement, les relations sont-elles ma première priorité ? Comment puis-je faire en sorte qu'elles le deviennent ?

17

Votre vraie place

> « *Vous êtes maintenant concitoyens des membres du peuple de Dieu, vous appartenez à la famille de Dieu.* »
>
> (Éphésiens 2.19b, BFC)
>
> « *La famille de Dieu, c'est… l'Église du Dieu vivant.* »
>
> (1 Timothée 3.15b, BS)

Vous n'êtes pas seulement appelé à croire en Dieu, mais aussi à trouver votre vraie place.

Même dans le contexte parfait et sans péché d'Eden, l'Éternel a dit : « *Il n'est pas bon que l'homme soit seul.* »[1] Nous sommes créés pour former une communauté, conçus pour la communion fraternelle, façonnés pour former une famille, et aucun d'entre nous ne peut réaliser seul les objectifs fixés par le Seigneur.

La Bible ne nous parle jamais de saints solitaires, ni d'ermites spirituels isolés des autres chrétiens et privés de communion fraternelle. Elle nous dit, au contraire, que nous avons été *rassemblés, coordonnés, édifiés*, que nous sommes *membres les uns des autres, cohéritiers, unis, soudés* et que nous serons *enlevés ensemble*.[2] Vous ne vous appartenez plus à vous-même !

Bien que votre relation avec Christ soit personnelle, jamais le Seigneur n'a voulu qu'elle soit privée. Dans la famille de Dieu, vous êtes lié à tous les autres chrétiens, et vous resterez unis les uns aux autres *pour l'éternité.*

La Bible dit : « *Nous formons un seul corps en Christ, et nous sommes tous membres les uns des autres.* »[3]

Suivre Christ implique que nous lui *appartenions*, et pas seulement que nous croyions. Nous sommes *membres* de son Corps, l'Église. C. S. Lewis a noté que le terme de *membre* était d'origine chrétienne, mais qu'il avait perdu son sens originel. Les magasins offrent des remises à leurs « membres », et les publicitaires ont des « listes de membres » auxquels ils expédient du courrier. Dans les Églises, on devient parfois membre simplement en ajoutant son nom à une liste, sans exigences ni attentes particulières.

Pour Paul, être un « membre » de l'Église signifiait devenir un rouage essentiel d'un organisme vivant, une partie indispensable et interconnectée du Corps de Christ.[4] Nous devons retrouver et pratiquer le sens biblique du mot « membre ». L'Église est un corps, et non un lieu ; un organisme, et non une organisation.

Pour que les organes de votre corps remplissent leur fonction, ils doivent être reliés à votre organisme. C'est vrai aussi pour vous en tant que membre du Corps de Christ. Vous avez été créé pour un rôle particulier, mais vous manquerez le deuxième grand objectif de votre vie si vous n'êtes pas rattaché à une église locale vivante. C'est par vos relations avec les autres que vous découvrirez votre rôle dans la vie. La Bible nous dit : « *Chacun de nous a, dans un seul corps, de nombreux organes ; mais ces organes n'ont pas la même fonction. De même, alors que nous sommes nombreux, nous formons ensemble un seul corps par notre union avec le Christ, et nous sommes tous, et chacun pour sa part, membres les uns des autres.* »[5]

> *C'est par vos relations avec les autres que vous découvrirez votre rôle dans la vie.*

Si un organe est ôté du corps, il se dessèche et meurt. Il ne peut subsister seul, et vous non plus. Si vous êtes déconnecté et coupé de la vie d'un corps local, votre vie spirituelle se flétrira et finira par cesser d'exister.[6] C'est pourquoi le premier symptôme d'un déclin spirituel est généralement une assistance irrégulière au culte et aux autres réunions des chrétiens. Chaque fois que nous nous mettons à négliger la communion fraternelle, tout le reste se dégrade aussi.

Faire partie de la famille de Dieu ne peut pas être rejeté sans prêter à conséquence. L'Église est ce que Dieu a prévu pour le monde. Jésus a dit : « *Je construirai mon Église. La mort elle-même ne pourra rien contre elle.* »[7] L'Église est indestructible, et elle existera pour l'éternité. Elle bouleversera l'univers entier, et c'est votre mission, en tant que membre. Quiconque dit : « Je n'ai pas besoin de l'Église » est soit ignorant, soit présomptueux. L'Église a tant d'importance que Jésus est mort sur la croix pour elle. « *Christ a aimé l'assemblée et s'est livré lui-même pour elle.* »[8]

La Bible nomme l'Église « *l'épouse de Christ* » et « *le corps de Christ* ».[9] Je ne peux pas m'imaginer disant à Jésus : « Je t'aime, mais je n'apprécie pas ta femme. » Ou encore : « Je t'accepte, mais je rejette ton corps. » Néanmoins, c'est ce que nous faisons lorsque nous quittons l'Église, que nous la rabaissons ou que nous la critiquons, alors que Dieu nous commande de l'aimer autant que Jésus l'a fait. La Bible nous ordonne : « *Aimez vos frères en la foi.* »[10] Hélas, beaucoup de chrétiens *se servent* de l'Église, mais ne l'aiment pas vraiment.

> *L'Église bouleversera l'univers entier, et c'est votre mission, en tant que membre.*

VOTRE ASSEMBLÉE LOCALE

Mis à part quelques exceptions importantes vécues par des croyants au cours de l'histoire, presque chaque fois que le mot *église* est employé dans la Bible, il fait allusion à une assemblée locale concrète. Le Nouveau Testament part du principe que tous les chrétiens en ont une. Les seuls chrétiens qui n'en étaient plus membres au temps de l'Église primitive étaient ceux qui en avaient été exclus par mesure disciplinaire à la suite d'un grave péché public.[11]

La Bible dit qu'un chrétien sans assemblée locale est comme un organe sans corps, une brebis sans troupeau ou un enfant sans famille. Ce n'est pas un état normal. Selon les Écritures, « vous êtes concitoyens des membres du peuple de Dieu, vous faites partie de la famille de Dieu. »[12]

Notre culture actuelle basée sur l'indépendance et l'individualisme a engendré de multiples orphelins spirituels, des « croyants papillons » qui butinent une assemblée après l'autre sans aucune identité, sans aucune prise en charge ni engagement. Beaucoup pensent qu'on peut être un « bon chrétien » sans se joindre à une assemblée locale (voire même sans y mettre les pieds), mais Dieu ne partage absolument pas ce point de vue. La Bible nous donne de multiples raisons d'être engagés et actifs au sein d'une assemblée locale.

POURQUOI VOUS AVEZ BESOIN D'UNE FAMILLE SPIRITUELLE

Une famille spirituelle prouve que vous êtes un vrai chrétien. Je ne peux pas prétendre suivre Christ si je ne suis pas engagé dans un groupe particulier de disciples. Jésus a dit : *« À ceci, tous reconnaîtront que vous êtes mes disciples : à l'amour que vous aurez les uns pour les autres. »*[13]

Quand nous constituons une famille spirituelle, alors que nous provenons de divers milieux, diverses races et que nous avons différents statuts sociaux, nous offrons au monde un puissant témoignage.[14] Vous n'êtes pas le corps de Christ à vous seul. Vous avez besoin des autres pour l'exprimer. *Ensemble*, nous sommes son corps, et non séparément.[15]

Une famille spirituelle vous oblige à sortir de votre isolement égocentrique. L'assemblée locale, telle une salle de classe, vous apprend à vous entendre avec les autres enfants de Dieu. C'est un laboratoire où vous pratiquez l'amour désintéressé et sincère. En tant que participant, vous apprenez à

**JOUR 17 :
UN LIEU
D'APPARTENANCE**

vous soucier des autres et à partager leurs expériences : « *Si un membre souffre, tous les membres souffrent avec lui ; si un membre est honoré, tous les membres se réjouissent avec lui.* »[16] C'est seulement en ayant un contact régulier avec des chrétiens ordinaires et imparfaits que nous pouvons apprendre à pratiquer la communion fraternelle et, selon le Nouveau Testament, à dépendre les uns des autres.[17]

La communion biblique veut que nous soyons engagés les uns envers les autres comme nous le sommes envers Jésus-Christ. Dieu s'attend à nous voir donner notre vie les uns aux autres. Beaucoup de chrétiens connaissent Jean 3.16, mais pas 1 Jean 3.16 : « *Jésus-Christ a donné sa vie pour nous. Nous devons, nous aussi, donner notre vie pour nos frères.* »[18] C'est le genre d'amour généreux que Dieu s'attend à vous voir prodiguer à vos frères. Il veut que vous les aimiez comme Jésus vous a aimé.

Une famille spirituelle vous aide à développer vos muscles spirituels. Jamais vous ne parviendrez à maturité en assistant à des cultes et en restant un spectateur passif. Seule la participation à toute la vie d'une assemblée locale développera vos muscles spirituels. La Bible nous explique : « *Le corps forme un tout solide, bien uni par toutes les articulations dont il est pourvu. Ainsi lorsque chaque partie fonctionne comme elle doit, le corps entier grandit et se développe par l'amour.* »[19]

Plus de cinquante fois dans le Nouveau Testament, on retrouve les expressions « les uns les autres » ou « les uns pour les autres ». Il nous est prescrit de *nous aimer* les uns les autres, de *prier* les uns pour les autres, de *nous encourager* mutuellement, de *nous exhorter*, de *nous saluer*, de *nous servir*, de *nous enseigner*, de *nous accepter*, de *nous honorer*, de *porter les fardeaux* les uns des autres, de nous *pardonner*, de *nous soumettre* les uns aux autres, de *nous dévouer* les uns pour les autres, etc. Être membre de la famille de Dieu comprend tout cela ! Ce sont vos « responsabilités familiales » et le Seigneur s'attend à vous voir les assumer dans le cadre d'une assemblée locale. Le faites-vous ?

Il peut sembler facile d'être saint lorsque personne, autour de vous, ne s'oppose à vos idées, mais c'est une pseudo sainteté qui n'a pas été mise à l'épreuve. L'isolement nous fausse la vue ; il nous est facile de nous figurer que nous sommes mûrs lorsque personne n'est là pour nous mettre au défi. La vraie maturité se voit dans nos relations avec les autres.

Pour grandir, nous n'avons pas seulement besoin de la Bible, mais aussi des autres croyants. Nous croîtrons beaucoup plus vite en tirant instruction les uns des autres et en nous rendant des comptes mutuellement. Quand les autres m'expliquent ce que le Seigneur leur enseigne, cela m'édifie et me fait croître.

Le corps de Christ a besoin de vous. Dieu a un rôle unique à vous faire jouer au sein de sa famille. C'est ce qui s'appelle votre « ministère ». Le Seigneur vous a qualifié pour cette mission : « *En chacun l'Esprit Saint se manifeste par un don pour le bien de tous.* »[20]

C'est dans le cadre de l'assemblée locale que Dieu a prévu que vous découvriez, développiez et exerciez vos dons. Vous pouvez aussi exercer un ministère plus général, mais il doit venir *en plus* de votre service dans un corps local. Jésus n'a pas promis de bâtir votre ministère, mais de bâtir *son* Église.

Vous aurez part à la mission de Christ dans le monde. Quand Jésus a marché sur la terre, Dieu a travaillé par le moyen de son corps physique. Actuellement, il emploie son corps spirituel. L'Église est l'instrument de Dieu sur la terre. Nous ne devons pas seulement montrer l'exemple de l'amour de Dieu en nous aimant les uns les autres, mais aussi en portant ensemble cet amour au reste du monde. C'est un privilège incroyable qui nous a été donné à tous. En tant que membres du corps de Christ, nous sommes ses mains, ses pieds, ses yeux et son cœur. Il travaille par nous dans le monde. Nous devons tous apporter notre contribution. Paul nous explique : « *Car nous sommes son ouvrage, ayant été créés en Jésus-Christ pour de bonnes œuvres, que Dieu a préparées d'avance, afin que nous les pratiquions.* »[21]

Une famille spirituelle contribuera à vous préserver de la chute. Aucun d'entre nous n'est immunisé contre la tentation. En situation périlleuse, nous risquons tous de tomber.[22] Comme le Seigneur le sait, il nous a assigné, en tant qu'individus, la responsabilité de nous maintenir réciproquement dans la bonne voie. « *Encouragez-vous les uns les autres, aussi longtemps qu'on peut dire aujourd'hui, afin qu'aucun d'entre vous ne se laisse tromper par le péché et ne s'endurcisse.* »[23] « Mêle-toi de tes affaires » n'est pas une expression chrétienne. Il nous est ordonné, au contraire,

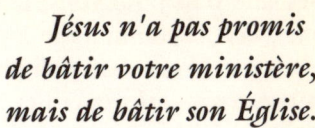

Jésus n'a pas promis de bâtir votre ministère, mais de bâtir son Église.

de nous mêler de la vie des autres. Si vous savez que quelqu'un que vous connaissez est en train de chanceler spirituellement, vous devez aller le trouver et le remettre sur le droit chemin. Jacques nous recommande : « *Mes frères, si quelqu'un parmi vous s'égare loin de la vérité… qu'un autre l'y ramène.* »[24]

Autre bénéfice de l'assemblée locale : elle vous place sous la protection des dirigeants chrétiens. Dieu charge les pasteurs de garder, de préserver et de défendre leur troupeau, tout en prenant soin de son bien-être spirituel.[25] Il nous est dit : « *ils veillent sur vos âmes dont ils devront rendre compte.* »[26]

Satan aime les chrétiens indépendants coupés de la vie du corps, loin de la famille de Dieu et qui ne rendent de comptes à aucun dirigeant spirituel, car il sait qu'ils sont sans défense et qu'ils se laissent facilement prendre à ses stratagèmes.

TOUT PART DE L'ÉGLISE

Dans mon livre *L'Église, une passion, une vision*, j'explique comment faire partie d'une église saine est indispensable pour mener une vie saine. J'espère que vous lirez aussi ce livre, car il vous aidera à comprendre comment Dieu a conçu son Église de façon spécifique, pour vous aider à atteindre les cinq objectifs qu'il a prévus pour vous. Il a créé l'Église pour pourvoir à vos cinq besoins principaux : un but dans votre vie, des gens pour vous entourer, des principes pour vous guider, une profession à partir de laquelle marcher et une puissance sur laquelle vous appuyer. Il n'y a aucun lieu sur la terre où vous puissiez trouver tous ces bienfaits réunis en même temps.

Les objectifs du Seigneur pour son Église sont similaires à ses cinq buts pour vous. L'adoration vous aide à *vous centrer sur Dieu*, la communion fraternelle, à *faire face aux problèmes de la vie*, la marche de disciple, à *fortifier votre foi*, le ministère, à *trouver vos talents*, et l'évangélisation, *à accomplir votre mission*. Ici-bas, rien n'égale l'Église !

VOTRE CHOIX

Chaque fois qu'un enfant naît, il entre automatiquement dans la famille universelle des êtres humains. Mais cet enfant a aussi besoin d'être membre d'une famille particulière pour recevoir de la nourriture et des soins, et pour devenir fort et sain. C'est vrai aussi sur le plan spirituel. Lorsque vous êtes né de nouveau, vous êtes automatiquement devenu membre de la famille universelle de Dieu, mais vous avez aussi besoin de devenir membre de la branche locale de cette famille.

La différence entre un *visiteur* d'une assemblée et un *membre* de cette dernière est l'engagement. Les visiteurs sont des spectateurs, les membres s'investissent dans le ministère. Les visiteurs sont des clients, les membres sont des participants. Les visiteurs veulent tirer profit de l'assemblée, sans en assumer les responsabilités. Ils ressemblent aux couples qui préfèrent vivre ensemble sans s'engager dans les liens du mariage.

Pourquoi est-il important de se joindre à une assemblée locale ? Parce que cela prouve que vous êtes engagé envers vos frères et sœurs spirituels en réalité, et pas seulement en théorie. Le Seigneur souhaite vous voir aimer *de vraies* personnes, et pas des personnes *idéales*. Vous pouvez passer toute votre vie à chercher une église parfaite : jamais vous ne la trouverez. Vous êtes appelé, à l'instar du Seigneur, à aimer des pécheurs imparfaits.

Dans les Actes, les chrétiens de Jérusalem étaient profondément engagés les uns envers les autres. Ils se consacraient corps et âme à la communion fraternelle. la Bible dit : « *Et ils persévéraient dans la doctrine et la communion des apôtres, dans la fraction du pain et les prières.* »[27] Le Seigneur attend de vous que vous en fassiez autant aujourd'hui.

La vie chrétienne est plus qu'un engagement envers Christ ; elle comporte un engagement envers les autres chrétiens. Les chrétiens de Macédoine l'avaient compris. Paul expliquait : « *Ils se sont d'abord donnés eux-mêmes au Seigneur, puis à nous, par la volonté de Dieu.* »[28] Quand on devient un enfant de Dieu, il est normal de se joindre à une assemblée locale. On devient chrétien en se consacrant à Christ, et on devient *membre d'une église* en se consacrant à un groupe de chrétiens particulier. La première décision donne le salut, la seconde, la communion fraternelle.

DIX-SEPTIÈME JOUR
DÉFINIR MON OBJECTIF

Idée à méditer : Je suis appelé à m'engager dans une assemblée, et pas seulement à croire.

Verset à apprendre : « *Nous formons ensemble un seul corps par notre union avec le Christ, et nous sommes tous, et chacun pour notre part, membres les uns des autres.* » (Romains 12.5, BS)

Question à me poser : Mon niveau d'engagement dans mon assemblée locale montre-t-il que j'aime la famille de Dieu et que je me consacre à elle ?

18
Apprendre à vivre ensemble

« C'est à cette paix que Dieu vous a appelés pour former un seul corps. »

(Colossiens 3.15, BS)

« Voici, qu'il est bon et qu'il est agréable que des frères habitent unis ensemble ! »

(Psaume 133.1, BD)

La vie est faite pour être partagée.

Dieu souhaite que nous apprenions à vivre ensemble. La Bible nomme ce genre d'expérience *fraterniser*. Toutefois, aujourd'hui, ce terme a perdu presque tout son sens biblique. « Fraterniser », actuellement, fait allusion à des bavardages futiles, des contacts, des repas et des moments de détente. « Restez après la réunion pour fraterniser » signifie généralement « Attendez les rafraîchissements. »

La véritable fraternisation va bien au-delà de quelques réunions communes. Elle comprend l'amour désintéressé, les dialogues à cœur ouvert, le service pratique, les dons généreux, le réconfort étroit et tous les commandements du Nouveau Testament concernant la communion fraternelle.

Dans ce domaine, la règle d'or est : *Plus le cercle est restreint, mieux c'est.* On peut adorer le Seigneur au sein d'une foule, mais pas fraterniser avec quelqu'un.

Quand un groupe dépasse dix personnes, quelqu'un cesse d'y participer — généralement, la personne la plus effacée — et quelques membres se mettent à dominer le groupe.

Jésus a exercé son ministère en compagnie d'un petit groupe de disciples. Il aurait pu en choisir davantage, mais il savait que pour que tout le monde participe, il devait se limiter à douze hommes au maximum.

En réalité, le Corps de Christ, comme votre organisme, est un ensemble de nombreuses petites cellules. La vie du Corps de Christ, comme votre organisme, est contenue dans les cellules. Pour cette raison, chaque chrétien a besoin de s'engager dans un petit groupe à l'intérieur de son église : cellule de maison, classe d'École du Dimanche ou étude biblique. C'est là que la véritable communauté prend place, et non dans les grands rassemblements. Si l'on compare l'église à un navire, les petits groupes peuvent être représentés par les canots de sauvetage qui l'entourent.

Dieu a fait une promesse inouïe aux petits groupes de croyants : « *Là où deux ou trois sont assemblés en mon nom, je suis au milieu d'eux.* »[1] Malheureusement, ce n'est pas parce qu'on fait partie d'une cellule qu'on expérimente la vraie fraternisation. Beaucoup de classes d'École du Dimanche et de cellules restent très superficielles et n'ont pas la moindre idée de ce qu'est la vraie communion fraternelle. Quelle est la différence entre la vraie et la fausse communion ?

Dans la vraie communion fraternelle, les gens se montrent authentiques. La véritable communion fraternelle n'est pas superficielle. Il ne s'agit pas de parler de la pluie et du beau temps, mais de se livrer à cœur ouvert, et parfois même de « craquer ». Elle se produit quand les gens disent franchement qui ils sont et ce qui se passe dans leur vie. Ils parlent de ce qui les blesse, dévoilent leurs sentiments, confessent leurs échecs, exposent leurs doutes, admettent leurs craintes, reconnaissent leurs faiblesses et demandent l'aide et la prière des autres.

Dans certaines assemblées, c'est juste le contraire qui se produit. Au lieu d'y trouver une atmosphère de franchise et d'humilité, on use de stratagèmes, on porte un masque, on joue des coudes, on se borne à une politesse superficielle et à des conversations banales. Les gens y jouent aux petits saints et se comportent comme s'ils vivaient sur un nuage. Ces attitudes sont fatales à la véritable communion fraternelle.

C'est seulement lorsque nous exposons franchement notre vie que nous expérimentons la vraie communion fraternelle. La Bible dit : « *Si nous marchons dans la lumière, comme il est lui-même dans la lumière, nous sommes mutuellement en communion... Si nous disons que nous n'avons pas de péché, nous nous séduisons nous-mêmes.* »[2] Le monde associe l'intimité à l'obscurité, mais Dieu, quant à lui, dit qu'elle survient dans la lumière. L'obscurité sert à masquer nos blessures, nos fautes, nos craintes, nos échecs et nos failles, mais dans la lumière, nous les exposons et reconnaissons qui nous sommes vraiment.

Évidemment, il faut du courage et de l'humilité pour être authentique. Cela exige que nous affrontions notre peur d'être démasqué, rejeté et blessé une fois de plus. Il faut du courage et de l'humilité pour se livrer. Pourquoi prendre un tel risque ? Parce que c'est la seule façon de croître spirituellement et d'être sain sur le plan affectif. La Bible dit : « *Confessez vos péchés les uns aux autres et priez les uns pour les autres, afin que vous soyez guéris.* »[3] Nous ne grandissons qu'en prenant des risques, et le plus difficile de tout consiste à être honnête envers les autres et envers nous-mêmes.

> *La véritable communion se produit quand les gens disent franchement qui ils sont et ce qui se passe dans leur vie.*

La vraie communion fraternelle est réciproque. Elle pratique l'art de donner et de recevoir. Elle sait dépendre des autres. La Bible dit : « *Il n'y a pas de division dans le corps, mais les différentes parties ont toutes un égal souci les unes des autres.* »[4] Les relations dignes de ce nom sont réciproques : les gens s'épaulent, partagent les responsabilités et communiquent. Paul a expliqué : *« Je désire être parmi vous pour que nous recevions ensemble un encouragement, moi par votre foi et vous par la mienne. »*[5]

Nous sommes tous plus fermes dans la foi lorsque les autres marchent avec nous et nous stimulent. La Bible nous incite à veiller les uns sur les autres, à nous encourager, à nous servir et à nous honorer.[6] Plus de cinquante fois dans le Nouveau Testament, il nous est ordonné d'effectuer différentes tâches les uns pour les autres. La Bible prescrit : *« Poursuivons les choses qui tendent à la paix et celles qui tendent à l'édification mutuelle. »*[7]

Vous n'êtes pas responsable de tous les membres du Corps de Christ, mais vous devez faire tout ce que vous pouvez pour les aider : c'est ce que Dieu attend de vous.

Dans la vraie communion fraternelle, les gens éprouvent une réelle sympathie pour les autres. La sympathie ne se borne pas à donner son avis ou à offrir une aide superficielle, mais elle s'intéresse aux autres et partage leurs peines. Elle dit : « Je comprends ce que tu éprouves, et tes sentiments n'ont rien d'étrange ni d'insensé. » Aujourd'hui, certains parlent d'« empathie », mais le terme biblique exact est « sympathie ». La Bible dit : *« Vous faites partie du peuple de Dieu… C'est pourquoi vous devez vous revêtir d'affectueuse bonté, de bienveillance, d'humilité, de douceur et de patience. »*[8]

La sympathie pourvoit à deux besoins humains fondamentaux : celui d'être compris et celui de voir vos sentiments pris en compte. Chaque fois que vous comprenez et soutenez les sentiments de quelqu'un, vous fortifiez la communion fraternelle. Le problème c'est que nous avons souvent tellement hâte de remédier aux problèmes que nous ne prenons pas le temps de sympathiser avec les autres, ou encore, nous sommes obnubilés

> *Chaque fois que vous comprenez et soutenez les sentiments de quelqu'un, vous fortifiez la communion fraternelle.*

par nos propres soucis. L'apitoiement sur soi empêche d'éprouver de la sympathie pour les autres.

Il existe différents niveaux de communion fraternelle. Chacun est approprié à un moment ou à un autre. Les niveaux les plus simples sont le *dialogue* et *l'étude* commune de la Parole de Dieu. À un niveau plus profond, nous *servons le Seigneur ensemble* dans un ministère commun (tournée d'évangélisation, service d'entraide, etc.) Le niveau le plus profond est *l'offrande*,[9] au cours de laquelle nous prenons part à la souffrance et à la douleur des autres et nous portons les fardeaux les uns des autres. Les chrétiens qui comprennent le mieux ce niveau supérieur sont ceux qui, dans le monde entier, sont persécutés, méprisés et même martyrisés pour leur foi.

La Bible commande : « *Portez les charges les uns des autres, et ainsi accomplissez la loi du Christ.* »[10] C'est au moment où nous sommes en pleine crise, où nous souffrons et où nous doutons que nous avons le plus besoin des autres. Quand nos épreuves sont si dramatiques que notre foi chancelle, nos amis chrétiens constituent un appui irremplaçable. Nous avons besoin qu'un petit groupe d'amis aient foi en Dieu *pour* nous et nous aident à sortir du marasme. Dans un petit groupe, même au moment où le Seigneur semble très loin, le Corps de Christ est réel et tangible. C'est ce dont Job avait un besoin criant au cours de ses épreuves. Il s'exclamait : « *L'homme abattu a droit à un peu de bonté de la part d'un ami, même s'il ne reconnaît plus l'autorité du Dieu Très-Grand.* »[11]

Dans la vraie communion fraternelle, les gens expérimentent la miséricorde. La communion fraternelle est un lieu où la grâce est manifestée, où on ne remue pas le couteau dans la plaie, mais où les plaies sont pansées. La vraie communion fraternelle se produit lorsque l'on fait passer la miséricorde avant la justice.

Nous avons tous besoin de grâce, parce qu'il nous arrive fatalement de trébucher, de tomber et d'avoir besoin d'aide pour nous relever. Nous devons nous faire grâce les uns aux autres et être prêts à accepter cette grâce. Concernant un homme qui a péché, Dieu a expliqué : « *Vous devez plutôt lui pardonner et l'encourager, pour éviter qu'une trop grande tristesse ne le conduise au désespoir.* »[12]

Vous ne pouvez pas rester en communion avec les autres sans leur pardonner. Le Seigneur nous prévient : « *Pardonnez-vous réciproquement,* »[13] car l'amertume et la rancune détruisent toujours la communion fraternelle. Comme nous sommes des êtres imparfaits et pécheurs, nous nous blesserons inévitablement si nous restons ensemble pendant longtemps. Parfois, ce sera intentionnellement, d'autres fois involontairement, mais dans les deux cas, il nous faudra déployer des trésors de miséricorde et de grâce pour passer l'éponge et maintenir la communion. La Bible nous explique : « *Supportez-vous les uns les autres, et si l'un de vous a une raison de se plaindre d'un autre, pardonnez-vous réciproquement, tout comme le Seigneur vous a pardonné.* »[14]

JOUR 18 :
APPRENDRE À VIVRE ENSEMBLE

La grâce de Dieu envers nous nous pousse à faire preuve de miséricorde envers les autres. Souvenez-vous qu'on ne vous demandera jamais de pardonner davantage aux autres que ce que le Seigneur vous a pardonné à vous-même. Chaque fois que quelqu'un vous blesse, vous avez le choix : Vais-je employer mon énergie et mes émotions à *ruminer ma rancœur* ou à *pardonner* ? On ne peut pas faire les deux à la fois.

Beaucoup de gens répugnent à faire preuve de miséricorde parce qu'ils ne comprennent pas la différence entre la confiance et le pardon. Pardonner, c'est tirer un trait sur le passé, alors que faire confiance concerne l'avenir.

Le pardon doit être immédiat, que l'autre vous le demande ou non, alors que la confiance se reconquiert avec le temps et nécessite que l'on puisse observer un changement. Si quelqu'un vous blesse à plusieurs reprises, Dieu désire que vous lui pardonniez instantanément, mais vous n'êtes pas obligé de lui accorder de nouveau toute votre confiance, ni de le laisser vous blesser sans broncher. Il doit vous prouver qu'il a changé. Le meilleur endroit, pour rétablir la confiance, est dans le contexte d'un petit groupe qui vous encouragera et vous soutiendra.

Si vous faites partie d'une cellule où l'on s'est engagé à une véritable communion fraternelle, vous connaîtrez bien d'autres avantages. C'est une part essentielle de votre vie chrétienne qui ne peut pas être occultée. Depuis plus de vingt siècles, les chrétiens se sont rassemblés régulièrement en petits groupes de partage. Si vous n'avez jamais fait partie d'une cellule de ce genre, vous ne savez pas ce que vous manquez.

Dans le prochain chapitre, nous verrons comment on peut créer ce genre de communauté avec d'autres croyants, mais j'espère que ce chapitre vous a donné envie d'expérimenter l'authenticité, la réciprocité, la sympathie et la miséricorde de la vraie communion. Nous avons été créés pour vivre ensemble !

DIX-HUITIÈME JOUR
DÉFINIR MON OBJECTIF

Idée à méditer : Dans ma vie, j'ai besoin des autres.

Verset à apprendre : « *Portez les charges les uns des autres, et accomplissez ainsi la loi de Christ.* » (Galates 6.2, BD)

Question à me poser : Quelle démarche puis-je entreprendre aujourd'hui pour me lier authentiquement et plus profondément avec un autre chrétien ?

Édifier la communauté

« *Ceux qui travaillent à la paix*
sèment dans la paix une semence
qui aura pour fruit ce qui est juste. »

(Jacques 3.18, BD)

« *Ils persévéraient dans l'enseignement des apôtres,*
dans la communion fraternelle,
dans la fraction du pain et dans les prières. »

(Actes 2.42, BG)

La communion nécessite un engagement.

Seul le Saint-Esprit peut cimenter les chrétiens, mais il ne le fait qu'à partir de nos choix et de nos engagements. Paul souligne d'ailleurs cette double responsabilité en ces termes : « *Efforcez-vous de maintenir l'unité que donne l'Esprit Saint par la paix qui vous lie les uns aux autres.* »[1] Pour créer une communauté chrétienne aimante, il faut à la fois la puissance de Dieu et nos efforts.

Malheureusement, beaucoup de gens proviennent de familles où les relations sont malsaines, si bien qu'ils ignorent comment instaurer une vraie communion. Ils doivent apprendre à avoir de bonnes relations avec les autres membres de la famille de Dieu. Heureusement, le Nouveau Testament est rempli d'instructions à ce sujet, comme cette exhortation de Paul : « *Je t'écris cependant tout cela, afin que.. tu saches comment on doit se comporter dans la famille de Dieu, c'est-à-dire dans l'Église du Dieu vivant.* »²

Si vous êtes fatigué de la pseudo communion et que vous souhaitez parvenir à un vrai partage et à une communion aimante au sein de votre petit groupe, de votre classe d'École du Dimanche et de votre église, vous devrez faire certains choix difficiles et prendre des risques.

Édifier la communauté exige de la franchise. Vous devrez avoir le courage de dire la vérité avec amour, même lorsque vous aurez davantage envie d'étouffer un problème ou d'ignorer un sujet épineux. Bien qu'il soit plus facile de garder le silence lorsque ceux qui nous entourent se blessent eux-mêmes ou font du mal aux autres à cause d'un mauvais comportement, ce n'est pas ce que l'amour nous dicte. La plupart des gens n'ont personne, dans leur vie, qui les aime suffisamment pour leur dire la vérité (même si elle est difficile à entendre), si bien qu'ils continuent à vivre d'une façon destructive. Souvent, nous *savons* ce qu'il faut dire à quelqu'un, mais nos craintes nous empêchent de le faire. Beaucoup de cellules ont été entravées par la peur : personne n'a eu le courage de parler lorsque la vie de l'un des membres s'est écartée du droit chemin.

La Bible nous prescrit de « *professer la vérité dans l'amour* »³ parce que, sans transparence, il n'y a pas de vraie communauté. Salomon disait : « *Celui qui répond franchement donne une preuve de son amitié.* »⁴ Parfois, il faudra que nous soyons assez attentifs aux autres pour les affronter lorsqu'ils pèchent ou qu'ils seront tentés de le faire. Paul a dit : « *Frères, si un homme vient à être surpris en faute, vous qui êtes spirituels, redressez-le avec un esprit de douceur.* »⁵

Beaucoup d'assemblées et de cellules se cantonnent aux rapports superficiels par crainte des conflits. Chaque fois qu'apparaît un sujet de tension ou de malaise, on l'esquive pour préserver un faux sentiment de paix. Monsieur « Ne faites pas de vagues » incite tout le monde à étouffer l'affaire. Résultat : le sujet n'est pas résolu, et tout le monde garde une frustration intérieure. Chacun connaît le problème, mais personne n'en parle ouvertement. Cela crée une ambiance malsaine de secrets et de rumeurs. La solution prônée par Paul est radicalement différente : « *Renoncez au mensonge, et que chacun de vous parle selon la vérité à son prochain ; car nous sommes membres les uns des autres.* »[6]

Dans le mariage, l'amitié ou l'Église, toute véritable communion dépend de la franchise. En réalité, le tunnel du conflit est la voie d'accès à l'intimité, et cela dans toutes les relations. Si vous n'avez pas le courage d'affronter en face et de résoudre tous les problèmes sous-jacents, jamais vous ne serez proche des autres.

> *Quand les conflits sont réglés, nous nous rapprochons les uns des autres.*

Quand les conflits sont réglés, nous nous rapprochons les uns des autres, car nous avons appris à regarder en face nos différences et à les résoudre. La Bible affirme : « *Celui qui reprend son prochain gagnera finalement sa faveur, plutôt que l'homme au langage flatteur.* »[7]

Toutefois, cette franchise ne vous autorise pas à dire n'importe quoi n'importe où et n'importe quand au risque de blesser les autres inutilement. Les Écritures nous affirment qu'il y a un temps et une manière opportunes.[8]

Des paroles irréfléchies peuvent causer de profondes blessures. Dieu nous dit de nous parler les uns aux autres comme des membres d'une famille aimante : « *N'adresse pas des reproches avec dureté à un vieillard, mais exhorte-le comme s'il était ton père. Traite les jeunes gens comme des frères, les femmes âgées comme des mères, et les jeunes femmes comme des sœurs.* »[9]

Malheureusement, des milliers de communautés ont été détruites par manque de franchise. Paul a repris l'assemblée de Corinthe, parce qu'elle avait tacitement accepté l'immoralité en son sein. Comme personne n'avait le courage d'aborder franchement le problème, il a dit : « *Pour moi, absent de corps, mais présent d'esprit, j'ai déjà jugé, comme si j'étais présent, celui qui a commis un tel acte. Au nom du Seigneur Jésus, vous et mon esprit étant assemblés avec la puissance de notre Seigneur Jésus, qu'un tel homme soit livré à Satan pour la destruction de la chair, afin que l'esprit soit sauvé au jour du Seigneur Jésus.*

C'est bien à tort que vous vous glorifiez. Ne savez-vous pas qu'un peu de levain fait lever toute la pâte ? Faites disparaître le vieux levain, afin que vous soyez une pâte nouvelle, puisque vous êtes sans levain, car Christ, notre Pâque, a été immolé. Célébrons donc la fête, non avec du vieux levain, non avec un levain de malice et de méchanceté, mais avec les pains sans levain de la pureté et de la vérité.

Je vous ai écrit dans ma lettre de ne pas avoir des relations avec les débauchés, non pas d'une manière absolue avec les débauchés de ce monde, ou avec les cupides et les ravisseurs, ou avec les idolâtres ; autrement, il vous faudrait sortir du monde. Maintenant, ce que je vous ai écrit, c'est de ne pas avoir de relations avec quelqu'un qui, se nommant frère, est débauché, ou cupide, ou idolâtre, ou outrageux, ou ivrogne, ou ravisseur, de ne pas même manger avec un tel homme. Qu'ai-je, en effet, à juger ceux du dehors ? N'est-ce pas ceux du dedans que vous avez à juger ? »[10]

Édifier la communauté nécessite de l'humilité. La prétention, la suffisance et l'orgueil sont les ennemis jurés de la communauté. L'orgueil dresse des murs entre les gens, alors que l'humilité bâtit des ponts. L'humilité est l'huile qui assouplit et adoucit les relations. C'est pourquoi la Bible dit : « *Et tous, dans vos rapports mutuels, revêtez-vous d'humilité.* »[11] Le costume le plus favorable à la communion fraternelle, c'est celui-là.

Du reste, le verset se termine ainsi : « *... car Dieu résiste aux orgueilleux, mais il fait grâce aux humbles.* »[12] C'est encore une raison supplémentaire d'être humble : l'orgueil entrave la grâce de Dieu dans notre vie, alors que cette dernière nous est nécessaire pour grandir, changer, guérir et aider les autres. Nous recevons la grâce de Dieu en admettant humblement que nous en avons besoin. La Bible dit que chaque fois que nous nous enflons d'orgueil, nous vivons *en opposition* avec Dieu ! C'est une manière de vivre insensée et dangereuse.

Vous pouvez développer votre humilité de façon très pratique : en admettant votre faiblesse, en faisant preuve de patience envers les failles des autres, en acceptant les remarques qu'on vous adresse et en mettant les autres à l'honneur. Paul conseillait : « *Vivez en bon accord les uns avec les autres. N'ayez pas la folie des grandeurs, mais acceptez des tâches modestes. Ne vous prenez pas pour des sages.* »[13] et il prescrivait aux chrétiens de Philippes : « *Ne faites donc rien par esprit de rivalité, ou par un vain désir de vous mettre en avant ; au contraire, par humilité, considérez les autres comme plus importants que vous-mêmes ; et que chacun regarde, non ses propres qualités, mais celle des autres.* »[14]

> *L'humilité ne consiste pas à avoir une piètre opinion de vous-même, mais à moins penser à vous.*

L'humilité ne consiste pas à avoir une piètre opinion de vous-même, mais à moins penser à vous, et davantage aux autres. Les gens humbles sont tellement occupés à servir les autres qu'ils ne pensent pas à eux-mêmes.

Édifier la communauté exige de la courtoisie, c'est-à-dire le respect des différences, la prise en compte des sentiments de chacun et la patience envers ceux qui nous irritent. Selon la Parole de Dieu, « *que chacun de nous recherche la satisfaction de son prochain pour le bien de celui-ci, en vue de l'aider à grandir dans la foi.* »[15] Paul a dit à Tite, concernant les chrétiens : « *Qu'ils soient conciliants, courtois, et qu'ils fassent preuve d'une parfaite amabilité envers tous les hommes.* »[16]

JOUR **19** :
ÉDIFIER LA COMMUNAUTÉ

Dans toutes les assemblées et dans tous les petits groupes, il y a au moins une personne « difficile », avec des besoins affectifs particuliers, de profonds complexes, des manies exaspérantes ou un caractère bourru. Généralement, elle met la patience des autres à rude épreuve !

Le Seigneur place ce genre de personnes parmi nous à la fois pour elles et pour nous. Elles nous donnent l'occasion de grandir et elles éprouvent notre esprit d'équipe : allons-nous les aimer comme des frères et sœurs à part entière et les traiter avec dignité ?

Dans une famille, on n'accepte pas les autres en fonction de leur allure, de leur beauté ou de leurs talents, mais tout simplement parce qu'ils en font partie. Spontanément, nous les défendons et les protégeons. Qu'importe si l'un d'eux est un peu excentrique... Il est l'un des nôtres ! De même, la Bible nous enjoint : *« Ayez de l'affection les uns pour les autres comme des frères qui s'aiment ; mettez du zèle à vous respecter les uns les autres »*[17]

En réalité, nous avons tous nos bizarreries de caractère et nos points faibles, mais la communauté n'a aucun rapport avec les affinités naturelles. La base de notre communion, c'est notre relation avec Dieu : nous formons une famille !

L'un des secrets de la courtoisie consiste à découvrir d'où viennent les gens. Apprenez à connaître leur histoire. Quand vous saurez par où ils sont passés, vous serez plus compréhensif. Au lieu de penser à tout ce qu'ils doivent encore faire, regardez tout le chemin qu'ils ont déjà parcouru en dépit de leurs blessures.

Être courtois, c'est aussi ne pas mépriser les doutes des autres. Ce n'est pas parce que vous ne craignez pas une chose qu'il s'agit d'un sentiment honteux pour une autre personne. Dans une vraie communauté, les gens se sentent suffisamment en confiance pour faire part aux autres de leurs doutes et de leurs appréhensions sans être jugés.

Édifier la communauté repose sur la discrétion. C'est seulement dans le contexte privilégié d'une chaleureuse acceptation et d'une confidentialité totale que les gens s'ouvrent et exposent leurs blessures les plus profondes, leurs besoins et leurs erreurs. Toutefois, cela ne veut pas dire que vous garderez le silence lorsque votre frère ou votre sœur pèchera, mais que ce qui est dit au sein du groupe ne sera pas divulgué et sera réglé par les membres du groupe sans qu'aucun ragot ne filtre au dehors.

Le Seigneur déteste les commérages, surtout lorsqu'ils se parent du titre pompeux de « sujets de prière » pour quelqu'un d'autre. Selon les Écritures, *« le fourbe sème la discorde, et le rapporteur sème la brouille entre des amis.* »[18] Les ragots blessent et divisent, et la Parole de Dieu nous demande clairement de sanctionner ceux qui causent des divisions parmi les chrétiens.[19] Même s'ils se mettent en colère et qu'ils quittent votre groupe ou votre assemblée lorsque vous leur reprochez leurs paroles inconsidérées, l'harmonie de

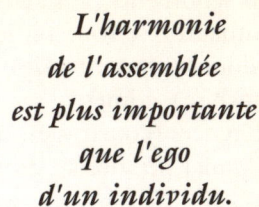

L'harmonie de l'assemblée est plus importante que l'ego d'un individu.

l'assemblée est plus importante que l'ego d'un individu.

Édifier la communauté nécessite des contacts fréquents. Il faut rencontrer souvent et régulièrement les membres de votre groupe pour établir une vraie communion. Les relations prennent du temps. La Bible nous conseille : « *N'abandonnons pas nos assemblées comme certains ont pris l'habitude de le faire. Au contraire, encourageons-nous les uns les autres.* »[20] Nous devons prendre l'habitude de nous rassembler. Une habitude est une chose que l'on pratique fréquemment, et non de temps à autre. Vous devez passer du temps avec les autres — *beaucoup de temps*— pour tisser des liens avec eux. C'est pourquoi, dans beaucoup d'assemblées, la communion fraternelle est si superficielle : les gens ne passent pas assez de temps ensemble, et quand ils se réunissent, c'est presque exclusivement pour entendre le pasteur prêcher.

La communauté n'est pas basée sur nos convenances personnelles (« Nous nous rassemblerons quand j'en aurai envie ») mais sur la conviction profonde que nous en avons besoin pour notre santé spirituelle. Si vous souhaitez atteindre une vraie communion, il vous faudra aller rejoindre les autres même quand vous n'en aurez pas envie, parce que vous estimez que c'est important. Les premiers chrétiens, quant à eux, se réunissaient tous les jours ! « *Ils étaient chaque jour tous ensemble assidus au temple, ils rompaient le pain dans les maisons, et prenaient leur nourriture avec joie et simplicité de cœur.* »[21] La communion exige qu'on investisse son temps.

Si vous êtes membre d'une cellule ou d'une classe, je vous invite à faire un manifeste de groupe incluant les neuf caractéristiques de la communion biblique : faire part de ses vrais sentiments (authenticité), s'encourager réciproquement (mutualité), se soutenir les uns les autres (sympathie), se pardonner (miséricorde), se dire la vérité avec amour (franchise), admettre ses faiblesses (humilité), respecter les différences (courtoisie), ne pas faire de ragots (confidentialité) et donner priorité au groupe (régularité).

Il suffit de regarder la liste des caractéristiques pour comprendre pourquoi la vraie communion est si rare. Elle suppose, en effet, que nous renoncions à notre égocentrisme et à notre indépendance pour devenir interdépendants. Mais les avantages d'une vie de partage dépassent de loin les inconvénients, et elle nous prépare pour le ciel.

DIX-NEUVIÈME JOUR
DÉFINIR MON OBJECTIF

Idée à méditer : Pour édifier la communauté, il faut s'y consacrer.

Verset à apprendre : « *Voici comment nous savons ce qu'est l'amour : Jésus-Christ a donné sa vie pour nous. Donc, nous aussi, nous devons être prêts à donner notre vie pour nos frères.* » (1 Jean 3.16, BFC)

Question à me poser : Comment puis-je contribuer dès maintenant à établir les caractéristiques d'une véritable communauté dans ma cellule et mon Église ?

Restaurer une relation brisée

*« Dieu ... nous a réconciliés avec lui
par le Christ et... nous a confié le ministère
de la réconciliation. »*

(2 Corinthiens 5.18, BS)

Les relations valent toujours la peine d'être restaurées.

Comme l'objectif prioritaire de notre vie consiste à apprendre à aimer, Dieu souhaite que nous accordions une importance prépondérante aux relations et que nous fassions l'effort de les maintenir au lieu de rentrer dans notre coquille dès qu'il y a un problème, une vexation ou un conflit. En fait, les Écritures nous affirment que le Seigneur nous a assigné la tâche de restaurer les relations.[1] C'est pourquoi une grande partie du Nouveau Testament est consacrée à nous apprendre à vivre en harmonie les uns avec les autres. Paul a écrit : *« N'avez-vous pas trouvé dans le Christ un réconfort, dans l'amour un encouragement, par l'Esprit une communion entre vous ? N'avez-vous pas de l'affection et de la bonté les uns pour les autres ? Rendez donc ma joie complète : tendez à vivre en accord les uns avec les autres. Et* *pour cela, ayez le même amour, une même pensée, et tendez au même but. »*² Paul prêchait que notre aptitude à nous entendre avec les autres était une marque de maturité spirituelle.³

Comme Christ souhaite que sa famille soit réputée pour l'amour mutuel de ses membres⁴, les brouilles rendent un mauvais témoignage aux non-croyants. C'est pour cela que Paul était si embarrassé que les membres de l'Église de Corinthe forment des clans opposés les uns aux autres, allant même parfois jusqu'à se traîner en justice. Il écrivait : *« Je parle pour vous faire honte : ainsi il n'y a pas d'homme sage parmi vous, pas même un seul, qui soit capable de décider entre ses frères ? »*⁵ Il était très choqué que personne, dans l'assemblée, ne soit assez mûr pour résoudre un conflit à l'amiable. Dans la même lettre, il insista : *« Je vous adresse une recommandation instante : Vivez tous ensemble en pleine harmonie ! »*⁶

Si vous souhaitez bénéficier de la bénédiction de Dieu sur votre vie et que vous voulez avoir la réputation d'être un enfant de Dieu, vous devez apprendre à être un artisan de paix. Jésus a dit : *« Bienheureux ceux qui procurent la paix, car c'est eux qui seront appelés fils de Dieu. »*⁷ Vous remarquerez que Dieu n'a pas dit : « Bénis soient ceux qui aiment la paix, » car tout le monde peut se ranger dans cette catégorie. Il n'a pas dit non plus : « Bénis soient les placides », ceux que rien ne perturbe jamais, mais il a déclaré : « Bienheureux ceux qui *procurent* la paix », ceux qui cherchent activement à résoudre les conflits. Les artisans de paix sont rares, car leur tâche est ardue.

Comme vous avez été créé pour faire partie de la famille de Dieu et que le deuxième objectif de votre vie terrestre consiste à apprendre à aimer les autres et à vous entendre avec eux, être un artisan de paix est l'un des plus nobles objectifs que vous puissiez vous fixer. Hélas, la plupart d'entre nous n'ont jamais appris à résoudre les conflits.

Être un artisan de paix, ce n'est pas *esquiver les conflits*. Éviter les problèmes, se comporter comme s'ils n'existaient pas ou avoir peur d'en parler est tout simplement de la lâcheté. Jésus, le Prince de la Paix, n'a jamais redouté les conflits. À l'occasion, il les a même *provoqués* pour le bien de tous. Parfois, nous devons éviter les esclandres, d'autres fois, il nous faut crever l'abcès pour résoudre un problème. C'est pourquoi nous devons prier pour que le Saint-Esprit nous guide constamment.

Restaurer la paix, ce n'est pas non plus *capituler systématiquement*, comme un paillasson, et laisser les autres vous dominer en permanence. Ce n'est pas ce que Jésus avait en tête ! Dans bien des cas, il a tenu bon et il est resté intraitable face à l'opposition.

COMMENT RESTAURER UNE RELATION

En tant que chrétiens, le Seigneur « *nous a confié le ministère de la réconciliation* ».[8] Voici sept étapes bibliques pour atteindre ce but :

Avant de parler à la personne concernée, parlez-en à Dieu. Exposez-lui le problème ! Si vous commencez par prier au sujet du conflit au lieu de colporter la nouvelle à un ami, vous découvrirez souvent que le Seigneur changera votre cœur ou qu'il transformera l'autre personne sans votre aide. Vos relations avec les autres seraient bien meilleures si vous priiez davantage à ce sujet.

JOUR 20 : RESTAURER UNE RELATION BRISÉE

Comme l'a fait David avec les psaumes, servez-vous de la prière pour *vous décharger à un niveau vertical*. Exposez vos frustrations à Dieu. Criez à lui. Jamais votre colère, votre souffrance, votre désarroi ou vos autre sentiments ne le surprennent ou ne l'exaspèrent. Alors, dites-lui exactement ce que vous éprouvez.

La plupart des conflits sont causés par des besoins inassouvis. Certains de ces besoins ne peuvent être comblés que par Dieu. Lorsque vous attendez d'un être humain — un ami, votre conjoint, votre employeur ou un membre de votre famille — qu'il comble un besoin comme Dieu seul peut le faire, vous vous exposez fatalement à la déception et à l'amertume. *Personne* ne peut combler tous vos besoins — à part Dieu.

L'apôtre Jacques a fait remarquer que bon nombre de nos conflits sont causés par un manque de prière : « *D'où viennent les luttes, et d'où viennent les querelles parmi vous ?... Vous convoitez, et vous ne possédez pas… Vous ne possédez pas, parce que vous ne demandez pas. »⁹* Au lieu de tourner les regards vers Dieu, nous comptons sur les autres pour nous rendre heureux et, s'ils ne le font pas, nous nous mettons en colère. Mais l'Éternel objecte : « Pourquoi ne viens-tu pas plutôt me trouver ? »

Prenez toujours l'initiative. Peu importe que vous soyez l'offenseur ou l'offensé : le Seigneur s'attend toujours à vous voir faire le premier pas. N'attendez pas que la partie adverse fasse un geste. Allez la trouver. Restaurer la communion brisée est si important que Jésus a ordonné de faire passer cette démarche avant l'adoration collective : *« Si donc tu présentes là ton offrande à l'autel, et que là tu te souviennes que ton frère a quelque chose contre toi, laisse là ton offrande devant l'autel, et va d'abord te réconcilier avec ton frère ; puis viens présenter ton offrande. »*¹⁰

Quand la communion est compromise ou rompue, programmez sans délai une « conférence de paix ». Ne remettez pas les choses à plus tard, n'alléguez pas d'excuses, ne promettez pas : « J'arrangerai ça un jour ». Dès que possible, ayez un entretien privé avec la personne concernée. Retarder votre démarche ne fera qu'accroître son ressentiment et envenimer la situation. Dans les conflits, le temps ne résout jamais rien, mais il gangrène les plaies.

> *le Seigneur s'attend toujours à vous voir faire le premier pas.*

Agir rapidement réduit aussi les dégâts spirituels dans votre vie. La Bible dit que le péché (y compris les conflits irrésolus) bloque notre communion avec Dieu et entrave l'exaucement de nos prières.¹¹ De plus, cela nous ronge. Les amis de Job lui ont rappelé : « *Le sot en veut à tous, c'est cela qui le tue ; l'imbécile s'emporte, et il en meurt bientôt.* » « *Ta fureur te nuit à toi-même.* »¹²

Le succès d'une conférence de paix dépend souvent du temps et du lieu choisis. Ne fixez pas votre entrevue à un moment où vous êtes fatigué, pressé, sans cesse interrompu. Mieux vaut être tous deux au mieux de votre forme.

Comprenez les sentiments de votre interlocuteur. Servez-vous davantage de vos oreilles que de votre bouche. Avant de résoudre un différend, commencez par écouter ce qu'éprouvent les autres. Paul prévenait : « *Que chacun regarde, non ses propres qualités, mais celles des autres.* »[13] Le mot traduit par « regarde » est le verbe grec *skopos*, d'où proviennent les noms *télescope* et *microscope*. Il s'agit donc de scruter attentivement ! Concentrez-vous sur les sentiments de l'autre et non sur les faits. Commencez par sympathiser avec votre interlocuteur au lieu de chercher à tout prix la solution.

N'essayez pas, d'emblée, de demander à l'autre de préciser sa pensée, mais laissez-le se décharger sans être sur la défensive. Hochez la tête en signe de compréhension, même si vous n'êtes pas d'accord. Les sentiments ne sont pas toujours vrais ou logiques, car la rancune nous amène souvent à agir et à penser d'une façon stupide. David avouait : « *Quand j'avais le cœur amer et tant que je me tourmentais, j'étais un sot, un ignorant, je me comportais avec toi comme une bête sans raison.* »[14] C'est ce que nous faisons tous lorsque nous sommes offusqués.

À l'inverse, la Bible dit : « *L'homme qui a de la sagesse est lent à la colère, et il met sa gloire à oublier les offenses.* »[15] La patience vient de la sagesse, et cette dernière s'acquiert en écoutant le point de vue des autres. Quand on est attentif, on sous-entend : « Je m'intéresse à ton point de vue. Notre relation est importante à mes yeux, et tu comptes beaucoup pour moi. » Le vieil adage est exact : Les gens ne s'intéressent pas à ce que nous savons s'ils ne savent pas que nous nous intéressons à eux.

Pour restaurer la communion, « *il faut que chacun de nous cherche à plaire à son prochain pour son bien, pour le faire progresser dans la foi* ».[16] Endurer patiemment la colère des autres est difficile, surtout si elle est sans fondement, mais souvenez-vous que c'est ce que Christ a fait pour vous. Pour vous sauver, il a subi une colère abjecte et injustifiée : « *Christ n'a pas recherché ce qui lui plaisait. Au contraire, comme le déclare l'Écriture : Les insultes que l'on te destinait sont retombées sur moi.* »[17]

Admettez votre part de responsabilité dans le conflit. Si vous voulez vraiment restaurer une relation, vous devez commencer par admettre vos erreurs ou vos péchés. Jésus nous a expliqué que c'était le meilleur moyen d'y voir plus clair : « *Hypocrite, ôte premièrement de ton œil la poutre, et alors tu verras clair pour ôter le fétu de l'œil de ton frère.* »[18]

Comme nous avons tous nos points faibles, il vous faudra parfois faire le point avec une tierce personne avant de rencontrer celle avec laquelle vous êtes en conflit. Demandez aussi au Seigneur de vous révéler dans quelle mesure vous êtes responsable de la situation. « Le problème vient-il de moi ? Suis-je irréaliste, insensible ou trop susceptible ? » La Bible dit : « *Si nous disons que nous n'avons pas de péché, nous nous séduisons nous-mêmes.* »[19]

La confession est un puissant outil de réconciliation. Souvent, notre façon de gérer un conflit ne fait qu'amplifier le problème initial. Quand on commence par reconnaître humblement ses torts, on apaise la colère de son adversaire et on désamorce ses attaques, parce qu'il s'attend probablement à une attitude défensive. Ne vous excusez pas, ne jetez pas la pierre, mais exposez franchement la part que vous avez peut-être prise dans le conflit. Assumez la responsabilité de vos fautes et demandez pardon.

Attaquez-vous au problème, et non à la personne. Si vous vous obstinez à blâmer votre interlocuteur, jamais vous ne résoudrez le différend. La Bible dit : « *Une réponse douce calme la fureur, mais une parole dure excite la colère.* »[20] Comme vous n'obtiendrez aucun résultat en vous fâchant, pesez bien vos paroles. Une réponse douce passe toujours mieux qu'un sarcasme.

> *Pour résoudre un conflit, votre façon de dire les choses est aussi importante que vos paroles elles-mêmes.*

Pour résoudre un conflit, votre façon de dire les choses est aussi importante que vos paroles elles-mêmes. Si vous parlez d'un ton agressif, votre interlocuteur sortira automatiquement ses griffes. Dieu nous prévient : « *Un homme à l'esprit sage est intelligent. Plus une parole est aimable, plus elle est convaincante. »*[21] Le harcèlement ne mène à rien. Les paroles cinglantes ne persuadent jamais personne.

Au cours de la Guerre Froide, les deux partis ont convenu que certaines armes étaient si meurtrières qu'on ne devait s'en servir à aucun prix. Actuellement, les armes chimiques et biologiques sont interdites, et on détruit des réserves d'armes nucléaires. Si vous souhaitez rétablir des relations, vous devez détruire votre arsenal d'armes nucléaires relationnelles : condamnation, mépris, comparaisons, jugement, insultes, attitude condescendante et sarcastique, etc. Paul résume ce point en ces termes : « *Ne laissez aucune parole blessante franchir vos lèvres, mais seulement des paroles empreintes de bonté. Qu'elles répondent à un besoin et aident les autres à grandir dans la foi. Ainsi elles feront du bien à ceux qui vous entendent.* »[22]

Coopérez le plus possible. Paul a dit : « *S'il est possible, autant que cela dépend de vous, soyez en paix avec tous les hommes.* »[23] La paix n'est jamais gratuite. Parfois, elle nous coûte notre orgueil, et très souvent, notre égocentrisme. Pour sauvegarder l'harmonie, efforcez-vous de faire des concessions, de vous adapter aux autres et de tenir compte de leurs besoins.[24] Quelqu'un a paraphrasé ainsi la septième béatitude de Jésus : « *Vous êtes béni lorsque vous parvenez à montrer aux gens comment coopérer au lieu d'entrer en compétition ou en guerre avec eux. C'est à ce moment-là que vous découvrez qui vous êtes et quelle est votre place dans la famille de Dieu.* »[25]

Insistez davantage sur la réconciliation que sur la résolution du conflit. S'attendre à ce que tout le monde soit d'accord sur tout est utopique. La réconciliation se concentre sur la relation, alors que la résolution du conflit s'attache d'abord au problème. Lorsque nous nous polarisons sur la réconciliation, le problème perd de son importance et, souvent, il n'a plus de raisons d'être.

Nous pouvons rétablir une relation même si nous sommes incapables d'aplanir nos différences. Les chrétiens ont souvent des divergences d'opinion flagrantes, mais nous pouvons ne pas être d'accord sans nous montrer désagréables. Un diamant n'a pas le même aspect suivant l'angle selon lequel on le regarde. Dieu souhaite l'unité et non l'uniformité. Nous pouvons marcher main dans la main sans être d'accord à cent pour cent sur tous les sujets.

Cela ne veut pas dire que vous devez renoncer à trouver une solution. Vous aurez peut-être besoin de continuer à discuter, voire même à vous opposer, mais vous devez le faire dans un esprit d'harmonie. La réconciliation vous contraint à enterrer la hache de guerre, mais vous n'êtes pas forcément obligé de clore le débat.

À la suite de la lecture de ce chapitre, qui devez-vous contacter ? Avec qui avez-vous besoin de rétablir une relation ? N'attendez pas une seconde de plus. Marquez une pause et, à l'instant même, parlez à Dieu de cette personne, puis décrochez le téléphone et enclenchez le processus. Ces sept étapes sont simples, mais elles ne sont pas faciles. Restaurer une relation exige de nombreux efforts. C'est pour cela que Pierre insistait pour que les chrétiens recherchent « *la paix avec ténacité* ».[26] Quand vous vous efforcez d'instaurer la paix, vous faites la volonté de Dieu. C'est pourquoi le Seigneur nomme ceux qui procurent la paix ses enfants.[27]

> *La réconciliation se concentre sur la relation, alors que la résolution du conflit s'attache d'abord au problème.*

VINGTIÈME JOUR
DÉFINIR MON OBJECTIF

Idée à méditer : Les relations valent toujours la peine d'être restaurées.

Verset à apprendre : « *S'il est possible, autant que cela dépend de vous, soyez en paix avec tous les hommes.* » (Romains 12.18, BS)

Question à me poser : Avec qui ai-je besoin de restaurer une relation brisée aujourd'hui ?

21

Protéger votre Église

« Efforcez-vous de conserver l'unité
que donne l'Esprit,
dans la paix qui vous lie les uns aux autres. »

(Éphésiens 4.3, BS)

« Par-dessus toutes ces choses,
revêtez-vous de l'amour,
qui est le lien de la perfection. »

(Colossiens 3.14, BG)

Préserver l'unité de votre Église est votre mission.

L'unité de l'Église est si importante que le Nouveau Testament lui accorde davantage d'attention qu'au ciel ou à l'enfer. Le Seigneur désire du fond du cœur que nous expérimentions *l'union* et l'harmonie mutuelle.

Elle est l'âme de la communion fraternelle, et si vous la détruisez, vous arracherez le cœur du corps de Christ. Elle est l'essence et le cœur de la vie commune de l'assemblée telle que Dieu l'a prévue pour nous. Notre modèle suprême d'unité est la Trinité. Le Père, le Fils et le Saint-Esprit font bloc à cent pour cent. Dieu est lui-même le plus bel exemple d'amour désintéressé, d'humble altruisme et de parfaite harmonie.

Comme tous les parents, notre Père céleste aime voir ses enfants s'entendre les uns avec les autres. Au cours des derniers moments précédant son arrestation, Jésus a prié avec passion pour notre unité.[1] Tout au long de ces heures atroces, c'était ce sujet qui le préoccupait le plus. Cela montre à quel point il est essentiel.

Pour Dieu, rien ici-bas n'a davantage de valeur que son Église. C'est pour elle qu'il a payé le prix le plus élevé, et il veut qu'elle soit protégée des terribles ravages causés par les divisions, les conflits et les dissensions. Si vous faites partie de la famille de Dieu, vous devez préserver à tout prix l'unité de votre assemblée. Jésus-Christ vous charge de faire tout votre possible pour sauvegarder l'unité, veiller sur la communion fraternelle et promouvoir l'harmonie dans votre famille spirituelle et parmi tous les chrétiens. La Bible nous prescrit : « *Efforcez-vous de conserver l'unité que donne l'Esprit, dans la paix qui vous lie les uns aux autres.* »[2] Comment y parvenir ? La Bible nous fournit des conseils pratiques.

Pour Dieu, rien ici-bas n'a davantage de valeur que son Église.

Concentrons-nous sur ce que nous avons en commun et non sur nos différences. Paul nous exhorte : « *Recherchons donc ce qui contribue à la paix et nous permet de progresser ensemble dans la foi.* »[3] En tant que chrétiens, nous avons un seul Seigneur, un seul corps, un seul but, un seul Père, un seul Esprit, un seul espoir, une seule foi, un seul baptême et un même amour.[4] Nous partageons le même salut, la même vie et la même perspective. N'est-ce pas beaucoup plus important que toutes les différences que nous pouvons énumérer ? C'est sur ce genre de sujets, et non sur nos différences personnelles, que nous devons nous concentrer.

Il faut nous souvenir que c'est le Seigneur qui a choisi de nous doter de diverses personnalités, milieux, races et préférences. Nous devons donc les apprécier et nous en réjouir, et pas seulement les tolérer. Le Seigneur veut l'unité et non l'uniformité. Pour préserver cette unité, ne laissons jamais ces différences nous diviser, mais restons concentrés sur l'essentiel, et apprenons à nous aimer les uns les autres comme Christ nous a aimés et à atteindre les cinq objectifs du Seigneur pour chacun de nous et pour son Église.

Les conflits sont généralement un signe qu'on s'est polarisé sur des sujets secondaires, que la Bible nomme « des questions douteuses ».⁵ Lorsque nous nous concentrons sur des personnalités, des préférences, des interprétations, des styles ou des méthodes, les divisions apparaissent toujours, mais si nous nous appliquons à nous aimer et à accomplir les objectifs de Dieu, nous obtiendrons l'harmonie. Paul plaidait pour cela : « *Qu'il y ait une vraie harmonie, afin qu'il n'y ait pas de divisions dans l'église. Je plaide avec vous afin que nous ayons la même pensée, et que nous soyons unis dans le même but.* »⁶ (Traduction littérale).

Ayez des attentes réalistes. Une fois qu'on découvre ce que Dieu entend par *communion*, on peut facilement se laisser décourager par le gouffre qui sépare la vie *idéale* de celle qui se passe *réellement* dans son assemblée. Et pourtant, nous devons aimer passionnément l'Église en dépit de ses imperfections. Chercher l'Église parfaite et critiquer la nôtre est une preuve flagrante d'immaturité. Par contre, se complaire dans ce qui existe sans chercher à atteindre la perfection est un signe de mollesse. La maturité se situe entre ces deux extrêmes.

> *Nous devons aimer passionnément l'Église en dépit de ses imperfections.*

Les autres chrétiens vous décevront et vous feront défaut, mais ce n'est pas une raison pour cesser d'être en communion avec eux. Ils sont votre famille, même si leur conduite n'en montre rien, et vous ne pouvez pas vous permettre de leur tourner le dos. Dieu nous propose une meilleure alternative : « *Soyez toujours humbles, aimables et patients, supportez-vous les uns les autres avec amour.* »⁷

Les gens se dégoûtent de l'assemblée pour maintes raisons très compréhensibles : conflits, vexations, hypocrisie, négligence, mesquineries, légalisme et autres péchés. Au lieu d'être surpris et choqués, nous devons nous souvenir que l'Église est composée de vrais pécheurs, y compris nous-mêmes. Comme nous sommes tous pécheurs, nous nous blessons mutuellement, parfois intentionnellement et d'autres fois sans le vouloir. Mais au lieu de quitter l'assemblée, nous devons y rester et nous efforcer d'y vivre dans l'harmonie. Pour tremper son caractère et améliorer la communion fraternelle, mieux vaut se réconcilier que se sauver.

Quitter votre assemblée à la première déception ou désillusion est un signe d'immaturité. Le Seigneur veut vous enseigner quelque chose, à vous et aux autres. De plus, vous ne trouverez pas d'autre église parfaite. Chacune d'entre elles a son lot de faiblesses et de problèmes, si bien que vous connaîtrez rapidement de nouveaux déboires.

Groucho Marx a déclaré avec humour qu'il ne voudrait pas appartenir à un club qui l'accepterait pour membre. Si une église doit être parfaite pour vous satisfaire, vous ne pourrez jamais y entrer, car vous ne l'êtes pas vous-même !

Dietrich Bonhoeffer, le pasteur allemand qui a été martyrisé pour avoir résisté aux nazis, a écrit un classique sur la communion fraternelle, *Life Together* (Vivre ensemble). Il y suggère que notre désillusion concernant notre église locale est positive, parce qu'elle met un terme à notre désir chimérique de perfection. Plus vite nous abandonnerons l'illusion qu'une assemblée doit être parfaite pour que nous l'aimions, plus tôt nous laisserons tomber notre masque pour admettre que nous sommes *tous* imparfaits et que nous avons besoin de grâce. C'est le point de départ de la vraie communauté.

Toutes les églises pourraient accrocher cet écriteau : « Ceci n'est pas un lieu pour les gens parfaits, mais uniquement pour ceux qui admettent qu'ils sont pécheurs, qu'ils ont besoin de grâce et qu'ils veulent faire des progrès. »

Bonhoeffer disait : « Quiconque chérit son rêve d'une communauté idéale plus que celle qui existe réellement devient un destructeur de cette dernière... Si nous ne rendons pas grâce tous les jours pour l'assemblée chrétienne dans laquelle nous avons été placés (même si nous n'y faisons pas de grandes expériences, si nous n'y découvrons pas des trésors spirituels, mais plutôt des lacunes, peu de foi et des difficultés) mais que nous nous plaignons sans arrêt de son état misérable, nous empêchons le Seigneur de faire croître la communion fraternelle. »[8]

Choisissez d'encourager et non de critiquer. Il est toujours plus simple de rester en retrait et de tirer à bout

portant sur ceux qui servent le Seigneur que de s'engager et de proposer son aide. Dieu nous exhorte très souvent à ne pas nous critiquer, nous comparer ou nous juger mutuellement.[9] Quand vous critiquez ce qu'un autre chrétien accomplit par la foi avec une conviction sincère, vous endossez le rôle du Seigneur : « *Qui es-tu, toi qui juges un serviteur d'autrui ? S'il se tient debout, ou s'il tombe, cela regarde son maître.* »[10]

Paul ajoute que nous ne devons pas juger ou regarder de haut les autres chrétiens dont les convictions diffèrent des nôtres : « *Mais toi, pourquoi juges-tu ton frère ? ou toi, pourquoi méprises-tu ton frère ? puisque nous comparaîtrons tous devant le tribunal de Dieu.* »[11]

Chaque fois que je juge un autre chrétien, cela entraîne quatre conséquences : je perds ma communion avec Dieu, je dévoile mon orgueil et mon manque de maturité, je m'expose à être jugé à mon tour par le Seigneur et je nuis à la communion fraternelle de l'église. Avoir l'esprit critique me coûte cher !

La Bible nomme Satan « *l'accusateur des frères* ».[12] Le rôle du diable est de blâmer les membres de la famille de Dieu, de s'en plaindre et de les critiquer. Chaque fois que nous l'imitons, nous lui faisons l'honneur de jouer son rôle à sa place. Souvenez-vous que les autres chrétiens, même si vous êtes en désaccord avec eux, ne sont pas votre véritable ennemi. Tout le temps que nous consacrons à comparer ou à critiquer les autres chrétiens, nous aurions dû le passer à renforcer l'unité fraternelle. La Bible nous conseille : « *Cherchons toujours ce qui contribue à favoriser la paix et à nous faire grandir les uns les autres dans la foi.* »[13]

JOUR 21 : PROTÉGER VOTRE ÉGLISE

Refusez d'écouter des ragots. Ces derniers sont des informations qui ne vous concernent en rien et auxquels vous ne pouvez apporter aucune solution. Vous savez qu'il est mauvais de répandre des commérages, mais si vous voulez préserver votre assemblée, *ne les écoutez pas non plus*. Tendre l'oreille à ce genre de propos revient à accepter de la marchandise volée : cela vous rend tout aussi coupable que les voleurs eux-mêmes.

Quand on commence à vous raconter des ragots, ayez le courage d'objecter : « Arrête, je t'en prie. Je n'ai pas besoin de savoir ça. T'es-tu adressé directement à cette personne ? » De toute façon, les gens qui vous tiennent des propos de ce genre *vous critiqueront aussi à coup sûr,* car ils ne sont pas dignes de confiance. Si vous écoutez les commérages, Dieu dit que vous êtes un fauteur de troubles.[14] *« L'homme malintentionné prête l'oreille aux paroles malveillantes et le menteur écoute les mauvaises langues. »*[15] *« Les voilà, ceux qui causent des divisions ! Ils sont dominés par leur instinct et non par l'Esprit de Dieu. »*[16]

Malheureusement, dans le troupeau de Dieu, les plus grandes blessures proviennent généralement des autres brebis, et non des loups. Paul nous mettait en garde contre les « chrétiens cannibales » qui *« se dévorent les uns les autres »* et détruisent la communion fraternelle.[17] *« Celui qui répand la calomnie dévoile les secrets ; ne te mêle pas avec celui qui ouvre ses lèvres. »*[18] Le meilleur moyen de mettre un terme à un conflit dans une assemblée ou dans un petit groupe consiste à convoquer ceux qui répandent de tels ragots pour les prier de cesser. Salomon l'avait observé : *« Quand il n'y a plus de bois, le feu s'éteint ; quand il n'y a plus de mauvaise langue, la querelle cesse. »* [19]

Résolvez les conflits à la manière de Dieu. En plus des principes mentionnés au chapitre précédent, Jésus a indiqué à l'Église une méthode simple en trois parties : *« Si ton frère a péché, va et reprends-le entre toi et lui seul. S'il t'écoute, tu as gagné ton frère. Mais s'il ne t'écoute pas, prends avec toi une ou deux personnes, afin que toute l'affaire se règle sur la déclaration de deux ou trois témoins. S'il refuse de les écouter, dis-le à l'Église. »*[20]

Au cours des conflits, il est tentant de se plaindre auprès d'une tierce personne au lieu de dire courageusement la vérité à celle qui vous a offensé, mais cela ne fait qu'envenimer la situation. Vous devriez plutôt aller trouver directement la personne concernée.

La première étape est toujours une confrontation en tête à tête. Vous devriez l'entreprendre dès que possible. Si vous êtes incapable de résoudre le problème entre vous, passez à l'étape suivante : prenez avec vous deux ou trois témoins afin de contribuer à résoudre le problème et à vous réconcilier avec la partie adverse. Mais comment réagir si l'autre personne campe sur ses positions ? Jésus prescrit de porter l'affaire devant l'église, après quoi, si la personne ne veut toujours rien entendre, vous devriez la traiter comme une incroyante.[21]

Soutenez votre pasteur et vos dirigeants. Les responsables parfaits n'existent pas, mais Dieu donne aux dirigeants la responsabilité et l'autorité de maintenir l'unité de l'Église. Au cours des conflits personnels, c'est une tâche particulièrement ingrate. Les pasteurs ont souvent la tâche désagréable de servir de médiateurs entre les membres blessés, divisés ou immatures. On leur assigne aussi la mission impossible d'essayer de satisfaire tout le monde, ce que Jésus lui-même ne peut pas faire !

La Bible nous explique clairement quels rapports nous devons avoir avec ceux qui nous servent : « *Obéissez à vos conducteurs et soumettez-vous à eux, car ils veillent constamment sur vous en sachant qu'ils devront un jour rendre compte à Dieu de leur service. Qu'ils puissent ainsi s'acquitter de leur tâche avec joie et non pas en gémissant, ce qui ne vous serait d'aucun avantage.* »[22]

Un jour, devant le Seigneur, les pasteurs devront rendre compte de la façon dont ils ont veillé sur vous. « *Ils devront rendre compte à Dieu.* »[23] Mais vous aussi, vous devrez rendre compte de votre obéissance à votre dirigeant.

La Bible explique clairement aux pasteurs comment ils doivent se charger de ceux qui nuisent à la communion fraternelle. Il faut qu'ils évitent de parlementer, qu'ils enseignent avec douceur la conduite à tenir tout en priant pour que les opposants changent, qu'ils avertissent ceux qui se conduisent mal, qu'ils plaident en faveur de l'harmonie et de l'unité, qu'ils reprennent ceux qui ne respectent pas l'autorité et, après deux avertissements, qu'ils retranchent de l'Église les gens qui causent des divisions.[24]

> *Quand nous honorons ceux qui nous dirigent, nous préservons la communion fraternelle.*

Quand nous honorons ceux qui nous dirigent, nous préservons la communion fraternelle. Les pasteurs et les anciens ont besoin de nos prières, de nos encouragements, de notre approbation et de notre amour. Il nous est prescrit : « *Nous vous prions, frères, d'avoir de la considération pour ceux qui travaillent parmi vous, qui vous dirigent dans le Seigneur, et qui vous exhortent. Ayez pour eux beaucoup d'affection. »*[25]

Je vous encourage à accepter votre responsabilité de protéger et de promouvoir l'unité de votre Église. Consacrez-y tous vos efforts, et Dieu sera satisfait. Ce ne sera pas toujours facile. Parfois, vous devrez faire ce qui vaut le mieux pour le Corps et non pour vous-même, et vous laisserez les autres passer avant vous. C'est l'une des raisons pour lesquelles Dieu nous a placés dans une famille spirituelle : pour apprendre à être altruistes. Dans la communauté, nous apprenons à dire « nous » au lieu de « je » et « nôtre » au lieu de « mien ». L'Éternel a dit : « *Que chacun de vous, au lieu de songer seulement à lui-même, recherche aussi les intérêts des autres.* »[26]

Dieu bénit les assemblées unies. À l'Église Saddleback, tous les membres signent un contrat qui comprend une promesse de préserver l'unité de notre communauté. En conséquence, jamais l'assemblée n'a connu de conflit qui nuise à la communion fraternelle. De plus, comme notre équipe est soudée et aimante, beaucoup de gens veulent se joindre à elle ! Au cours des sept dernières années, l'Église a baptisé plus de neuf mille cent nouveaux membres. Lorsque Dieu cherche à mettre au monde des nouveau-nés en Christ, il cherche « l'Église couveuse » la plus accueillante possible.

Personnellement, que faites-vous pour rendre votre famille spirituelle plus chaleureuse et plus aimante ? Dans votre quartier, beaucoup d'hommes et de femmes cherchent un port d'attache. En fait, *tout le monde* souhaite aimer et être aimé, et lorsque les gens trouvent une assemblée dans laquelle les membres s'aiment et s'intéressent les uns aux autres, vous devrez verrouiller les portes si vous voulez les empêcher d'entrer.

VINGT-ET-UNIÈME JOUR
DÉFINIR MON OBJECTIF

Idée à méditer : Je dois préserver l'unité de mon assemblée.

Verset à apprendre : « *Cherchons toujours ce qui contribue à favoriser la paix et à nous faire grandir les uns les autres dans la foi.* » (Romains 14.19, BS)

Question à me poser : Actuellement, qu'est-ce que je fais pour préserver l'unité de ma famille spirituelle ?

TROISIÈME OBJECTIF

VOUS AVEZ ÉTÉ CRÉÉ POUR DEVENIR COMME CHRIST

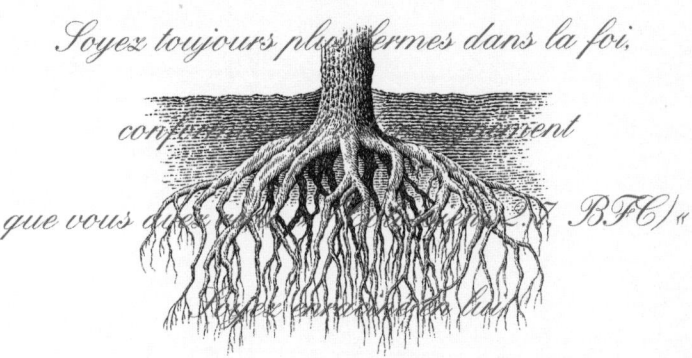

« Soyez enraciné en lui et construisez toute votre vie sur lui. Soyez toujours plus fermes dans la foi, conformément à l'enseignement que vous avez reçu. »

(Colossiens 2,7, BFC)

22

Créé pour devenir comme Christ

« Car Dieu les a choisis d'avance ;
il a aussi décidé d'avance de les rendre semblables
à son Fils, afin que celui-ci soit l'aîné
d'un grand nombre de frères. »

(Romains 8.29, BS)

« [Christ] est l'image du Dieu invisible,
le premier-né de toute la création. »

(Colossiens 1.15, BD)

Vous avez été créé pour devenir comme Christ.

Dès le départ, Dieu a prévu de vous rendre semblable à son Fils Jésus. C'est votre destinée et le troisième objectif de votre vie. À la création, l'Éternel a annoncé clairement son dessein : *« Et Dieu dit : Faisons l'homme à notre image, selon notre ressemblance. »*¹

Dans toute la création, seuls les êtres humains sont « faits à l'image de Dieu ». C'est notre grand privilège, et il nous donne de la dignité. Nous ne savons pas *toutes les implications* de cette phrase, mais nous en connaissons certains aspects. Comme le Seigneur, nous sommes *des êtres spirituels* : notre esprit est immortel et survivra à notre corps terrestre ; nous sommes *intellectuels* : nous pouvons penser, raisonner et résoudre les problèmes ; nous sommes *relationnels* : nous savons donner et recevoir un véritable amour ; et nous avons *une conscience morale* : nous sommes capables de distinguer le bien du mal, ce qui nous rend responsables envers Dieu.

La Bible affirme que tous les hommes, et pas seulement les chrétiens, possèdent un fragment de l'image de Dieu. C'est pour cela que le meurtre et l'avortement sont mauvais.[2] Mais cette image est incomplète. Elle a été endommagée et déformée par le péché. Alors, Dieu a envoyé Jésus, avec une mission : rétablir pleinement l'image que nous avons perdue.

À quoi ressemble « l'image et la ressemblance de Dieu » ? À Jésus-Christ ! La Bible dit que Jésus est *« l'image de Dieu »*, *« l'image du Dieu invisible »* et *« le reflet de sa gloire et l'empreinte de sa personne »*.[3]

Les gens disent souvent « Tel père, tel fils » pour parler d'une ressemblance familiale. Quand on me dit que mes enfants me ressemblent, cela me fait plaisir. Dieu veut, lui aussi, que ses enfants soient à son image et à sa ressemblance. La Bible dit que nous avons été créés *« selon Dieu, en justice et sainteté de la vérité. »*[4]

Attention ! Sachez que vous ne deviendrez jamais Dieu, ni même un dieu. Ce mensonge orgueilleux est la plus ancienne tentation de Satan. Ce dernier a promis à Adam et Ève que s'ils suivaient ses conseils, *ils seraient comme des dieux*.[5] Beaucoup de religions et de philosophies du Nouvel Âge soutiennent toujours ce vieux mensonge qui prétend que nous sommes divins ou que nous pouvons devenir des dieux.

Ce désir d'être un dieu refait surface chaque fois que nous tentons de diriger nous-mêmes notre destin, notre avenir et notre entourage. Mais en tant que créatures, jamais nous ne serons *le Créateur*. Dieu ne veut pas que vous deveniez un dieu, mais que vous soyez *pieux*, que vous adoptiez ses valeurs, ses attitudes et son caractère. La Bible dit : *« Il faut vous laisser complètement renouveler dans votre cœur et dans votre esprit. Revêtez-vous de la nouvelle nature créée à la ressemblance de Dieu et qui se manifeste dans la vie juste et sainte qu'inspire la vérité. »*[6]

Le but suprême de Dieu pour votre vie terrestre n'est pas votre confort, mais le développement de votre caractère. Il veut que vous croissiez spirituellement et que vous deveniez comme Christ. Cela ne veut pas dire que vous allez perdre votre personnalité ou que vous allez devenir un clone sans cervelle. Comme c'est Dieu qui a créé votre caractère unique, il ne veut sûrement pas le détruire. Être comme Christ, c'est transformer votre caractère et non votre personnalité.

Dieu veut que vous développiez le type de caractère exposé dans les béatitudes de Jésus[7], dans la description du fruit de l'Esprit[8], dans le grand chapitre de Paul sur l'amour[9] et dans la liste des caractéristiques d'une vie efficace et productive dressée par Pierre.[10] Chaque fois que vous oubliez que ce caractère est l'un des objectifs de Dieu pour votre vie, vous êtes frustré par vos circonstances. Vous vous demandez : « Pourquoi est-ce que cela m'arrive ? Pourquoi est-ce que je passe par des moments aussi difficiles ? » En fait, la vie est *censée être* difficile ! C'est ce qui vous rend capable de grandir. Souvenez-vous que la terre n'est pas le ciel !

> *Le but suprême de Dieu pour votre vie terrestre n'est pas votre confort, mais le développement de votre caractère.*

Beaucoup de chrétiens croient à tort que la promesse d'une « *vie abondante* »[11] que le Seigneur a adressée aux hommes se traduit par une santé parfaite, un mode de vie confortable, un bonheur permanent, la pleine satisfaction de nos rêves et la résolution instantanée de nos problèmes au moyen de la foi et de la prière. Bref, ils s'attendent à mener une vie facile. Ils veulent le ciel sur la terre !

Cette perspective égocentrique traite Dieu comme un génie qui existe simplement pour vous permettre de vous épanouir totalement. Mais c'est un objectif égoïste ; Dieu *n'est pas* votre valet, et si vous vous imaginez que la vie est censée être facile, vous perdrez vite vos illusions ; vous vous rendrez compte qu'elles ne sont absolument pas conformes à la réalité.

N'oubliez jamais que tout ne tourne pas autour de vous ! Vous existez pour accomplir les desseins de Dieu, et non l'inverse. Pourquoi le Seigneur devrait-il vous procurer *le ciel sur la terre* alors qu'il va vous l'accorder pour l'éternité ? Pour lui, votre pèlerinage terrestre a pour but d'édifier et de fortifier votre caractère en vue du ciel.

L'ESPRIT DE DIEU À L'ŒUVRE EN NOUS

Produire le caractère de Christ en vous est la mission du Saint-Esprit. La Bible dit : « *Nous tous dont le visage découvert reflète la gloire du Seigneur, nous sommes transformés en la même image, de gloire en gloire, par l'Esprit du Seigneur.* »[12] Ce processus qui vise à nous changer pour que nous ressemblions davantage à Jésus s'appelle *la sanctification*, et c'est le troisième objectif de notre vie terrestre.

Vous ne pouvez pas reproduire le caractère de Jésus par votre propre force. Les résolutions du Nouvel An, la capacité de la volonté et les bonnes intentions ne suffisent pas. Seul le Saint-Esprit a le pouvoir d'effectuer les changements que Dieu souhaite opérer dans votre vie. La Bible dit : « *Dieu agit parmi vous, il vous rend capables de vouloir et de réaliser ce qui est conforme à son propre plan.* »[13]

Dès qu'on parle de « puissance du Saint-Esprit », beaucoup de gens pensent à des démonstrations miraculeuses et à des émotions intenses, mais la plupart du temps, la puissance du Saint-Esprit se manifeste dans votre vie d'une façon si douce et si discrète que vous ne vous en rendez même pas compte et que vous ne ressentez rien de particulier. Souvent, il nous fait signe au moyen d'« *une voix douce, subtile.* »[14] Être comme Christ ne provient pas d'une imitation, mais d'une habitation. Nous laissons Christ vivre *en* nous. « *Voici ce secret : Christ est en vous.* »[15] Comment cela se produit-il dans la vraie vie ? Grâce aux choix que nous faisons. Nous décidons d'accomplir ce qui est bien, puis nous comptons sur l'Esprit de Dieu pour nous communiquer sa puissance, son amour, sa foi et sa sagesse afin de l'accomplir. Comme l'Esprit de Dieu vit en nous, nous pouvons toujours lui demander ce genre de choses.

JOUR 22 :
CRÉÉ POUR
DEVENIR
COMME
CHRIST

Nous devons coopérer avec le travail du Saint-Esprit. Dans la Bible, nous voyons sans cesse une vérité importante se répéter : le Saint-Esprit déclenche sa puissance *au moment où* nous faisons le pas de la foi. Lorsque Josué s'est retrouvé face à une barrière insurmontable, les flots du Jourdain ne se sont ouverts qu'*après* que les dirigeants soient entrés dans les flots par obéissance et avec foi.[16] Oui, l'obéissance déclenche la puissance de Dieu.

Le Seigneur veut que vous passiez à l'action. N'attendez pas de vous sentir puissant ou sûr de vous. Avancez malgré votre faiblesse, et faites ce qui est juste en dépit de vos craintes et de vos sentiments. C'est de cette façon que vous coopérerez avec le Saint-Esprit et que votre caractère se développera.

La Bible compare la croissance spirituelle à une semence, à un édifice et à un enfant qui grandit. Chaque métaphore nécessite une participation active de l'homme : les semences doivent être plantées et cultivées, les édifices construits — ils ne poussent pas tout seuls — et les enfants nourris et soignés.

Si vous n'êtes pas sauvé par vos efforts, c'est grâce à eux que vous croissez dans la foi. Au moins huit fois dans le Nouveau Testament, il nous est recommandé de *« faire tous nos efforts »*[17], au cours de notre marche chrétienne, pour devenir comme Jésus. Nous ne devons pas rester assis les bras croisés en attendant que cela se produise.

Dans Éphésiens 4.22-24, Paul nous explique les trois démarches que nous devons accomplir pour devenir comme Christ. Premièrement, il nous faut nous débarrasser de nos anciennes façons d'agir : *« Vous devez donc, en renonçant à votre conduite passée, vous débarrasser de votre vieille nature que ses désirs trompeurs mènent à la ruine. »*[18]

Deuxièmement, il faut que nous modifiions notre façon de penser. *« Que l'Esprit change votre façon de penser. »*[19] (Traduction littérale). La Bible dit que nous sommes transformés par le renouvellement de notre intelligence.[20] Le terme grec traduit par transformé, *metamorphosis*

> *Votre caractère est principalement composé de l'ensemble de vos habitudes.*

(employé dans Romains 12.2 et 2 Corinthiens 3.18) est employé actuellement pour décrire le prodigieux changement qui se produit lorsqu'une chenille devient papillon. C'est une belle image de ce qui se passe en nous quand nous laissons le Seigneur diriger nos pensées : nous sommes métamorphosés intérieurement, nous devenons plus beaux et nous sommes libres de nous élever vers de nouveaux sommets.

Troisièmement, nous devons « revêtir » le caractère de Christ en développant de nouvelles habitudes de piété. Votre caractère est principalement composé de l'ensemble de vos habitudes : c'est la manière dont vous agissez *généralement*. La Bible nous prescrit : « *Revêtez-vous de la nouvelle nature, créée à la ressemblance de Dieu et qui se manifeste dans la vie juste et sainte qu'inspire la vérité.* »[21]

Dieu se sert de sa Parole, de son peuple et des circonstances pour nous façonner. Tous trois sont indispensables au développement de notre caractère. La Parole de Dieu nous procure *la vérité* dont nous avons besoin pour grandir, le peuple de Dieu nous *soutient* dans ce processus et les circonstances nous fournissent *l'environnement* grâce auquel nous devenons de plus en plus semblables à Christ. Si vous étudiez et mettez en pratique la Parole de Dieu, que vous vous joignez régulièrement à d'autres chrétiens et que vous apprenez à vous appuyer sur le Seigneur dans les circonstances adverses, je vous garantis que vous deviendrez de plus en plus semblables à Christ. Dans les chapitres suivants, nous analyserons ces trois points.

Beaucoup de gens partent du principe que la croissance spirituelle s'effectue uniquement par l'étude de la Bible et de la prière, mais certains problèmes de notre vie ne seront *jamais* résolus uniquement par ces deux démarches. Le Seigneur se sert des hommes. En général, il préfère employer des intermédiaires humains qu'avoir recours à des miracles, afin que nous dépendions les uns des autres dans la communion fraternelle. Il souhaite nous faire croître ensemble.

Dans de nombreuses religions, les gens considérés comme des géants spirituels sont des ermites qui se coupent des autres en se réfugiant dans un monastère perché au sommet d'une montagne. Ainsi, ils ne sont pas contaminés par le contact avec les autres. Mais c'est une grossière erreur : la maturité spirituelle n'est pas une démarche solitaire individuelle ! On ne peut pas croître spirituellement tout seul. On doit être avec les autres et avoir des contacts avec eux. Il faut que nous fassions partie d'une église et d'une communauté. Pourquoi ? Parce que la véritable maturité spirituelle consiste à apprendre à aimer comme Jésus, et qu'on ne peut pas s'exercer à être comme Jésus sans entrer en relation avec les autres. Souvenez-vous que c'est une question d'amour — de Dieu et des autres.

Devenir comme Christ est un processus de croissance long et lent. La maturité spirituelle n'est jamais instantanée et automatique ; il s'agit d'un processus de développement graduel et progressif qui vous prendra le reste de votre vie. À ce sujet, Paul a expliqué que cela se poursuivrait *« jusqu'à ce que nous soyons tous parvenus... à la mesure de la stature parfaite de Christ. »*[22]

Vous êtes en pleine progression. Votre transformation spirituelle consistant à développer le caractère de Jésus vous prendra le reste de votre vie et ne sera jamais totalement achevée ici-bas. Elle ne sera vraiment terminée que lorsque vous irez au ciel ou que Jésus reviendra. À ce stade, toutes les failles qui seront restées dans votre caractère n'existeront plus. La Bible nous garantit que lorsque nous pourrons voir parfaitement Jésus, nous deviendrons totalement semblables à lui : *« Ce que nous deviendrons n'est pas encore clairement révélé. Cependant, nous savons ceci : quand le Christ paraîtra, nous deviendrons semblables à lui, parce que nous le verrons tel qu'il est. »*[23]

Le problème des chrétiens est souvent dû au fait qu'ils ignorent que Dieu s'intéresse beaucoup plus à édifier leur caractère qu'à n'importe quoi d'autre. Nous nous inquiétons lorsque le Seigneur semble garder le silence sur des points précis, comme : « Quel métier devrais-je choisir ? » En réalité, *beaucoup* de professions peuvent correspondre à la volonté de Dieu pour votre vie. Ce qui préoccupe le plus le Seigneur, c'est que, quoi que vous fassiez, vous l'accomplissiez d'une façon chrétienne.[24]

> *Dieu s'intéresse beaucoup plus à ce que vous êtes qu'à ce que vous faites.*

Dieu s'intéresse beaucoup plus à ce que vous êtes qu'à ce que vous faites. Nous sommes des *êtres* humains, et non des *actes* humains. Le Seigneur se préoccupe beaucoup plus de votre caractère que de votre carrière, parce que vous conserverez votre caractère pour l'éternité, et non votre carrière.

La Bible nous avertit : « *Ne vous laissez pas modeler par le monde actuel, mais laissez-vous transformer par le renouvellement de votre pensée, pour pouvoir discerner la volonté de Dieu : ce qui est bon, ce qui est agréable, ce qui est parfait.* »[25] Vous devez vous concentrer sur votre croissance spirituelle même si cela va à l'encontre de la culture contemporaine, sinon d'autres influences (celles de vos amis, de vos parents, de vos collègues ou de votre milieu) tenteront de vous modeler à leur image.

Malheureusement, il suffit de survoler la plupart des livres chrétiens à succès pour constater que de nombreux chrétiens ont cessé de vivre pour accomplir les plans de Dieu et qu'ils se préoccupent beaucoup plus de leur épanouissement personnel et de leur stabilité affective. C'est du narcissisme, et non de la consécration au Seigneur. Jésus n'est pas mort sur la croix simplement pour nous assurer une vie confortable et agréable, mais son but est beaucoup plus profond : il veut nous rendre semblables à lui avant de nous amener au ciel. C'est notre plus grand privilège, notre responsabilité actuelle et notre ultime destinée.

VINGT-DEUXIÈME JOUR
DÉFINIR MON OBJECTIF

Idée à méditer : J'ai été créé pour devenir semblable à Christ.

Verset à apprendre : « *Nous sommes transformés en son image dans une gloire dont l'éclat ne cesse de grandir. C'est là l'œuvre du Seigneur, c'est-à-dire de l'Esprit.* »
(2 Corinthiens 3.18b, BS)

Question à me poser : Dans quel domaine de ma vie dois-je demander la puissance de l'Esprit pour être comme Christ aujourd'hui ?

23
Comment nous croissons

*« Nous grandirons à tous égards
vers celui qui est la tête : le Christ. »*

(Éphésiens 4.15a, BFC)

*« Nous ne sommes pas destinés à rester
comme des enfants. »*

(Éphésiens 4.14a, traduction littérale)

Dieu veut que vous croissiez.

L'objectif de votre Père céleste est que vous développiez et portiez à maturité les caractéristiques de Jésus-Christ. Malheureusement, des millions de chrétiens *vieillissent* sans jamais devenir *adultes*. Ils restent bloqués dans un infantilisme spirituel permanent. Ils ont toujours besoin de couches et de petits chaussons. Et cela, tout simplement, parce qu'ils n'ont jamais *eu l'intention* de grandir.

La croissance spirituelle n'est pas automatique. Elle nécessite un engagement volontaire. Vous devez *vouloir* grandir, le *décider, faire un effort* pour y parvenir et *persévérer*. La marche du disciple (processus qui l'amène à devenir comme Christ) commence toujours par une décision. Jésus nous appelle, et nous lui répondons. *« Il lui dit : Suis-moi. Et se levant, il le suivit. »*[1]

Quand les premiers disciples ont choisi de suivre Jésus, ils n'ont pas compris tout ce qu'impliquait leur décision. Ils ont juste répondu à l'invitation de Jésus. C'est tout ce dont vous avez besoin au départ : *décidez* de devenir un disciple.

Rien n'influe plus sur votre vie que les décisions que vous choisissez de prendre. Vos engagements peuvent vous fortifier ou vous détruire, mais en tout cas, ils montrent qui vous êtes. Dites-moi à quoi vous êtes engagé, et je vous prédirai où vous en serez dans vingt ans. Nous devenons ce à quoi nous nous sommes engagés.

C'est sur ce point (la consécration) que la plupart des gens passent à côté de l'objectif de Dieu pour leur vie. Certains ont peur de s'engager, dans quelque domaine que ce soit, et ils se contentent de prendre la vie comme elle vient. D'autres se consacrent bon gré mal gré à des compétitions qui ne les mènent qu'à la déception et à la médiocrité. D'autres encore se lancent à fond dans des objectifs mondains, comme d'accéder à la richesse et à la célébrité, et ils finissent par être amèrement déçus. Chaque choix entraîne des conséquences éternelles : vous feriez donc mieux de ne pas vous tromper ! Pierre nous prévient : « *Puisque tout va disparaître de cette façon, comprenez bien ce que vous devez faire ! Il faut que votre conduite soit sainte et marquée par l'attachement à Dieu.* »[2]

La part de Dieu et la vôtre. Être comme Christ nécessite que vous ayez fait des choix spirituels et que vous dépendiez de son Esprit pour vous aider à assumer ces choix. Une fois que vous avez décidé sérieusement de devenir comme lui, vous devez commencer à agir différemment. Il faut que vous renonciez à certaines vieilles habitudes, que vous en développiez de nouvelles et que vous changiez volontairement votre façon de penser. Le Saint-Esprit vous aidera à effectuer ces modifications. La Bible dit : « *Mettez en œuvre votre salut avec crainte et tremblement... car c'est Dieu qui produit en vous le vouloir et le faire, selon son bon plaisir.* »[3]

> *Nous devenons ce à quoi nous nous sommes engagés.*

Ce verset montre les deux aspects de la croissance spirituelle : « *Mettez en œuvre* » et « *produit* ». « Mettre en œuvre » est votre responsabilité, et « produire » est le rôle du Seigneur. La croissance spirituelle est un effort collectif dans lequel vous aurez votre part à accomplir et le Saint-Esprit la sienne. L'Esprit de Dieu travaille *avec* nous et pas seulement en nous.

Ce verset, écrit pour des chrétiens, ne nous dit pas comment nous sommes sauvés, mais comment nous pouvons croître. Il ne nous est pas dit de « *travailler pour être sauvés* », car nous ne pouvons rien ajouter à ce que Jésus a déjà fait. Quand vous faites de la gymnastique, vous n'essayez pas d'avoir un corps : il est déjà là. Mais vous vous efforcez de le développer.

Quand vous faites un puzzle, vous avez déjà toutes les pièces — il ne vous reste plus qu'à les assembler. Les fermiers travaillent la terre, non pour en avoir davantage, mais pour faire fructifier celle qu'ils ont déjà. Dieu vous a doté d'une nouvelle vie ; à vous, maintenant, de la développer « *avec crainte et tremblement* » : cela suppose que vous preniez très au sérieux votre croissance spirituelle ! Quand les gens sont légers dans ce domaine, c'est la preuve qu'ils n'en saisissent pas les répercussions éternelles (comme nous l'avons vu aux chapitres 4 et 5).

JOUR 23 : COMMENT NOUS CROISSONS

Changez votre pilotage automatique. Pour modifier votre vie, vous devez changer de façon de vivre. Derrière tout ce que vous faites, il y a une intention. Tout comportement est motivé par une conviction, et toute action est déclenchée par une motivation. Des milliers d'années avant que les psychologues en prennent conscience, Dieu l'avait déjà révélé : « *Avant tout, prends garde à ce que tu penses au fond de toi-même, car ta vie en dépend.* »[4]

Imaginez que vous soyez dans un bateau à moteur sur un lac, avec un pilotage automatique réglé pour aller vers l'est. Si vous décidez de bifurquer vers l'ouest, vous avez deux moyens possibles de changer la direction du bateau. À force de détermination, vous pourrez vaincre la puissance du pilotage automatique, mais vous sentirez une résistance constante. Finalement, vous aurez tellement mal au bras que vous finirez par lâcher le volant. Instantanément, le bateau se réorientera vers l'ouest, comme il avait été programmé à l'origine.

C'est ce qui se passe lorsque vous essayez de changer votre vie par votre volonté personnelle. Vous dites : « Je vais *me forcer* à manger moins... à faire davantage d'exercice... à cesser d'être désorganisé et en retard. » Oui, la volonté *peut* produire des changements momentanés, mais elle crée une tension intérieure constante, parce que le problème n'a pas été pris à la racine. Le changement n'est pas devenu naturel, si bien que vous finissez par abandonner votre régime et par cesser de faire de la gymnastique. Vous reprenez rapidement vos vieilles habitudes.

Heureusement, il existe une solution plus simple et plus efficace : changez votre pilotage automatique — votre façon de penser. La Bible dit : « *Laissez-vous transformer par le renouvellement de votre pensée.* »[5] Pour croître spirituellement, la première chose à faire est de changer votre façon de penser, et cela commence toujours dans votre esprit. **Votre façon de penser détermine vos *sentiments*, qui influent sur votre *manière d'agir*.** Paul a expliqué : « *Il faut vous laisser complètement renouveler dans votre cœur et dans votre esprit.* »[6]

Pour être comme Christ, vous devez acquérir sa mentalité. Le Nouveau Testament nomme cette transformation morale *repentance*, mot qui, en grec, signifie littéralement « changement de mentalité ». Vous vous repentez quand vous changez votre façon de penser pour adopter celle de Dieu — à propos de vous-même, du péché, de Dieu, des autres, de la vie, de votre avenir, etc. Vous adoptez la perspective de Christ !

Il nous est ordonné d'avoir en nous « *les sentiments qui étaient en Jésus-Christ* ».[7] Cela requiert deux démarches. Tout d'abord, pour réussir cette transformation morale, nous devons cesser d'avoir des pensées *immatures*, égocentriques et égoïstes. La Bible nous recommande :

> *Votre façon de* **penser** *détermine vos* **sentiments**, *qui influent sur votre* **manière d'**agir.

« *Frères, ne raisonnez pas comme des enfants par rapport au mal, mais soyez des adultes quant à la façon de raisonner.* »[8] Par nature, les nourrissons sont exclusivement des égoïstes. Ils ne pensent qu'à eux-mêmes et à leurs besoins personnels. Incapables de donner, ils ne peuvent que recevoir. C'est une façon de penser immature, et malheureusement, bien des hommes ne vont pas plus loin que ce raisonnement. La Bible dit que la pensée égoïste est source de péché : « *Ceux qui vivent selon leur propre nature se préoccupent de ses désirs.* »[9]

Ensuite, pour réagir comme Jésus, il faut commencer à réfléchir d'une façon *mûre*, c'est-à-dire se concentrer sur les autres et non sur soi-même. Dans son célèbre chapitre sur la nature du véritable amour, Paul a conclu que penser aux autres était un signe de maturité : « *Lorsque j'étais enfant, je parlais comme un enfant, je pensais comme un enfant, je raisonnais comme un enfant ; lorsque je suis devenu homme, j'ai fait disparaître ce qui était de l'enfant.* »[10]

Aujourd'hui, beaucoup de gens pensent que la maturité spirituelle se mesure à la somme d'informations et de doctrines bibliques qu'ils accumulent, mais si la connaissance est *l'un des ingrédients* de la maturité, elle est loin d'être le seul. La vie chrétienne ne se compose pas seulement de croyances et de convictions, mais elle comprend aussi notre conduite et notre caractère. Nos actes doivent être en harmonie avec nos convictions, et nos croyances doivent être confirmées par notre conduite chrétienne.

Le christianisme n'est pas une religion ou une philosophie, mais c'est une relation et un mode de vie. À la base, il établit le principe que nous devons penser aux autres et pas seulement à nous-mêmes. La Bible déclare : « *Que chacun de nous recherche la satisfaction de son prochain pour le bien de celui-ci, en vue de l'aider à grandir dans la foi. Car le Christ n'a pas cherché sa propre satisfaction.* »[11]

Penser aux autres est la base de la ressemblance avec Christ et la meilleure preuve de croissance spirituelle. Ce genre de mentalité n'est pas naturelle ; elle est contraire à notre culture, rare et difficile à adopter. Heureusement, nous bénéficions d'un soutien : « *Or nous, nous avons reçu, non l'esprit du monde, mais l'Esprit même qui vient de Dieu, pour que nous comprenions tous les bienfaits que Dieu nous a accordés par grâce.* »[12] Dans les chapitres suivants, nous examinerons les outils dont le Saint-Esprit se sert afin de nous aider à croître.

VINGT-TROISIÈME JOUR
DÉFINIR MON OBJECTIF

Idée à méditer : Il n'est jamais trop tard pour commencer à grandir.

Verset à apprendre : « *Ne vous laissez pas modeler par le monde actuel, mais laissez-vous transformer par le renouvellement de votre pensée, pour pouvoir discerner la volonté de Dieu : ce qui est bon, ce qui lui plaît, ce qui est parfait.* » (Romains 12.2b, BS)

Question à me poser : Dans quel domaine dois-je cesser de penser à *ma* manière afin d'adopter celle *de Dieu* ?

Transformé par la vérité

*« L'homme n'a pas seulement
besoin de pain pour vivre,
mais aussi de toute parole
que Dieu prononce. »*

(Matthieu 4.4, BS)

*« Dieu... a le pouvoir de vous faire progresser
dans la foi et de vous accorder les biens
qu'il réserve à ceux qui lui appartiennent. »*

(Actes 20.32, BFC)

La vérité nous transforme.

La croissance spirituelle est le processus qui consiste à remplacer les mensonges par la vérité. Jésus a prié : « *Sanctifie-les par ta vérité. Ta parole est la vérité.* »[1]

La sanctification nécessite une révélation. L'Esprit de Dieu se sert de la Parole de Dieu pour nous amener à ressembler au Fils de Dieu. Pour devenir comme Jésus, nous devons remplir notre vie de sa Parole. La Bible nous explique : « *Toute Écriture est inspirée de Dieu et utile pour enseigner, réfuter, redresser et apprendre à mener une vie conforme à la volonté de Dieu. Ainsi, l'homme de Dieu se trouve parfaitement préparé et équipé pour accomplir toute œuvre bonne.* »[2]

La Parole de Dieu ne ressemble à aucune autre parole. Elle est vivante ![3] Jésus a dit : « *Les paroles que je vous ai dites sont*

Esprit et vie. »[4] Quand Dieu parle, les choses changent. Autour de vous, la création toute entière existe parce que « *Dieu l'a dit* ». Par sa parole, tout s'est mis à exister. Sans la parole de Dieu, nous ne serions pas en vie. Jacques explique : « *Il nous a engendrés par la parole de vérité pour que nous soyons comme les premiers fruits de sa nouvelle création.* [5]

La Bible est bien plus qu'un manuel doctrinal. Elle génère la vie, crée la foi, produit des changements, fait trembler le diable, provoque des miracles, guérit des blessures, forge les caractères, transforme les circonstances, transmet la joie, permet de triompher de l'adversité, vainc la tentation, nous rend espoir, déclenche la puissance divine, purifie nos pensées, amène à l'existence des choses qui ne sont pas et garantit notre avenir éternel ! Non, nous ne pouvons pas vivre sans elle ! Ne pensez *jamais* tout savoir. Vous devriez la considérer comme aussi essentielle à votre survie que la nourriture. Job a dit : « *J'ai chéri ses paroles plus que mon pain quotidien.* »[6] (Traduction littérale).

> *L'Esprit de Dieu se sert de la Parole de Dieu pour nous amener à ressembler au Fils de Dieu.*

La Parole de Dieu est la nourriture spirituelle que vous *devez* avoir pour accomplir vos desseins. La Bible est nommée notre lait, notre pain, notre nourriture solide et notre miel.[7] Ce repas de quatre plats est le menu du Saint-Esprit pour assurer notre croissance et notre force spirituelle. Pierre nous conseille : « *Désirez… le lait spirituel et pur, afin que par lui vous croissiez pour le salut.* »[8]

DEMEURER DANS LA PAROLE DE DIEU

Il y a plus de Bibles aujourd'hui que jamais auparavant, mais une Bible posée sur une étagère est sans valeur. Des millions de croyants sont frappés d'anorexie spirituelle, et ils meurent de faim par malnutrition biblique. Pour être un disciple de Jésus digne de ce nom, votre première priorité doit consister à vous nourrir de la Parole de Dieu. Jésus parlait d'y « *demeurer* ». Il disait : « *Si vous demeurez dans ma parole, vous êtes vraiment mes disciples.* »[9] Dans notre vie de chaque jour, demeurer dans sa Parole comprend trois démarches.

Je dois accepter son autorité. La Bible doit devenir le Livre qui fait autorité dans ma vie, la boussole sur laquelle je compte pour me diriger, le conseiller auquel je me fie pour prendre de sages décisions et le repère à partir duquel j'évalue toutes choses. Elle doit toujours avoir le dernier mot dans ma vie.

Beaucoup de nos problèmes proviennent du fait que nous basons nos choix sur des critères peu dignes de confiance : la culture (« tout le monde le fait »), la tradition (« nous avons toujours agi de cette façon »), la raison (« ça semble logique ») ou les émotions (« ça paraît juste »). Ces quatre critères ont tous été faussés par la chute. Ce dont nous avons besoin, c'est d'un guide parfait qui ne nous induira jamais en erreur. Seule la Parole de Dieu correspond à ce critère. Salomon nous rappelle : « *Toute parole de Dieu est affinée,* »[10] et Paul explique : « *Toute Écriture est inspirée de Dieu, et utile pour enseigner, pour convaincre, pour corriger et pour instruire dans la justice.* »[11]

Au cours de ses premières années de ministère, Billy Graham a, pendant un certain temps, remis en question l'exactitude et l'autorité de la Bible. Une nuit, à la clarté de la lune, il s'est mis à genoux et a dit à Dieu en pleurant qu'à partir de cet instant, en dépit des passages qu'il ne comprenait pas, il considérerait la Bible comme la seule autorité de sa vie et de son ministère. Dès ce jour-là, sa vie a connu un pouvoir et une efficacité sans précédent.

La décision la plus importante que vous puissiez prendre aujourd'hui consiste à déterminer quelle sera l'autorité suprême de votre vie. Décidez que quelle que soit la culture ambiante, la tradition, la raison ou vos émotions, vous considérerez la Bible comme votre autorité suprême. Prenez la résolution, une fois pour toutes, de vous demander avant tout : « *Qu'en dit la Bible ?* » avant de prendre une décision. Soyez résolu, lorsque Dieu vous dira de faire quelque chose, à vous fier à sa Parole et à lui obéir, que vous trouviez cela sensé ou non, que vous ayez envie d'obéir ou non. Faites vôtre la devise de Paul : « *Je crois tout ce qui est écrit dans la Loi et les prophètes.* »[12]

Je dois assimiler cette vérité. Croire simplement à la Bible ne suffit pas ; je dois en remplir mon esprit pour que le Saint-Esprit puisse me transformer par la vérité. Il y a cinq moyens d'y parvenir : vous devez la recevoir, la lire, la sonder, la mémoriser et la méditer.

Premièrement, vous *recevez* la Parole de Dieu lorsque vous l'écoutez et l'acceptez avec une attitude ouverte et réceptive. La parabole du semeur illustre la façon dont notre réceptivité détermine si, oui ou non, la Parole de Dieu va s'enraciner dans notre vie et porter du fruit. Jésus a distingué trois attitudes non-réceptives : un esprit fermé (le sol dur), un esprit superficiel (le sol peu profond) et un esprit distrait (le sol avec des mauvaises herbes). Après cela, il a conclu : « *Prenez donc garde à la manière dont vous écoutez.* »[13]

Chaque fois que vous avez l'impression qu'un prédicateur ou un enseignant biblique ne vous apprend rien, analysez votre attitude, et particulièrement votre orgueil, car lorsque nous sommes humbles et réceptifs, le Seigneur peut nous parler, même par le plus ennuyeux des prédicateurs. Jacques nous prévient : « *Accueillez avec humilité la parole que Dieu plante dans votre cœur, car elle a le pouvoir de vous sauver.* »[14]

Deuxièmement, pendant la majeure partie des deux mille ans qu'a duré l'histoire de l'Église, seuls les prêtres ont pu lire la Bible, mais actuellement, nous sommes des milliards à y avoir accès. Malgré cela, de nombreux chrétiens lisent plus régulièrement leur journal quotidien que la Parole de Dieu. Il n'est pas étonnant que nous ne croissions pas. Nous regardons la télévision pendant trois heures et la Bible pendant trois minutes. Dans ces conditions, comment pourrions-nous nous développer ?

> *Beaucoup de ceux qui prétendent croire à toute la Bible ne l'ont jamais lue d'un bout à l'autre.*

Beaucoup de ceux qui prétendent croire à toute la Bible ne l'ont jamais lue d'un bout à l'autre. Or, si vous lisez les

Écritures un quart d'heure par jour, vous l'aurez lue entièrement à la fin de l'année. Si vous renoncez à une demi-heure de télévision chaque jour au profit de la lecture de la Bible, vous l'aurez entièrement lue deux fois à la fin de l'année.

La lecture quotidienne de la Bible vous permettra de rester en contact avec la voix de Dieu. C'est pour cela que le Seigneur a prescrit aux rois d'Israël de garder en permanence un exemplaire de sa Parole avec eux. « *Il l'aura auprès de lui ; et il y lira tous les jours de sa vie.* »[15] Mais ne vous contentez pas de l'avoir auprès de vous ; lisez-la régulièrement ! Pour cela, il est bon d'avoir un plan de lecture biblique, qui vous évitera d'ouvrir la Bible au hasard et de sauter certaines parties.

Troisièmement, *sonder* ou étudier la Bible vous permettra également de demeurer en elle. La différence entre la simple lecture de la Bible et son étude, c'est que cette dernière inclut deux activités supplémentaires : vous poser des questions sur le texte et noter vos découvertes. Si vous n'avez pas écrit vos réflexions sur une feuille ou sur votre ordinateur, vous n'avez pas vraiment étudié la Bible.

Je n'ai pas la place de vous expliquer les diverses méthodes d'étude biblique. Il existe des livres utiles à ce sujet, dont un que j'ai écrit il y a plus de vingt-cinq ans.[16] Le secret d'une bonne étude biblique consiste simplement à apprendre à se poser les bonnes questions. Il y a diverses méthodes, chacune avec différentes interrogations. Vous ferez de nombreuses découvertes en marquant une pause pour vous poser quelques questions simples, du genre : qui ? quoi ? quand ? où ? pourquoi ? comment ? La Bible dit : « *Celui qui aura plongé les regards dans la loi parfaite, la loi de la liberté, et qui aura persévéré, n'étant pas un auditeur oublieux, mais se mettant à l'œuvre, celui-là sera heureux dans son activité.* »[17]

La quatrième façon de demeurer dans la Parole de Dieu, c'est de la *mémoriser*. Votre mémoire est un don de Dieu. Même si vous pensez ne pas en avoir beaucoup, vous avez emmagasiné des millions d'idées, de pensées et de faits dans votre cerveau. Vous vous souvenez de ce qui est *important* pour vous. Si la Parole de Dieu vous semble essentielle, vous prendrez le temps de la retenir.

Savoir par cœur des versets bibliques présente d'énormes avantages. Cela vous aidera à résister à la tentation, à prendre de sages décisions, à réduire votre stress, à gagner en assurance, à donner de bons conseils et à parler aux autres de votre foi.[18]

Votre mémoire ressemble à un muscle. Plus vous l'exercerez, plus elle se fortifiera, et plus vous retiendrez facilement des passages des Écritures. Vous pouvez commencer par sélectionner quelques versets bibliques de ce livre qui vous ont particulièrement touché. Recopiez-les sur une petite carte que vous porterez sur vous, et relisez-les *tout haut* pendant la journée, en conduisant, en attendant ou en allant au lit. Les trois clés de la mémorisation des Écritures sont révisez, révisez et révisez ! La Bible affirme : « *Que la Parole de Christ réside au milieu de vous dans toute sa richesse : qu'elle vous inspire une pleine sagesse.* »[19]

La cinquième façon de demeurer dans la Parole de Dieu consiste à *réfléchir* à ce qu'elle dit, c'est ce que la Bible appelle « la méditation ». Pour beaucoup, cela revient à mettre son cerveau au point mort et à laisser vagabonder ses pensées, mais c'est exactement l'inverse qui est vrai : pour méditer la Bible, on doit *concentrer sa pensée*. Cela nécessite de sérieux efforts. Vous sélectionnez un verset et vous y repensez maintes et maintes fois.

JOUR 24 :
TRANSFORMÉ
PAR LA
VÉRITÉ

Comme je vous l'ai dit au chapitre 11, si vous savez vous inquiéter, vous avez déjà saisi le principe de la méditation quotidienne des Écritures. S'inquiéter, c'est se concentrer sur des pensées négatives. Méditer part du même principe, mais en se concentrant sur la Parole de Dieu et non sur son problème.

Aucune autre habitude ne peut davantage transformer votre vie et vous rendre plus semblable à Jésus que la méditation quotidienne des Écritures. En prenant le temps de contempler la vérité de Dieu, en réfléchissant intensément à l'exemple de Christ, nous sommes « *transformés pour être semblables au Seigneur et nous passons d'une gloire à une gloire plus grande encore.* »[20]

Si vous considérez toutes les fois où Dieu parle de méditation dans la Bible, vous serez stupéfait de constater tous les bienfaits qu'il a promis d'accorder à ceux qui prennent le temps de méditer sa Parole en cours de journée. L'une des raisons pour lesquelles Dieu a appelé David un « *homme selon son cœur* »[21], c'est qu'il aimait beaucoup réfléchir à la Parole de Dieu. Il s'écriait : « *Combien j'aime ta loi ! Elle est tout le jour l'objet de ma méditation.* »[22] Réfléchir sérieusement à la vérité de Dieu est l'une des clés des exaucements de prière et le secret d'une vie victorieuse.

Je dois appliquer ses principes. Recevoir, lire, étudier, mémoriser et méditer la Parole est inutile si nous ne la mettons pas en pratique. Nous devons l'appliquer à notre propre vie.[23] C'est l'étape la plus difficile, parce que Satan s'y oppose de toutes ses forces. Il ne s'inquiète pas de vous voir assister à des réunions d'études bibliques tant que vous ne mettez pas en application ce que vous avez entendu.

Si nous croyons avoir intégré une vérité à notre vie simplement parce que nous l'avons entendue, lue ou étudiée, nous nous berçons d'illusions.[24] Parfois, nous sommes si pressés de courir au prochain cours, congrès ou rassemblement biblique que nous ne prenons pas le temps d'appliquer ce que nous avons appris, et que nous oublions tout jusqu'à la fois suivante. Mais sans mise en pratique, toutes nos études bibliques n'ont aucune valeur. Jésus a dit : « *Quiconque entend ces paroles que je dis et les met en pratique sera semblable à un homme prudent qui a bâti sa maison sur le roc.* »[25] Jésus insistait aussi sur le fait que la bénédiction divine provient de l'obéissance à la vérité, et pas de la simple connaissance. Il a dit : « *Maintenant vous savez cela ; vous serez heureux si vous le mettez en pratique.* »[26]

> *La vérité vous affranchira, mais d'abord, elle peut vous mener la vie dure !*

Si nous évitons d'appliquer la Parole de Dieu à nous personnellement, c'est aussi parfois parce que cela peut s'avérer difficile, voire pénible. La vérité vous affranchira, mais d'abord, elle peut vous mener la vie dure ! Elle dévoile nos motivations, met le doigt sur nos fautes, nous reprend sur nos péchés et s'attend à nous voir changer. Or, la nature humaine renâcle au changement. Mettre en application la Parole de Dieu n'est donc pas une mince affaire. C'est pourquoi il est si important de discuter de vos applications personnelles avec d'autres chrétiens.

Jamais je n'insisterai assez sur la valeur des cellules d'études bibliques où nous pouvons discuter à cœur ouvert. Grâce aux autres, nous apprenons des vérités que nous ne découvririons jamais tout seuls. Les autres nous aident à voir ce que nous n'aurions pas aperçu sans leur aide et à appliquer la vérité de Dieu de façon concrète.

Le meilleur moyen de mettre systématiquement la Parole en pratique consiste toujours à écrire une résolution après avoir lu, étudié ou médité la Parole de Dieu. Prenez l'habitude d'écrire exactement ce que vous projetez. Cette résolution doit être personnelle (c'est *vous* qui êtes en cause), pratique (c'est une démarche *à votre portée*) et évaluable (fixez-vous un *délai* pour l'accomplir). Chacune concernera soit votre relation avec Dieu, soit celle avec les autres, soit votre caractère.

Avant de passer au chapitre suivant, prenez le temps de réfléchir à cette question : Qu'est-ce que Dieu vous a *déjà* dit dans sa Parole que vous n'avez pas encore commencé à réaliser ? Ensuite, écrivez quelques façons d'agir comme vous savez devoir le faire. Vous pouvez en parler à un ami qui vous demandera des comptes à ce sujet. Comme l'a dit D. L. Moody, « La Bible ne nous a pas été donnée pour accroître nos connaissances, mais pour changer notre vie. »

VINGT-QUATRIÈME JOUR
DÉFINIR MON OBJECTIF

Idée à méditer : La vérité me transforme.

Verset à apprendre : « *Si vous demeurez dans ma Parole, vous êtes vraiment mes disciples ; vous connaîtrez la vérité, et la vérité vous affranchira.* » (Jean 8.31-32, BG)

Question à me poser : Qu'est-ce que Dieu m'a dit dans sa Parole que je n'ai pas encore mis en pratique ?

Transformé par l'adversité

« Nos détresses présentes sont passagères et légères par rapport au poids insurpassable de gloire qu'elles nous préparent. »

(2 Corinthiens 4.17, BS)

« C'est le feu de la souffrance qui produit l'or de la piété. »

(Madame Guyon)

Derrière chaque problème, Dieu a son plan.

Il se sert des circonstances pour développer notre caractère. En fait, devenir comme Jésus dépend moins de notre lecture de la Bible que des circonstances que nous traversons, et cela pour une bonne raison : nous affrontons nos circonstances vingt-quatre heures par jour.

Jésus nous a prévenus que nous connaîtrions des problèmes dans le monde.[1] Nul n'est exempt de douleur ou dispensé de souffrir, et personne n'a de vie sans problème, au contraire ! Chaque fois que vous en résolvez un, un autre surgit aussitôt. Tous ne sont pas dramatiques, mais tous permettent au Seigneur de vous faire croître. Du reste, Pierre a expliqué que nos problèmes étaient parfaitement normaux : « *Ne trouvez pas* étrange d'être dans la fournaise de l'épreuve, comme s'il vous arrivait quelque chose d'extraordinaire. »[2]

Dieu se sert des problèmes pour vous attirer plus près de lui. La Bible dit : « *L'Éternel est près de ceux qui ont le cœur brisé, et il sauve ceux qui ont l'esprit dans l'abattement.* »[3] Vos expériences d'adoration les plus marquantes et les plus intimes auront probablement lieu au cours de vos jours les plus sombres — quand votre cœur est brisé, que vous vous sentez abandonné, que vous n'avez plus d'issue, que vous souffrez beaucoup et que vous vous tournez vers Dieu seul. C'est quand nous sommes éprouvés que nous apprenons à faire monter vers le Seigneur nos prières les plus authentiques, les plus profondes et les plus honnêtes. Lorsque nous souffrons, nous n'adressons jamais à Dieu des prières superficielles.

Joni Eareckson Tada a observé : « Quand la vie est belle, nous ne faisons que savoir des choses sur Jésus, l'imiter, citer ses paroles et parler de lui, mais c'est seulement dans les souffrances que nous *le connaissons vraiment.* » À ce moment-là, nous apprenons sur lui ce que nous ne parviendrions jamais à savoir autrement.

Le Seigneur aurait pu tirer Joseph de sa prison[4], empêcher Daniel de pénétrer dans la fosse aux lions[5], Jérémie d'être plongé dans une citerne boueuse[6], Paul de faire naufrage à trois reprises[7] et les trois jeunes Hébreux d'être jetés dans la fournaise ardente[8], mais il ne l'a pas fait. Il a laissé ces problèmes surgir, et ensuite, chacune des personnes concernées s'est rapprochée de lui.

Vos expériences d'adoration les plus marquantes et les plus intimes auront probablement lieu au cours de vos jours les plus sombres.

Les problèmes nous obligent à regarder à Dieu et à dépendre de lui au lieu de nous appuyer sur nous-mêmes. Paul a témoigné à ce sujet : « *Nous avions l'impression que la peine de mort avait été décidée contre nous. Cependant, il en fut ainsi pour que nous apprenions à ne pas placer notre confiance en nous-mêmes, mais uniquement en Dieu qui ramène les morts à la vie.* »[9] Jamais vous ne vous rendrez compte que le Seigneur est tout ce dont vous avez besoin tant qu'il n'aura pas été votre unique recours.

Quelle que soit la cause de vos problèmes, aucun d'eux ne peut survenir sans la permission de Dieu. Tout ce qui arrive à l'un des enfants du Père est *filtré par lui*, et il a l'intention de l'employer pour notre bien même lorsque Satan et les autres le destinent à notre malheur.

Comme le Dieu souverain est à la barre, les accidents ne sont que des incidents dans son bon plan pour nous. Puisque tous les jours de votre vie ont été écrits sur le calendrier de Dieu avant votre naissance[10], **tout ce qui vous arrive a une signification spirituelle.** Oui, tout ! Romains 8.28-29 nous en explique la raison : « *Nous savons en outre que Dieu fait concourir toutes choses au bien de ceux qui l'aiment, de ceux qui ont été appelés conformément au plan divin. En effet, ceux que Dieu a connus d'avance, il les a aussi destinés d'avance à devenir conformes à l'image de son Fils, afin que celui-ci soit l'aîné de nombreux frères.* »[11]

COMPRENDRE ROMAINS 8.28-29

Ce passage est l'un des plus souvent déformés et mal compris de la Bible. Il ne dit pas : « Dieu fait concourir toutes choses à l'accomplissement de ma volonté personnelle », ce qui n'est pas conforme à la réalité, vous le savez. Ni : « Dieu fait en sorte que tout finisse bien sur terre ». Ce n'est pas vrai non plus. Ici-bas, il y a beaucoup de fins dramatiques.

Nous vivons dans un monde déchu, et c'est seulement au ciel que tout sera fait parfaitement, comme Dieu le souhaite. C'est pourquoi il nous est prescrit de prier : « *Que ta volonté soit faite sur la terre comme au ciel.* »[12] Pour bien comprendre Romains 8.28-29, vous devez en examiner chaque segment.

« **Nous savons** » : Au cours des moments difficiles, notre espoir n'est pas basé sur la pensée positive, les vœux pieux ou l'optimisme naturel, mais il s'appuie sur la certitude que Dieu contrôle totalement notre univers et qu'il nous aime.

« **que Dieu fait** » : Derrière tous les événements, il y a un grand Metteur en Scène. Votre vie n'est pas le fruit du hasard, du destin ou de la chance, mais il existe un plan d'ensemble, une histoire que l'Éternel a écrite de sa main et dont il tire les ficelles. *Nous* commettons des erreurs, mais pas Dieu. Il est souverain, et il lui est *totalement impossible* de se tromper.

« **concourir** » : Ni séparément, ni indépendamment. Les événements de votre vie *concourent* au plan de Dieu. Ce ne sont pas des actes isolés, mais des fragments du processus qui vise à vous rendre semblable à Christ. Pour faire un gâteau, il vous faut de la farine, du sel, des œufs, du sucre et de l'huile. Chaque ingrédient, consommé seul, n'est pas très bon, voire immangeable, mais en les mélangeant et en les faisant cuire, ils deviennent délicieux. Si vous donnez au Seigneur toutes vos expériences amères et déplaisantes, il les fera tourner à votre bien.

« **toutes choses** » : Le plan de Dieu pour votre vie englobe *tout* ce qui vous arrive, y compris vos erreurs, vos péchés et vos souffrances — ainsi que vos maladies, vos dettes, vos problèmes, et éventuellement votre divorce et la mort de vos bien-aimés. Dieu peut tirer du bien du pire malheur, comme il l'a fait au Calvaire.

« **au bien** » : Cela ne signifie pas que tout est bon dans la vie. Bien des événements qui se déroulent dans notre monde sont mauvais et pervers, mais le Seigneur n'a pas son pareil pour en tirer du bien. Dans l'arbre généalogique officiel de Jésus-Christ[13], quatre femmes sont énumérées : Tamar, Rahab, Ruth et Bath-Sheba. Tamar a séduit son beau-père pour être enceinte. Rahab était une prostituée. Ruth n'était même pas juive, et elle a transgressé la loi en épousant un Juif. Bath-Sheba, quant à elle, a commis l'adultère avec David, ce qui a abouti au meurtre de son époux. On ne peut pas dire que ces femmes aient été recommandables, mais du mal, Dieu a fait sortir du bien, et Jésus est issu de leur lignée. Le plan de Dieu est plus grand que nos problèmes, nos souffrances et même nos péchés.

« **de ceux qui l'aiment et qui ont été appelés** » : Cette promesse n'est que pour les enfants de Dieu, et pas pour tout le monde. Toutes choses concourent *au malheur* de ceux qui vivent en opposition au Seigneur et qui s'obstinent à n'en faire qu'à leur tête.

« **conformément à son plan divin** » : Quel est ce plan ? C'est que nous devenions « **conformes à l'image de son Fils** ». Tout ce que le Seigneur laisse se dérouler dans votre vie est orienté vers cet objectif !

ACQUÉRIR LE CARACTÈRE DE CHRIST

Comme des pierres précieuses, nous sommes façonnés par le marteau et le burin de l'adversité. Si le marteau du joaillier n'est pas assez puissant pour nous débarrasser de nos couches superflues, Dieu prendra une masse, et si ce n'est pas suffisant, il se servira d'un marteau piqueur. Bref, il aura recours aux grands moyens.

Tous les problèmes nous donnent l'occasion de forger notre caractère, et plus ils sont ardus, plus le potentiel de fortifier nos muscles spirituels et nos fibres morales est élevé. Paul a expliqué : « *Nous nous glorifions dans les tribulations, sachant que la tribulation produit la patience.* »[14] Ce qui se produit extérieurement dans votre vie n'est pas aussi important que ce qui se passe *en* vous. Vos circonstances sont temporaires, alors que votre caractère restera éternellement.

La Bible compare souvent les épreuves au feu d'un fondeur qui ôte les impuretés. Pierre nous a expliqué que les épreuves « *servent à éprouver la valeur de votre foi... beaucoup plus précieuse que l'or périssable.* »[15] On a demandé à un orfèvre : « Comment savez-vous que l'argent que vous travaillez est pur ? » Il a répondu : « Je le sais quand je me reflète dedans. » Lorsque vous avez été raffiné par les

Ce qui se produit extérieurement dans votre vie n'est pas aussi important que ce qui se passe en vous.

épreuves, les gens peuvent voir Jésus se refléter en vous. Jacques a expliqué : « *Sous la pression, votre vie de foi est mise à jour et montre ses vraies couleurs.* »[16] (Traduction littérale).

Comme le Seigneur a l'intention de vous rendre semblable à Jésus, il va vous faire passer par les mêmes expériences que lui : solitude, tentation, stress, feu des critiques, rejet, et bien d'autres problèmes. La Bible dit que Jésus « *a appris... l'obéissance par les choses qu'il a souffertes.* »[17] Pourquoi Dieu nous dispenserait-il des expériences par lesquelles il a fait passer son propre Fils ? Paul a dit : « *Nous sommes ses enfants, donc nous aurons aussi part aux biens que Dieu a promis à son peuple, nous y aurons part avec le Christ ; car si nous souffrons avec lui, nous serons aussi avec lui dans sa gloire. »*[18]

RÉAGIR FACE AUX PROBLÈMES COMME JÉSUS LE FERAIT

Les problèmes ne produisent pas forcément ce que Dieu voudrait. Beaucoup de gens s'aigrissent au lieu de s'améliorer, et ils ne croissent jamais. Vous devez réagir comme Jésus le ferait.

Souvenez-vous que le plan de Dieu est bon. Le Seigneur sait ce qui est le mieux pour vous et il prend à cœur vos intérêts. Dieu dit à Jérémie : « *Car moi je connais les projets que j'ai conçus en votre faveur, déclare l'Éternel : ce sont des projets de paix et non de malheur, afin de vous assurer un avenir plein d'espérance.* »[19] Joseph avait compris cette vérité lorsqu'il a dit à ses frères qui l'avaient vendu comme esclave : « *Vous aviez médité de me faire du mal : Dieu l'a changé en bien.* »[20] Ezéchias a, lui aussi, éprouvé ce sentiment lorsqu'il a été atteint d'une maladie mortelle : « *Voici, mes souffrances mêmes sont devenues mon salut.* »[21] Chaque fois que le Seigneur oppose un refus à votre prière, souvenez-vous que le Père « *nous discipline pour notre profit, afin que nous participions à sa sainteté.* »[22] Il faut à tout prix fixer les yeux sur le plan de Dieu, et non sur notre souffrance ou notre problème. C'est de cette façon que Jésus a enduré la douleur de la croix, et nous sommes invités à suivre son exemple : « *Gardons les yeux fixés sur Jésus, dont notre foi dépend du commencement à la fin. Il a accepté de mourir sur la croix, sans tenir compte de la honte attachée à une telle mort, parce qu'il avait en vue la joie qui lui était réservée.* »[23] Corrie ten Boom, qui a souffert dans un camp de la mort nazi, a expliqué le pouvoir de la concentration : « Si vous regardez au monde, vous serez dans la détresse. Si vous regardez en vous, vous serez déprimé. Mais si vous regardez à Christ, vous serez en paix ! » Le sujet de votre concentration déterminera vos sentiments ! Le secret de l'endurance consiste à se souvenir que votre souffrance est momentanée, alors que votre récompense sera éternelle. Moïse a enduré des problèmes inouïs « car il avait les yeux fixés sur la rémunération. »[24] Paul a supporté les pires épreuves de la même façon. Il a expliqué : *« La détresse que nous éprouvons en ce moment est légère en comparaison de la gloire abondante et éternelle, tellement plus importante, qu'elle nous prépare. »*[25]

Ne vous bornez pas à une pensée à court terme, mais restez fixé sur le résultat final : *« Nous sommes ses enfants, donc nous aurons aussi part aux biens que Dieu a promis à son peuple, nous y aurons part avec le Christ ; car si nous souffrons avec lui, nous serons aussi avec lui dans sa gloire. »*[26]

Réjouissez-vous et rendez grâce. La Bible nous dit : *« Remerciez Dieu en toute circonstance : telle est pour vous la volonté que Dieu a exprimée en Jésus-Christ. »*[27] Comment est-ce possible ? Remarquez que le Seigneur nous encourage à rendre grâce *en* toute circonstance, et non *pour* toute circonstance. Dieu ne s'attend pas à ce que vous soyez reconnaissant *pour* le mal, *pour* le péché, *pour* la souffrance, ni pour leurs pénibles conséquences dans le monde, mais il désire que vous le louiez parce qu'il va se servir de vos problèmes pour accomplir ses desseins.

Les Écritures nous exhortent : *« Réjouissez-vous toujours dans le Seigneur »*[28] Elles ne nous ordonnent pas de nous réjouir de nos souffrances ! Ce serait du masochisme. Mais nous nous réjouissons *« dans le Seigneur »*. Quoi qu'il advienne, nous pouvons éprouver de la gratitude pour l'amour, l'intérêt, la sagesse, la puissance et la fidélité de l'Éternel. Jésus a dit : *« Réjouissez-vous en ce jour-là et tressaillez de joie, car voici, votre récompense est grande dans le ciel. »*[29]

Nous pouvons aussi nous réjouir du fait que Dieu endure la souffrance avec nous. Nous ne servons pas un Dieu distant et indifférent qui nous lance des encouragements de pure forme sans renoncer à son confort. Non ! Le Seigneur souffre avec nous. Jésus l'a fait au cours de l'incarnation, et son Esprit l'effectue en nous maintenant. Jamais Dieu ne nous laissera seuls.

Refusez de baisser les bras. Faites preuve de patience et d'endurance. La Bible dit : *« La mise à*

JOUR 25 :
TRANSFORMÉ
PAR LES
DIFFICULTÉS

l'épreuve de votre foi produit l'endurance. Mais il faut que votre endurance aille jusqu'au bout de ce qu'elle peut faire pour que vous parveniez à l'état d'adultes et soyez pleins de force, des hommes auxquels il ne manque rien. »[30]

Édifier un caractère est un processus de longue haleine. Chaque fois que nous tentons d'éviter ou d'esquiver les difficultés de la vie, nous court-circuitons le processus, retardons notre croissance et finissons par ressentir une souffrance encore plus grande, parce qu'elle est stérile et qu'elle est le fruit de la fuite de nos responsabilités. Si vous comprenez les conséquences éternelles du développement de votre caractère, vous ne prierez plus tant pour être réconforté (« Seigneur, aide-moi à me sentir bien ») que pour être formé (« Sers-toi de cette épreuve pour me rendre davantage semblable à toi »).

Vous saurez que vous mûrissez lorsque vous commencerez à voir la main de Dieu dans les circonstances bizarres, déconcertantes et d'apparence absurde de votre vie.

Si, actuellement, vous êtes en pleine crise, ne demandez pas : « Pourquoi est-ce que ça tombe sur moi ? » mais plutôt : « Seigneur, que veux-tu m'apprendre ? » Puis reposez-vous sur le Seigneur et continuez à faire ce qui est juste. *« Car vous avez besoin de persévérance, afin qu'après avoir accompli la volonté de Dieu, vous obteniez ce qui vous est promis. »*[31] Ne lâchez pas prise — croissez !

VINGT-CINQUIÈME JOUR
DÉFINIR MON OBJECTIF

Idée à méditer : Chaque problème a un sens.

Verset à apprendre : *« Dieu fait concourir toutes choses au bien de ceux qui l'aiment, de ceux qui ont été appelés conformément au plan divin. »* (Romains 8.28, BS)

Question à me poser : Quel problème de ma vie m'a fait croître le plus ?

Croître dans la tentation

*« Heureux l'homme qui supporte patiemment
la tentation ; car après avoir été éprouvé,
il recevra la couronne de vie,
que le Seigneur a promise à ceux qui l'aiment. »*

(Jacques 1.12, BG)

« La tentation a été mon pédagogue spirituel. »

(Martin Luther)

Chaque tentation est une occasion de faire le bien.

Sur le sentier de la maturité spirituelle, même la tentation devient un tremplin au lieu d'une pierre d'achoppement lorsque vous réalisez qu'elle vous donne autant l'occasion de faire le bien que le mal. Elle vous laisse simplement le choix. Si elle constitue l'arme de prédilection de Satan pour vous détruire, le Seigneur veut s'en servir pour vous faire croître. Chaque fois que vous choisissez de faire le bien au lieu de pécher, vous ressemblez de plus en plus à Christ.

Pour comprendre cela, vous devez d'abord identifier les qualités qui caractérisent le Seigneur Jésus. L'une des descriptions les plus concises de ce caractère est celle du fruit de l'Esprit : *« Le fruit de l'Esprit, c'est l'amour, la joie, la paix, la patience, l'amabilité, la bonté, la fidélité, la douceur, la maîtrise de soi. »*[1]

Ces neuf qualités constituent une extension du Grand Commandement et nous offrent une belle description de Jésus-Christ. Ce dernier est *parfaitement* amour, joie, paix, patience et tous les autres fruits incarnés en une seule personne. Avoir le fruit de l'Esprit, c'est être comme Christ.

Comment le Saint-Esprit produit-il ces neuf fruits dans votre vie ? Les crée-t-il instantanément ? Allez-vous vous réveiller un beau matin et être subitement rempli de ces neuf caractéristiques pleinement développées ? Non. Les fruits grandissent et mûrissent toujours lentement.

La phrase suivante compte au nombre des vérités spirituelles les plus importantes que vous puissiez jamais apprendre : Dieu développe le fruit de l'Esprit dans votre vie en permettant que vous expérimentiez des circonstances au cours desquelles vous êtes tenté d'exprimer *l'inverse de cette qualité* ! Le développement de notre caractère passe toujours par un choix, et c'est la tentation qui vous en fournit l'occasion.

> *Dieu développe le fruit de l'Esprit dans votre vie en permettant que vous expérimentiez des circonstances au cours desquelles vous êtes tenté d'exprimer* l'inverse de cette qualité *!*

Par exemple, Dieu nous apprend à *aimer* en plaçant autour de nous des gens *rébarbatifs*. Il n'est pas difficile, en effet, d'aimer des gens charmants qui débordent d'affection pour nous ! C'est au milieu des chagrins que le Seigneur nous enseigne sa vraie joie lorsque nous nous tournons vers lui. Le bonheur dépend des circonstances extérieures, alors que la vraie joie est basée sur notre relation avec Dieu.

Dieu met sa vraie *paix* en nous, non en réalisant tout ce que nous projetons, mais en permettant des temps de chaos et de confusion. N'importe qui peut être paisible en contemplant un superbe coucher de soleil ou en se relaxant pendant les vacances. Nous apprenons la vraie paix en décidant de croire en Dieu au cours des circonstances durant lesquelles nous avons tendance à nous inquiéter ou à avoir peur. De même, nous développons *la patience* lorsque nous sommes contraints d'attendre et que nous sommes tentés de nous fâcher ou de nous énerver.

Dieu se sert de la situation opposée à chaque fruit pour nous laisser le choix. Vous ne pouvez pas vous targuer d'être bon si vous n'avez jamais été tenté d'être méchant, ni vous vanter d'être fidèle si vous n'avez jamais eu l'occasion d'être infidèle. L'intégrité s'acquiert en triomphant de la tendance à être malhonnête, l'humilité croît lorsque nous refusons de céder à l'orgueil, et l'endurance, en renonçant à la tentation de tout abandonner. Chaque fois que vous triomphez d'une tentation, vous devenez un peu plus semblable à Jésus !

COMMENT LA TENTATION AGIT-ELLE ?

Savoir que Satan est très prévisible vous aidera. Depuis la création, il a toujours employé la même stratégie et les mêmes tours. Toutes les tentations suivent un schéma identique. C'est pourquoi Paul a déclaré : « *Nous connaissons en effet fort bien ses intentions.* »[2] La Bible nous apprend que la tentation suit un processus de quatre étapes, que Satan a employées aussi bien à l'égard d'Adam et Ève que de Jésus.

Première étape : Satan discerne un *désir* en vous. Ce peut être un désir coupable, comme celui de se venger ou de dominer les autres, ou un désir légitime (être aimé, être apprécié, être à l'aise, etc.) La tentation commence lorsque Satan vous suggère (par la pensée) que vous vous laissiez aller à votre mauvais penchant. Méfiez-vous toujours des raccourcis… Ce sont souvent des tentations ! Satan vous susurre : « Tu le mérites ! Tu dois l'avoir dès maintenant ! Ce sera excitant… réconfortant… Ça t'aidera à te sentir mieux, tu verras. »

Nous pensons que les tentations nous assaillent de l'extérieur, mais Dieu dit qu'elles commencent *en* nous. Si vous n'aviez pas de désir intérieur, la tentation ne vous attirerait pas. Elle commence toujours dans votre esprit et non dans les circonstances. Jésus a dit : « *Car c'est du dedans, c'est du cœur des hommes, que sortent les mauvaises pensées, les adultères, les débauches, les meurtres, les vols, les cupidités, les méchancetés, la fraude, le dérèglement, le regard envieux, la calomnie, l'orgueil,* la folie. Toutes ces choses mauvaises sortent du dedans. »² Jacques a affirmé que « vos voluptés... combattent dans vos membres. »³

La deuxième étape est *le doute*. Satan tente de vous faire douter de ce que Dieu a dit concernant le péché : Est-il vraiment mauvais ? Dieu a-t-il réellement interdit cela ? Ce veto n'était-il pas adressé à quelqu'un d'autre ou à une autre époque ? Après tout, le Seigneur ne souhaite-t-il pas mon bonheur ? La Bible nous prévient : « *Prenez donc garde, mes frères, que personne parmi vous n'ait le cœur mauvais et incrédule au point de se détourner du Dieu vivant.* »⁴

> *Nous pensons que les tentations nous assaillent de l'extérieur, mais Dieu dit qu'elles commencent en nous.*

La troisième étape est *la tromperie*. Satan est incapable de dire la vérité, et il est appelé « *le père du mensonge* ».⁵ Tout ce qu'il vous dit est faux ou partiellement inexact. Il remplace ce que Dieu a dit dans sa Parole par ses mensonges. Satan nous souffle : « Tu ne mourras pas, mais tu deviendras plus sage, comme Dieu. Tu t'en tireras toujours. Personne ne le saura jamais. Ça résoudra ton problème. De toute façon, tout le monde le fait. Ce n'est qu'un petit péché ! » Mais commettre un petit péché, c'est comme entamer une grossesse : cela finira tôt ou tard par se voir.

La quatrième étape est *la désobéissance*. En fin de compte, vous commettez l'acte auquel vous avez rêvé. Ce qui avait commencé par une idée se transforme en un comportement. Vous cédez à ce qui a retenu votre attention. Vous croyez aux mensonges de Satan, et vous tombez dans le piège contre lequel Jacques vous a mis en garde : « *En réalité, tout être humain est tenté quand il se laisse entraîner et prendre au piège par ses propres désirs ; ensuite, tout mauvais désir conçoit et donne naissance au péché ; et quand le péché est pleinement développé, il engendre la mort. Ne vous y trompez pas, mes chers frères.* »⁶

VAINCRE LA TENTATION

Comprendre comment la tentation agit est utile en soi, mais pour en triompher, vous devez suivre un plan précis.

Refusez de vous laisser intimider. Beaucoup de chrétiens sont effrayés et démoralisés par les pensées tentatrices. Ils se sentent coupables de ne pas avoir « dépassé ce stade ». Ils ont honte d'être tentés. C'est une mauvaise compréhension de ce qu'est la maturité. *Jamais* vous ne dépasserez le stade de la tentation.

D'une certaine façon, vous pouvez la considérer comme un compliment. Satan n'est pas obligé de tenter ceux qui font déjà sa volonté pernicieuse : ils sont à lui ! La tentation est le signe que Satan vous hait, et non une marque de faiblesse ou de mondanité. C'est aussi une part normale de notre nature humaine obligée de vivre dans un monde déchu. Elle ne doit donc pas vous surprendre, vous choquer ou vous décourager. Acceptez avec réalisme le fait qu'elle soit inévitable et qu'on ne puisse jamais s'en détourner complètement. La Bible dit : « *Quand* vous êtes tenté… » et non « *Si*… » Paul nous avertit : « *Les tentations qui vous ont assaillis sont communes à tous les hommes.* »⁷

Être tenté n'est pas un péché. Jésus a été tenté sans jamais commettre de péché.⁸ La tentation ne devient coupable que lorsqu'on y cède. Martin Luther a dit : « Vous ne pouvez pas empêcher les oiseaux de voler au-dessus de votre tête, mais vous pouvez les empêcher de bâtir un nid dans vos cheveux. » Vous ne pouvez pas empêcher le diable de vous susurrer des pensées, mais vous *pouvez* choisir de ne pas vous y attarder et de ne pas agir selon elles.

Par exemple, beaucoup de gens ne connaissent pas la différence qu'il y a entre l'attraction physique ou l'excitation sexuelle et la convoitise. Pourtant, ce n'est *pas pareil*. Dieu a fait de chacun de nous un être pourvu de pulsions sexuelles, et c'est bon. L'attraction et l'excitation sont des réactions naturelles, spontanées et données par le Seigneur face à la beauté physique, alors que la convoitise est *un acte délibéré de la volonté*. Elle est un choix de commettre par la pensée ce que vous aimeriez faire avec votre

La tentation est le signe que Satan vous hait, et non une marque de faiblesse ou de mondanité.

corps. Vous pouvez être attiré, ou même excité, sans choisir de pécher par la convoitise. Beaucoup de chrétiens, surtout parmi les hommes, se sentent coupables que leurs hormones données par le Seigneur fonctionnent. Lorsqu'ils remarquent instinctivement une femme attrayante, ils pensent qu'il s'agit de convoitise et se sentent honteux et coupables. Mais l'attraction ne devient convoitise que lorsque vous vous y complaisez.

En fait, plus vous vous approcherez du Seigneur, plus Satan s'ingéniera à vous tenter. Au moment où vous êtes devenu un enfant de Dieu, Satan, comme un gangster, s'est juré d'avoir « votre peau ». Vous êtes son ennemi, et il mijote de vous abattre.

Parfois, tandis que vous priez, il vous suggèrera une pensée bizarre ou mauvaise, uniquement pour vous distraire ou vous faire honte. Ne soyez pas alarmé ou abattu par cela, mais réalisez que Satan a peur de vos prières et qu'il est prêt à tout pour les faire cesser. Au lieu de vous reprocher : « Comment puis-je nourrir de telles pensées ? », traitez-les comme les distractions de votre adversaire et concentrez-vous à nouveau sans délai sur le Seigneur.

Reconnaissez vos tentations habituelles et préparez-vous à y faire face. Certaines situations vous rendent plus vulnérable aux tentations que les autres. Des circonstances précises vous feront chanceler presque immédiatement, alors que d'autres vous laisseront de marbre. Vous avez vos points faibles, et vous devez apprendre à les connaître, car Satan les a discernés depuis longtemps ! Il sait *exactement* ce qui vous désarçonne, et il s'ingénie en permanence à vous y enliser. Pierre nous a prévenus : « *Soyez bien éveillés, lucides ! Car votre ennemi, le diable, rôde comme un lion rugissant, cherchant quelqu'un à dévorer.* »[9]

Demandez-vous : « *Quand* suis-je le plus tenté ? Au travail ? À la maison ? Chez un voisin ? Au bar de mon club sportif ? Dans un aéroport ou un motel loin de chez moi ? »

Et aussi : « *Qui est avec moi* quand je suis le plus tenté ? Des amis ? Des collègues ? Une foule d'inconnus ? Ou est-ce lorsque je suis seul ? » Et encore : « *Généralement, dans quel état suis-je* au moment où je suis le plus tenté ? » Ce peut être lorsque vous êtes fatigué, seul, en proie à l'ennui, déprimé ou stressé. Ou encore lorsque vous êtes vexé, irrité ou anxieux. Ou après un grand succès et un sommet spirituel.

Vous devez identifier votre schéma typique de tentation et vous préparer à éviter le plus possible les situations « à hauts risques ». La Bible nous répète souvent d'anticiper la tentation et de nous préparer à y faire face.[10] Paul nous a avertis : « *Ne donnez aucune prise au diable.* »[11] La prévoyance réduit le danger. Suivez les conseils des Proverbes : « *Réfléchis au chemin que tu vas prendre... Ne t'en écarte ni à droite ni à gauche. Tiens-toi éloigné du mal.* »[12] « *Les hommes droits se détournent du mal, car surveiller sa conduite, c'est veiller sur sa vie* »[13]

Demandez au Seigneur de vous aider. Le ciel a une ligne de secours d'urgence, et elle est ouverte vingt-quatre heures sur vingt-quatre. Le Seigneur souhaite que vous l'appeliez à l'aide afin de triompher de la tentation. Il a dit : « *Invoque-moi au jour de la détresse ; je te délivrerai, et tu me glorifieras.* »[14]

J'appelle cela une prière « micro-ondes », car elle est rapide et elle va droit au but : À l'aide ! S. O. S. ! Au secours ! Lorsque la tentation vous frappe, vous n'avez pas le temps d'avoir une longue conversation avec Dieu ; vous criez, tout simplement. David, Daniel, Pierre, Paul et des millions d'autres personnes ont fait monter vers le Seigneur cet appel à l'aide quand ils étaient dans la détresse.

JOUR 26 : CROÎTRE DANS LA TENTATION

La Bible nous garantit que cette supplication sera entendue, parce que Jésus n'est pas indifférent à nos luttes. Il a affronté les mêmes tentations que nous. « *Nous n'avons pas un souverain sacrificateur qui ne puisse compatir à nos faiblesses ; au contraire, il a été tenté comme nous en toutes choses, sans commettre de péché.* »[15]

Si le Seigneur est tout prêt à nous aider à vaincre la tentation, pourquoi ne nous tournons-nous pas vers lui plus souvent ? Franchement, à certains moments, nous *ne voulons pas* être aidés ! Nous *préférons* céder à la tentation, même si nous savons que c'est mal. Nous nous imaginons savoir mieux que Dieu ce qui nous convient.

D'autres fois, nous n'osons pas appeler le Seigneur à la rescousse parce que nous avons été tentés de la même façon à maintes reprises. Mais Dieu n'est jamais irrité, las ou impatient lorsque nous revenons à lui. La Bible dit : « *Approchons-nous donc avec assurance du trône de la grâce, afin d'obtenir miséricorde et de trouver grâce, pour être secourus dans nos besoins.* »[16]

L'amour de Dieu est éternel et sa patience est immense. Si vous devez l'appeler à l'aide deux cents fois par jour afin de vaincre une tentation particulière, il acceptera toujours de vous faire miséricorde et de vous accorder sa grâce. Alors, venez avec hardiesse. Demandez-lui le pouvoir de faire ce qui est juste, puis attendez-vous à ce qu'il vous l'accorde.

La tentation nous pousse à dépendre de Dieu. Comme les racines d'un arbre se fortifient quand ce dernier est battu par le vent, chaque fois que vous triomphez d'une tentation, vous ressemblez davantage à Jésus. Quand vous chancelez — ce qui arrive toujours — ce n'est pas fatal. Au lieu de baisser les bras ou de vous sentir perdu, levez les yeux vers le Seigneur, attendez-vous à son aide et souvenez-vous de la récompense qui vous attend : « *Heureux l'homme qui tient ferme face à la tentation, car après avoir fait ses preuves, il recevra la couronne du vainqueur : la vie que Dieu a promise à ceux qui l'aiment.* »[17]

VINGT-SIXIÈME JOUR
DÉFINIR MON OBJECTIF

Idée à méditer : Toute tentation est une occasion de faire le bien.

Verset à apprendre : « *Heureux l'homme qui tient ferme face à la tentation, car après avoir fait ses preuves, il recevra la couronne du vainqueur : la vie que Dieu a promise à ceux qui l'aiment.* » (Jacques 1.12, BS)

Question à me poser : Quelle caractéristique de Christ puis-je développer en triomphant de la tentation qui revient le plus souvent dans ma vie ?

27
Échec à la tentation

« Fuis les passions de la jeunesse ;
recherche la droiture, la foi, l'amour, la paix,
avec ceux qui, d'un cœur pur, font appel au Seigneur. »

(2 Timothée 2.22, BFC)

« Les tentations qui vous ont assaillis
sont communes à tous les hommes.
D'ailleurs, Dieu est fidèle et il ne permettra pas
que vous soyez tentés au-delà de vos forces.
Au moment de la tentation, il préparera le moyen
d'en sortir pour que vous puissiez y résister. »

(1 Corinthiens 10.13, BS)

Il y a toujours un moyen de s'en sortir.

Vous pouvez parfois penser que la tentation que vous affrontez est trop grande pour que vous y résistiez, mais c'est un mensonge de Satan. Dieu a promis de ne jamais vous laisser subir une tentation sans vous doter de la force morale nécessaire pour la gérer. Il ne vous laissera pas sous le coup d'une tentation trop forte pour vous. Cependant, vous devez faire votre part en appliquant quatre moyens bibliques de faire échec à la tentation.

Reportez votre attention sur autre chose. Peut-être serez-vous surpris d'apprendre qu'il ne nous est dit nulle part dans la

Bible de « résister à la tentation ». Il nous est demandé de « résister au diable »[1], mais c'est très différent, comme je vous l'expliquerai plus tard. Il nous est demandé de reporter notre attention sur autre chose, parce que résister à une pensée est inefficace. Cela ne fait que nous focaliser davantage sur ce qui est mal, et cela renforce le risque de succomber. Laissez-moi vous expliquer pourquoi :

Chaque fois que vous tentez d'expulser une pensée de votre esprit, vous la refoulez plus profondément dans votre mémoire. En y résistant, vous ne faites donc que la renforcer. C'est particulièrement vrai en ce qui concerne la tentation. Nous ne lui faisons pas échec en luttant contre la sensation qu'elle nous procure. En effet, plus nous luttons contre cette dernière, plus elle nous fascine et nous domine. Nous la renforçons chaque fois que nous y pensons.

> *La bataille du péché se gagne ou se perd dans votre esprit. Ce qui retient votre attention finit par avoir prise sur vous.*

Comme la tentation commence toujours dans nos pensées, la façon la plus rapide de neutraliser son attrait consiste à tourner son attention vers autre chose. Ne luttez pas contre votre pensée, mais « zappez » intérieurement et intéressez-vous à une autre idée. C'est la première étape de la victoire.

La bataille du péché se gagne ou se perd dans votre esprit. Ce qui retient votre attention finit par avoir prise sur vous. C'est pourquoi Job a expliqué : *« J'avais fait un pacte avec mes yeux, et je n'aurais pas arrêté mes regards sur une vierge. »*[2] Et David a prié : *« Détourne mes yeux pour qu'ils ne regardent pas la vanité. »*[3]

En regardant une annonce publicitaire à la télévision vantant un bon plat, vous est-il déjà arrivé d'avoir faim subitement ? En écoutant quelqu'un tousser, avez-vous éprouvé le besoin irrésistible de vous éclaircir la gorge ? En regardant quelqu'un bâiller, avez-vous eu tendance à l'imiter ? (Peut-être même bâillez-vous rien qu'en lisant ces lignes !) C'est le pouvoir de la suggestion. Nous allons naturellement vers ce qui retient notre attention. Plus nous pensons à une chose, plus elle prend d'emprise sur nous.

C'est pourquoi il est vain de ressasser : « Je dois cesser de trop manger... de fumer... de convoiter... etc. » Cela ne fait que monopoliser toute votre attention sur ce que vous souhaitez éviter. C'est comme si vous répétiez sans arrêt : « Jamais je n'agirai comme ma mère. » En ressassant cette idée, vous vous exposez justement à commettre les mêmes erreurs qu'elle.

La plupart des régimes alimentaires sont inefficaces parce qu'ils n'arrêtent pas de vous faire penser à la nourriture et qu'ils vous garantissent d'avoir faim. De même, une conférencière qui se répète sans arrêt « Ne sois pas nerveuse ! » risque fort de le devenir encore plus ! Elle ferait mieux de penser à tout autre chose — à Dieu, à l'importance de ce qu'elle va dire ou aux besoins de ses auditeurs.

La tentation commence par accaparer votre attention, puis elle excite vos émotions, et enfin, elle vous incite à passer à l'acte. À ce moment-là, vous agissez selon ce que vous ressentez. Plus vous ressassez : « Je ne veux pas faire ça », plus vous êtes pris dans un engrenage fatal.

Ignorer une tentation est beaucoup plus efficace que la combattre. Une fois que vous pensez à autre chose, elle perd de son emprise sur vous ! Alors lorsque la tentation vous appelle au téléphone, ne parlementez pas avec elle, mais raccrochez-lui au nez !

Parfois, cela vous obligera à quitter physiquement une situation tentatrice. Il est souvent légitime de fuir ! Éteignez le poste de télévision et allez-vous en. Éloignez-vous du groupe qui fait des ragots. Quittez la salle de cinéma au milieu du film. Pour éviter d'être piqué, sauvez-vous loin des abeilles ! Faites tout votre possible pour tourner votre attention vers autre chose.

Spirituellement, vos pensées sont très vulnérables. Pour réduire la tentation, gardez votre esprit occupé par la Parole de Dieu et d'autres sujets similaires. On vainc les mauvaises pensées en songeant à autre chose de meilleur. C'est le principe du remplacement. Nous triomphons du mal par le bien. »[4] Satan ne peut pas attirer votre attention si vous êtes préoccupé par autre chose. C'est pour cette raison que la Bible nous répète souvent de concentrer notre attention : « *Fixez vos pensées sur Jésus.* »[5] « *Souviens-toi de Jésus-Christ.* »[6]

« *Portez votre attention sur tout ce qui est bon et digne de louange : sur tout ce qui est saint, respectable, juste, pur, agréable et honorable.* »[7]

Si vous voulez vraiment vaincre la tentation, vous devez organiser vos pensées et gérer votre univers intérieur. L'homme le plus sage qui ait jamais vécu nous a prévenus : « *Prends garde à ce que tu penses ; ta vie est modelée par tes pensées.* »[8] (Traduction littérale). Ne laissez pas n'importe quelle pensée souiller votre cerveau sans réagir. Soyez sélectif. Choisissez avec soin vos sujets de réflexion. Suivez l'exemple de Paul : « *Nous faisons prisonnière toute pensée pour l'amener à obéir au Christ.* »[9] Cela nécessite toute une vie d'entraînement, mais avec l'aide du Saint-Esprit, vous pouvez reprogrammer votre façon de penser.

Révélez vos luttes à un ami pieux ou à un groupe de soutien. Vous n'êtes pas obligé de vous confesser au monde entier, mais il faut que vous ayez au moins une personne à qui avouer vos luttes intérieures. La Bible atteste : « *Deux valent mieux qu'un… car s'ils tombent, l'un relève son compagnon ; mais malheur à celui qui est seul et qui tombe sans avoir un second pour le relever !* »[10]

J'aimerais être clair : Si vous perdez une bataille contre une mauvaise habitude persistante, une dépendance ou une tentation, si vous êtes pris dans un cercle vicieux de bonnes intentions suivies d'échec et de remords, vous ne vous en sortirez jamais tout seul ! Vous avez besoin que quelqu'un vous aide. Vous ne triompherez de certaines tentations que grâce à un partenaire qui priera pour vous, vous encouragera et vous demandera des comptes.

JOUR 27 : VAINCRE LA TENTATION

Le plan de Dieu pour votre croissance et votre liberté inclut les autres chrétiens. La communion franche et vraie constitue l'antidote de votre combat solitaire contre des péchés qui semblent résolus à ne pas lâcher prise. Dieu dit que c'est le seul moyen de vous en libérer : « *Confessez donc vos péchés les uns aux autres, et priez les uns pour les autres, afin que vous soyez guéris.* »[11]

Souhaitez-vous vraiment être affranchi de cette tentation persistante qui vous tient sans cesse en échec ? La solution de Dieu est simple : ne la refoulez pas. Confessez-la ! Ne la dissimulez pas. Révélez-la ! Avouer vos sentiments est le premier pas vers la guérison.

Cacher vos blessures ne fait que les envenimer. Dans les ténèbres, les problèmes croissent ; ils prennent de plus en plus d'ampleur, mais lorsqu'ils sont exposés à la lumière de la vérité, ils se résolvent. Les tenir secrets leur confère de l'importance ! Alors, ôtez votre masque, cessez de prétendre être parfait et marchez vers la liberté.

À l'Église Saddleback, nous avons constaté à quel point ce principe était efficace pour briser l'emprise de dépendances d'aspect invincible et de tentations persistantes grâce à un programme que nous avons mis au point, *Célébrez votre délivrance*. C'est un processus de rétablissement biblique en huit étapes basé sur les béatitudes de Jésus et dispensé dans de petits groupes de soutien. Au cours des dix dernières années, plus de cinq mille personnes ont été libérées de mauvaises habitudes, de traumatismes et de dépendances grâce à cette méthode. Actuellement, des milliers d'assemblées emploient ce programme. Je vous le recommande vivement pour votre propre église.

> *La vérité, c'est que tout ce dont vous ne pouvez pas parler échappe à votre contrôle.*

Satan veut vous persuader que votre péché et votre tentation sont uniques afin que vous les gardiez secrets, alors qu'en réalité, nous sommes tous dans le même bateau. Nous sommes tous confrontés aux mêmes tentations.[12] « *Tous ont péché.* »[13] Des millions de personnes ont éprouvé vos sentiments actuels et ont été en proie aux même luttes que les vôtres.

Si nous cachons nos fautes, c'est par orgueil. Nous voulons donner aux autres l'impression que nous nous maîtrisons totalement. La vérité, c'est que tout ce dont vous ne pouvez pas parler échappe à votre contrôle : vos problèmes financiers et conjugaux, vos enfants, vos pensées, votre sexualité, vos habitudes secrètes, etc. Si vous pouviez vous en sortir seul, ce serait déjà fait, mais vous n'y arrivez pas. Votre volonté et vos bonnes résolutions ne suffisent pas.

Certains problèmes sont trop profonds, trop habituels et trop grands pour que vous puissiez les résoudre seul. Vous avez besoin d'un petit groupe ou d'un partenaire qui vous encouragera, vous soutiendra, priera pour vous, vous aimera inconditionnellement et vous demandera des comptes. Vous pourrez, de votre côté, lui rendre la pareille.

Chaque fois que quelqu'un m'avoue : « Je ne l'ai encore jamais dit à personne », je suis ravi pour lui, parce que je sais qu'il va expérimenter un grand soulagement et une libération certaine. La pression va être relâchée, et pour la première fois, il reprendra espoir en l'avenir. Cela se produit toujours lorsque nous faisons ce que veut le Seigneur en confiant nos luttes à un ami pieux.

Permettez-moi de vous poser une question délicate : Qu'est-ce qui, selon vous, pose problème dans votre vie ? De quoi craignez-vous de parler ? Vous ne parviendrez pas à résoudre cela tout seul. Certes, avouer nos points faibles aux autres est humiliant, mais c'est notre manque d'humilité qui nous empêche de nous en sortir. La Bible nous explique : « *Dieu s'oppose aux orgueilleux, mais il accorde sa grâce aux humbles. Soumettez-vous donc à Dieu.* »[14]

Résistez au diable. Après nous être humiliés et soumis à Dieu, nous sommes incités à défier le diable. Le reste du verset de Jacques 4.7 nous dit : « *Résistez au diable, et il fuira loin de vous.* » Nous ne nous résignons pas passivement à ses assauts : nous devons contre-attaquer.

Le Nouveau Testament décrit souvent la vie chrétienne comme un combat spirituel contre les forces du mal. Il emploie des termes comme combattre, conquérir, lutter et triompher. Les chrétiens sont souvent comparés à des soldats en guerre en territoire ennemi.

Comment pouvons-nous résister au diable ? Paul nous prescrit : « *Prenez aussi le casque du salut, et l'épée de l'Esprit, qui est la Parole de Dieu.* »[15] Le premier pas consiste à accepter le salut de Dieu. Vous ne parviendrez à dire non au diable que si vous avez dit oui à Christ. Sans lui, nous sommes sans défense contre le diable, mais grâce au « casque du salut », nos pensées sont protégées par Dieu. Souvenez-vous de ceci : Si vous êtes croyant, Satan ne pourra jamais vous forcer à faire quoi que ce soit. Il ne pourra que vous adresser des suggestions.

Deuxièmement, vous devez vous servir de la Parole de Dieu comme d'une arme contre Satan. Jésus nous en a montré l'exemple lorsqu'il a été tenté dans le désert. Chaque fois que Satan lui a suggéré une tentation, Jésus l'a contré en lui citant les Écritures. Il n'a pas parlementé avec Satan. Il n'a pas dit : « Je n'ai pas faim » lorsqu'il a été tenté d'employer sa puissance pour combler l'un de ses besoins personnels. Il s'est contenté de citer les Écritures par cœur. Nous devons en faire autant. Il y a de la puissance dans la Parole de Dieu, et Satan la redoute.

N'essayez jamais de parlementer avec le diable. Comme il le fait depuis des milliers d'années, il est meilleur que vous dans l'art d'argumenter. Vous ne pourrez jamais le confondre par la logique de vos opinions. Mieux vaut employer l'arme qui le fait trembler : la Parole de Dieu. C'est pourquoi il faut absolument mémoriser des textes bibliques pour triompher de la tentation. C'est ce qui vous permet d'y avoir accès sans délai dès que vous êtes tenté. Comme Jésus, la vérité divine est engrangée dans votre cœur, prête à vous revenir en mémoire.

Si vous n'avez aucun verset biblique en mémoire, c'est comme si vous n'aviez aucune balle dans votre revolver ! Je vous invite à mémoriser un verset par semaine durant tout le reste de votre vie. Imaginez à quel point cela vous rendra plus fort !

Réalisez à quel point vous êtes vulnérable. Dieu nous avertit de ne jamais être sûrs de nous ou trop confiants, ce qui est le meilleur moyen de courir au désastre. Jérémie a constaté : « Rien n'est plus trompeur que le

> *N'essayez jamais de parlementer avec le diable. Comme il le fait depuis des milliers d'années, il est meilleur que vous dans l'art d'argumenter.*

cœur humain. On ne peut pas le guérir, on ne peut rien y comprendre. »[16] Cela signifie que nous pouvons facilement nous fourvoyer. Selon les circonstances, nous sommes tous capables de commettre les pires péchés. Jamais nous ne devons relâcher notre vigilance et nous figurer que nous sommes trop saints pour être tentés.

Ne vous placez pas, par négligence, dans des situations tentatrices, mais fuyez-les.[17] Souvenez-vous qu'il est plus facile de s'en tenir éloigné que de s'en sortir une fois qu'on y a succombé. La Bible dit : « *Ne sois pas si naïf, tu n'es pas exempté ; tu peux tomber aussi facilement que n'importe qui d'autre. Oublie la confiance en toi-même, cultive la confiance en Dieu.* »[18] (Traduction littérale).

VINGT-SEPTIÈME JOUR
DÉFINIR MON OBJECTIF

Idée à méditer : Il y a toujours moyen de triompher.

Verset à apprendre : « *Dieu, qui est fidèle, ne permettra pas que vous soyez tentés au-delà de vos forces ; mais avec la tentation, il préparera aussi le moyen d'en sortir, afin que vous puissiez la supporter.* » (1 Corinthiens 10.13b)

Question à me poser : À qui pourrais-je demander d'être mon partenaire spirituel pour m'aider à me débarrasser d'une tentation persistante en priant pour moi ?

28 Il faut du temps

*« Il y a un temps pour tout,
un temps pour toute chose sous les cieux. »*

(Ecclésiaste 3.1, BG)

*« J'en suis fermement persuadé :
celui qui a commencé en vous son œuvre bonne
la poursuivra jusqu'à son achèvement
au jour de Jésus-Christ. »*

(Philippiens 1.6, BS)

Pour parvenir à la maturité, on ne peut pas prendre de raccourcis.

Il faut des années pour que nous parvenions à l'âge adulte et toute une saison pour qu'un fruit croisse et mûrisse. C'est vrai aussi en ce qui concerne le fruit de l'Esprit. Développer le caractère de Christ ne se fait pas en un jour. Comme la croissance physique, le développement spirituel prend du temps.

Quand on essaie de faire mûrir un fruit artificiellement, il perd sa saveur. En Amérique, on cueille les tomates quand elles sont encore vertes pour éviter qu'elles soient talées pendant le transport. Ensuite, avant la vente, on pulvérise dessus du gaz carbonique afin de les faire rougir instantanément. Ces tomates sont comestibles, mais elles ne soutiennent pas la comparaison avec celles qui croissent lentement dans les jardins potagers.

Alors que nous nous inquiétons de notre *vitesse* de croissance, Dieu se préoccupe davantage de *notre force spirituelle*. Comme il voit nos vies à la lumière de l'éternité, il ne se presse jamais.

Lane Adams a comparé le processus de croissance spirituelle à la stratégie dont les alliés se sont servis au cours de la seconde guerre mondiale pour libérer les îles du Pacifique sud. Tout d'abord, ils « réduisaient la résistance » d'une île en bombardant les forces ennemies depuis des navires en mer. Ensuite, un petit groupe de marines envahissait l'île et établissait une « tête de pont » — un petit fragment de l'île qu'ils pouvaient dominer. Après cela, peu à peu ils libéraient le reste de l'île, parcelle par parcelle. Finalement, toute l'île était sous leur contrôle, mais non sans avoir mené quelques batailles coûteuses.

> *Alors que nous nous inquiétons de notre* **vitesse** *de croissance,* **Dieu se préoccupe davantage de** *notre* **force spirituelle.**

Andrew a établi ce parallèle : avant que Christ envahisse notre vie lors de notre conversion, il doit parfois « réduire notre résistance » en permettant que nous ayons des problèmes insolubles. Bien que certains ouvrent leur cœur à Christ dès la première fois qu'il frappe à leur porte, la plupart d'entre nous résistent et restent sur la défensive. Avant notre conversion, Jésus aurait peut-être pu nous dire : « *Voici, je me tiens à la porte et je te bombarde !* »

Dès que vous ouvrez votre cœur à Christ, Dieu a une « tête de pont » dans votre vie. Vous pensez peut-être lui avoir soumis *toute* votre existence, mais en réalité, vous avez conservé à votre insu une grande part de votre vie. Vous ne pouvez livrer à Christ que ce dont vous avez conscience à ce moment-là, mais c'est suffisant. Une fois que Christ a obtenu une tête de pont, il commence à se mettre en campagne pour obtenir de plus en plus de terrain jusqu'à ce que votre vie lui appartienne totalement. Même s'il y a des luttes et des combats, l'issue finale ne fait aucun doute. Dieu a promis que « *celui qui a commencé en vous cette bonne œuvre la rendra parfaite.* »¹

Notre formation de disciple est le processus qui nous rend progressivement conformes à Christ. La Bible nous explique : « *Nous parviendrons… à l'état d'adulte, à un stade où se manifeste toute la plénitude qui nous vient de Christ.* »² Vous finirez par être comme Christ, mais votre voyage durera toute votre vie.

Nous avons vu jusqu'à présent que ce voyage impliquait *la foi* (par l'adoration), *l'appartenance au corps de Christ* (par la communion fraternelle) et *le développement* (par une formation de disciple). Chaque jour, Dieu veut que vous deveniez un peu plus semblable à lui : « *Vous êtes des êtres nouveaux que Dieu, notre Créateur, renouvelle continuellement à son image.* »³

Aujourd'hui, nous sommes obsédés par la vitesse, mais Dieu s'intéresse davantage à notre force et à notre stabilité qu'à notre rapidité. Nous voulons de l'instantané, des raccourcis, des solutions toutes faites. Nous désirons qu'une prédication, un congrès ou une expérience résolve sur le champ tous nos problèmes, nous débarrasse de toutes nos tentations et nous libère de toutes nos peines, mais la vraie maturité ne provient jamais d'une seule expérience, même si cette dernière est puissante et bouleversante. La croissance est progressive. La Bible dit : « *Nous sommes transformés en son image dans une gloire dont l'éclat ne cesse de grandir.* »⁴

POURQUOI EST-CE SI LONG ?

Dieu *pourrait* nous transformer instantanément, mais il a choisi de nous faire croître doucement, et cela dans un but précis. De même que l'Éternel a octroyé aux Israélites la terre promise « *peu à peu* »⁵ afin qu'ils ne soient pas trop déconcertés, il préfère procéder par petites étapes dans notre vie.

Pourquoi les changements mettent-ils tant de temps à se produire en nous ? Pour plusieurs raisons.

Nous apprenons lentement. Souvent, il faut que nous prenions une leçon quarante ou cinquante fois avant de l'assimiler vraiment. Le problème revient sans cesse, et nous geignons : « Oh non ! Je le sais déjà ! » Mais le Seigneur nous connaît mieux que nous ! L'histoire d'Israël nous apprend à quel point nous oublions vite les leçons que Dieu nous inculque et nous reprenons rapidement nos anciennes habitudes. Nous avons besoin qu'on nous enfonce le clou plusieurs fois !

Nous avons beaucoup à désapprendre. Beaucoup de gens vont voir un conseiller pour se débarrasser d'un problème relationnel qui a pris *des années* à se développer, et ils disent : « Il faut que vous m'aidiez. J'ai une heure pour cela. » Naïvement, ils attendent une solution rapide à une difficulté enracinée en eux depuis des années. Comme la plupart de nos problèmes — et toutes nos mauvaises habitudes — n'ont pas surgi d'un jour à l'autre, il est irréaliste de s'attendre à ce qu'ils s'en aillent instantanément. Aucune pilule, aucune prière, aucun principe ne réparera en un clin d'œil les dégâts produits en plusieurs années. Cela nécessite que le problème soit réglé et remplacé par autre chose. La Bible appelle cela *« se dépouiller du vieil homme »* et *« revêtir l'homme nouveau. »*[6] Certes, vous avez reçu une nature toute nouvelle au moment de votre conversion, mais vous avez encore d'anciennes habitudes et de vieux réflexes qui doivent être extirpés et remplacés.

Nous avons peur d'affronter humblement la vérité sur nous-mêmes. J'ai déjà expliqué que la vérité nous affranchira, mais qu'elle commence généralement par nous rendre misérables. La crainte de ce que nous risquons de découvrir si nous nous retrouvons face aux failles de notre caractère nous empêche d'affronter nos problèmes. C'est seulement lorsque Dieu a le droit de projeter la lumière de sa vérité sur nos fautes, nos échecs et nos complexes que nous pouvons commencer à nous en débarrasser. C'est pour cela que nous ne pouvons croître qu'avec un esprit humble et malléable.

Toute croissance implique un changement, ce qui perturbe, effraie et fait souffrir.

La croissance est souvent douloureuse et effrayante. Toute croissance implique un changement, ce qui perturbe, effraie et fait souffrir. Tout changement implique une perte sous une forme ou sous une autre : on doit renoncer aux vieilles habitudes pour en connaître de nouvelles. Or, nous n'aimons pas nous débarrasser de ce qui est familier, même si c'est mauvais, parce qu'à l'instar d'une vieille paire de chaussures, nous nous sentons à l'aise avec.

Souvent, les gens construisent leur identité à partir de leurs défaites. Ils disent : « Je suis comme ça… » ou « Il faut me prendre comme je suis. » Inconsciemment, ils craignent de ne plus se reconnaître s'ils renoncent à une habitude, à un traumatisme ou à un complexe. Cette crainte risque d'être fatale à leur croissance.

Il faut du temps pour changer ses habitudes. Souvenez-vous que votre caractère est tout simplement la somme de vos habitudes. Vous ne pouvez vous targuer d'être aimable si vous l'êtes *habituellement*, c'est-à-dire si vous faites preuve de courtoisie de façon spontanée. Vous ne pouvez prétendre être intègre que si vous en avez *l'habitude*. Un mari qui est fidèle à sa femme *la plupart du temps* ne l'est pas du tout ! Vos habitudes définissent votre caractère.

JOUR 28 :
IL FAUT
DU TEMPS

Il y a un seul moyen d'acquérir le caractère de Christ : vous devez *prendre ses habitudes* — et pour cela, il faut du temps ! Les habitudes ne sont *jamais instantanées*. Paul conseillait à Timothée : « *Occupe-toi de ces choses, donne-toi tout entier à elles, afin que tes progrès soient évidents pour tous.* »[7]

Si vous pratiquez régulièrement quelque chose, vous finissez par devenir un expert en la matière. L'entraînement mène à l'excellence. Les habitudes qui forgent le caractère sont souvent nommées « *des disciplines spirituelles* », et des dizaines de bons livres peuvent vous apprendre à les pratiquer.

NE SOYEZ PAS TROP PRESSÉ

Il y a plusieurs façons de collaborer avec Dieu pour parvenir à la maturité spirituelle.

Croyez que Dieu œuvre dans votre vie même lorsque vous ne le sentez pas. La croissance spirituelle est un travail de longue haleine qui s'effectue pas à pas. Attendez-vous à une amélioration progressive. La Bible dit : « *Il y a un temps pour tout et un moment pour toute chose sous le soleil.* »[8] Dans votre vie spirituelle, il y a des saisons : parfois, vous faites une brusque poussée de croissance (printemps), d'autres fois, vous stagnez et êtes éprouvé (automne et hiver).

Qu'en est-il des problèmes, des habitudes et des blessures que vous aimeriez voir disparaître par miracle ? Prier pour un miracle est bon, mais ne soyez pas trop déçu si la réponse est un changement progressif. Au fil du temps, un mince filet d'eau qui coule en permanence cause l'érosion du roc le plus dur et réduit des blocs de pierre géants en galets. Après des décennies, une petit graine peut devenir un séquoia de plus de cent mètres de haut.

Sur un carnet ou un journal, consignez les leçons que vous avez apprises. Il ne s'agit pas de tenir votre journal, mais de noter ce que Dieu vous a montré. Écrivez les leçons que le Seigneur vous a inculquées et ce qu'il vous a appris sur lui, sur vous, sur la vie, sur les relations, etc. afin que vous puissiez les revoir, les apprendre et les transmettre à la génération suivante.[9] Pourquoi ? Parce que nous avons tendance à oublier ce que Dieu nous enseigne. Relire régulièrement votre journal spirituel peut vous éviter bien des souffrances et des crève-cœur inutiles. La Bible nous rappelle : « *Nous devons nous attacher d'autant plus fermement à ce que nous avons entendu, afin de ne pas être entraînés à notre perte.* »[10]

Soyez patient avec Dieu et avec vous-même. L'une des grandes frustrations de la vie, c'est que le temps de Dieu est rarement le même que le nôtre. Nous sommes souvent pressés alors que Dieu, lui, ne l'est pas. Vous pouvez vous sentir frustré par la lenteur apparente des progrès que vous faites dans la vie. Souvenez-vous que Dieu ne se presse jamais, mais qu'il est toujours à l'heure. Il se servira de votre vie toute entière afin de vous préparer pour l'éternité.

La Bible nous montre très souvent comment le Seigneur emploie un long processus pour développer le caractère de ses enfants, surtout s'ils ont un rôle important à jouer. Il lui a fallu quatre-vingts ans pour préparer Moïse, dont quarante dans le désert. Pendant quatorze mille six cents jours, Moïse a attendu et s'est demandé : « Le temps n'est-il pas encore venu ? » Mais Dieu a répondu : « Non. Prends patience ! »

> *Dieu ne se presse jamais, mais il est toujours à l'heure.*

Contrairement à certains titres alléchants de livres chrétiens, *L'accès facile à la maturité* et *Le secret de la sainteté instantanée* sont des leurres.

Quand Dieu veut créer un champignon, il ne lui faut qu'une nuit, mais pour faire un gros chêne, il prend un siècle. Les grandes âmes se forgent par des luttes, des tempêtes et des périodes de souffrance. Armez-vous de patience ! Jacques nous a prévenus : « *N'essaie pas de sortir d'une situation prématurément. Laisse-la faire son travail pour que tu deviennes mûr et bien développé.* »[11] (Traduction littérale).

Ne vous découragez pas. Quand Habakuk s'est désespéré parce qu'il estimait que l'Éternel n'agissait pas assez vite, ce dernier lui a dit : « *Le moment n'est pas encore venu pour que cette révélation se réalise, mais elle viendra en temps voulu. Attends avec confiance même si cela paraît long : ce que j'annonce arrivera à coup sûr et à son heure.* »[12] Les délais de Dieu ne sont jamais des retards.

Ne considérez pas seulement tout le chemin qui vous reste à parcourir, mais aussi celui que vous avez déjà fait. Vous n'êtes pas là où vous le voudriez, mais vous avez déjà franchi maintes étapes ! Il y a quelques années, les gens arboraient un badge portant les lettres SIVPSPDNEAPEFAM, ce qui voulait dire « S'il vous plaît, soyez patient, Dieu n'en a pas encore fini avec moi. » Dieu n'en a pas encore fini avec vous non plus : alors, continuez à progresser ! Même l'escargot a fini par entrer dans l'arche à force de persévérance !

VINGT-HUITIÈME JOUR
DÉFINIR MON OBJECTIF

Idée à méditer : Pour parvenir à la maturité, on ne peut pas brûler les étapes.

Verset à apprendre : « *Dieu, qui a commencé cette œuvre bonne parmi vous, la continuera jusqu'à son achèvement au jour de la venue de Jésus-Christ.* » (Philippiens 1.6, BFC)

Question à me poser : Dans quel domaine de ma croissance spirituelle ai-je besoin de faire preuve de plus de patience et d'acharnement ?

QUATRIÈME OBJECTIF

VOUS AVEZ ÉTÉ CONÇU
POUR SERVIR DIEU

« Nous sommes simplement des serviteurs de Dieu…
Chacun de nous accomplit le devoir
que le Seigneur lui a confié :
j'ai mis la plante en terre,
Apollos l'a arrosée,
mais c'est Dieu qui l'a fait croître. »
(1 Corinthiens 3.5-6, BFC)

Accepter votre mission

« Ce que nous sommes, nous le devons à Dieu :
car par notre union avec le Christ, Jésus,
Dieu nous a créés pour une vie riche d'œuvres bonnes
qu'il a préparées à l'avance
afin que nous les accomplissions. »

(Éphésiens 2.10, BS)

*« Je t'ai glorifié sur la terre,
j'ai achevé l'œuvre que tu m'as donnée à faire. »*

(Jean 17.4, BG)

Vous avez été mis sur terre pour apporter votre contribution.

Vous n'êtes pas seulement là pour consommer des ressources naturelles (nourriture, oxygène, etc.) et pour remplir de l'espace. Dieu vous a conçu pour que votre vie fasse une différence. Même si de nombreux livres à succès vous expliquent comment « tirer le maximum » de votre vie, ce n'est pas pour cette raison que Dieu vous a créé, mais c'est afin d'apporter quelque chose sur la terre, et pas seulement d'en profiter. Le Seigneur peut vous mettre à contribution. C'est le quatrième objectif de Dieu pour votre vie, et il s'appelle votre « ministère » ou votre service. La Bible nous l'explique en détail.

JOUR 29 : ACCEPTER VOTRE MISSION

Vous avez été créé pour servir Dieu. La Bible dit : « *Car nous sommes son ouvrage, ayant été créés en Jésus-Christ pour de bonnes œuvres, que Dieu a préparées d'avance, afin que nous les pratiquions.* »[1] Ces « bonnes œuvres », c'est votre service. Chaque fois que vous servez les autres de quelque manière que ce soit, vous servez le Seigneur[2] et vous agissez conformément à l'un de ses objectifs. Dans les deux prochains chapitres, vous verrez de quelle façon le Seigneur vous a soigneusement *conçu* dans ce but. Ce que l'Éternel a dit à Jérémie est également vrai pour vous : « *Je te connaissais avant même de t'avoir formé dans le ventre de ta mère ; je t'avais mis à part pour me servir avant que tu sois né.* »[3] Vous avez été placé sur cette planète pour accomplir une mission spéciale.

Vous avez été sauvé pour servir Dieu. La Bible nous explique : « *C'est lui qui nous a sauvés et nous a appelés à mener une vie sainte. Et s'il l'a accompli, ce n'est pas à cause de ce que nous avons fait, mais bien parce qu'il en avait librement décidé ainsi.* »[4] Dieu vous a racheté afin que vous puissiez accomplir son « œuvre sainte ». Vous n'êtes pas sauvé *par* votre service, mais *pour* servir. Dans le royaume de Dieu, vous avez une place, un but, un rôle et une fonction à tenir. C'est ce qui confère à votre existence une grande signification et une valeur inestimable.

Pour nous sauver, Jésus a dû sacrifier sa vie. Les Écritures nous rappellent : « *Dieu vous a acquis, il a payé le prix pour cela. Mettez donc votre corps lui-même au service de la gloire de Dieu.* »[5] Nous ne servons pas le Seigneur par culpabilité, par crainte ni même par devoir, mais par joie et par profonde gratitude pour ce qu'il a accompli en notre faveur. Nous lui devons la vie. Grâce à notre salut, nos fautes passées ont été pardonnées, notre présent a un sens et notre avenir est assuré. Conscient de ces incroyables bénéfices, Paul a conclu : « *Frères, puisque Dieu a ainsi manifesté sa bonté pour nous, je vous exhorte à vous offrir vous-mêmes en sacrifice vivant, réservé à Dieu et qui lui est agréable.* »[6]

L'apôtre Jean nous a enseigné que notre service aimant envers les autres montre que nous sommes réellement sauvés. Il a dit : « *Nous savons que nous sommes passés de la mort à la vie, parce que nous aimons les frères.* »⁷ Si je n'éprouve aucun amour pour les autres, aucun désir de les servir, et que je ne me préoccupe que de mes besoins, je dois me demander si Christ est vraiment dans ma vie. Un cœur sauvé veut servir les autres.

Un autre terme parlant du service et qui est mal compris par la plupart des gens est le mot *ministère.* Quand la majeure partie des gens entendent parler de « ministère », ils pensent à des pasteurs, des prêtres et des serviteurs de Dieu « professionnels », mais Dieu dit que tous les membres de sa famille ont un « ministère ». Dans la Bible, ce mot est synonyme de *service*, si bien que lorsque vous êtes chrétien et que vous servez le Seigneur, vous exercez un ministère.

Quand la belle-mère malade de Pierre fut guérie par Jésus, « *elle se leva et les servit,* »⁸ en employant son nouveau don, la santé. C'est ce que nous devons faire. Nous sommes guéris pour aider les autres. Nous sommes bénis pour les bénir. Nous sommes sauvés pour servir, et pas seulement pour nous prélasser en attendant d'aller au ciel.

> *Si je n'éprouve aucun amour pour les autres, aucun désir de les servir, et que je ne me préoccupe que de mes besoins, je dois me demander si Christ est vraiment dans ma vie.*

Vous êtes-vous déjà demandé pourquoi Dieu ne nous emmène-t-il pas directement au ciel dès que nous acceptons sa grâce ? Pourquoi il nous laisse dans un monde déchu ? C'est pour accomplir ses plans. Une fois que vous êtes sauvé, le Seigneur veut vous employer pour atteindre ses objectifs. Dieu a un *ministère* pour vous dans son Église et une *mission* pour vous dans ce monde.

Vous êtes appelé à servir Dieu. Au départ, vous pensiez peut-être qu'être « appelé » par Dieu était réservé aux missionnaires, aux pasteurs, aux religieuses et aux autres serviteurs de Dieu « à plein temps », mais la Bible affirme que tous les chrétiens sont appelés pour le service.⁹ Votre appel au salut comprend un appel au service. Les deux sont indissociables. Quel que soit votre métier, vous êtes un serviteur de Dieu *à plein temps*. On ne peut pas être chrétien sans être serviteur.

La Bible dit : « *C'est lui qui nous a sauvés et nous a appelés à être son peuple, non à cause de nos bonnes actions, mais à cause de son propre plan.* »¹⁰ Et Pierre fait remarquer : « *Vous avez été choisis pour raconter les qualités excellentes de Dieu qui vous a appelés.* »¹¹ (Traduction littérale).Chaque fois que vous employez les dons que Dieu vous a octroyés, vous êtes fidèle à votre vocation.

Selon les Écritures, nous appartenons au Seigneur « *afin que nous portions des fruits pour Dieu.* »¹² Quelle proportion de votre temps consacrez-vous à son service ? Dans certaines églises de Chine, on accueille les nouveaux membres en s'exclamant : « Maintenant, Jésus a deux nouveaux yeux pour voir, deux nouvelles oreilles pour entendre, deux nouvelles mains pour aider les autres et un nouveau cœur pour les aimer. »

L'une des raisons pour lesquelles vous devez vous joindre à une assemblée est qu'ainsi vous pouvez servir les autres chrétiens de façon pratique, comme vous êtes appelé à le faire. « *Vous constituez ensemble un corps qui appartient au Christ, et chacun de vous en particulier en est un membre.* »¹³ On a vraiment besoin de votre service dans le corps de Christ… Demandez-le à n'importe quelle église locale ! Chacun de nous a un rôle à jouer, et tous sont importants. Pour Dieu, aucun service n'est insignifiant. Tous comptent !

De plus, aucun ministère n'est « inférieur » dans l'Église. Certains sont visibles et d'autres moins, mais tous ont de la valeur. Ce sont souvent les ministères infimes ou cachés qui font toute la différence. Chez moi, la lampe la plus utile n'est pas le grand lustre de notre salle à manger, mais la petite veilleuse qui m'empêche de me cogner lorsque je me relève la nuit. La taille n'a rien à voir avec la signification. Tous les ministères comptent, parce que nous dépendons tous les uns des autres pour « fonctionner ».

Que se passe-t-il lorsqu'une partie de notre corps est défaillante ? Nous tombons malade. Le reste de notre corps souffre ! Imaginez que votre foie décide de vivre pour lui tout seul : « J'en ai assez ! Je ne veux plus servir le corps ! J'ai envie de prendre une année sabbatique pendant laquelle je me laisserai dorloter... Je vais faire ce qui me convient le mieux ! Une autre partie de mon corps n'a qu'à prendre le relais... » Que se passerait-il ? Votre corps mourrait. Aujourd'hui, des milliers d'églises locales meurent parce que des chrétiens ne veulent pas servir les autres. Ils se contentent d'être de simples spectateurs, et le corps de Christ en souffre.

Il vous a été ordonné de servir Dieu. Jésus a été clair sur ce point : « *Si quelqu'un veut être le premier parmi vous, qu'il soit votre esclave. Car le Fils de l'homme n'est pas venu pour se faire servir, mais pour servir lui-même et donner sa vie.* »[14] Pour les chrétiens, le service n'est pas facultatif. Ce n'est pas une option à rajouter à notre programme s'il nous reste du temps, mais c'est le cœur de la vie chrétienne. Jésus est venu pour « servir » et pour « donner », et ces deux verbes devraient définir votre vie sur la terre, à vous aussi. Servir et donner, c'est le quatrième objectif du Seigneur pour votre vie. Mère Teresa a dit un jour : « La vie sainte consiste à accomplir l'œuvre de Dieu en souriant. »

Jésus nous a enseigné que la maturité spirituelle n'est jamais une fin en soi. Elle est destinée à notre ministère ! Nous croissons afin d'être plus efficaces dans notre service. Accumuler les connaissances ne suffit pas. Nous devons agir selon nos connaissances et mettre en pratique ce que nous prétendons croire. Recevoir sans donner est stérile. Étudier sans servir mène à la stagnation spirituelle. La comparaison traditionnelle entre la mer de Galilée et la mer Morte est vraie : le lac de Galilée est plein de vie parce qu'il reçoit de l'eau, mais il en redonne. En

> *la maturité spirituelle n'est jamais une fin en soi. Nous croissons afin d'être plus efficaces dans notre service.*

revanche, dans la mer Morte, rien ne vit, parce que ses eaux n'ont pas de déversoir et qu'elles sont stagnantes.

La *dernière* chose dont beaucoup de chrétiens ont besoin aujourd'hui, c'est d'une étude biblique supplémentaire. Ils en savent déjà beaucoup plus qu'ils ne mettent en pratique. Ce qu'il leur faut, ce sont des expériences de *service* au cours desquelles ils pourront exercer leurs muscles spirituels.

Servir va à l'encontre de nos penchants naturels. La plupart du temps, nous nous préoccupons davantage d'être servis que de rendre la pareille. Nous disons : « Je cherche une église qui comble mes besoins, un lieu où je serai béni, » et non : « Je cherche un endroit où je servirai les autres et où je serai un instrument de bénédiction. » Nous nous attendons à ce que les autres nous servent, et non l'inverse. Mais lorsque nous mûrissons en Christ, nous devons peu à peu envisager une vie de service. Le disciple de Jésus confirmé cesse de demander : « Qui va pourvoir à *mes* besoins ? » et commence à dire : « Quels besoins puis-je combler ? » Vous êtes-vous déjà posé cette question ?

SE PRÉPARER POUR L'ÉTERNITÉ

À la fin de votre vie sur la terre, vous vous tiendrez devant Dieu, et il évaluera de quelle façon vous aurez servi les autres par votre vie. La Bible nous apprend : *« Chacun de nous rendra compte pour lui-même à Dieu. »*[15] Pensez aux implications de cette phrase. Un jour, l'Éternel comparera combien de temps et d'énergie nous avons consacré à nous-mêmes par rapport à celui que nous avons investi au service des autres.

À ce moment-là, toutes les excuses que nous pourrons alléguer pour justifier notre égocentrisme sonneront creux : « J'étais trop occupé… J'avais mes ambitions personnelles à atteindre… J'étais obnubilé par mon travail, mes distractions ou la préparation de ma retraite… » Dieu balaiera toutes ces excuses en répondant : « Je suis désolé, mais cette réponse est irrecevable. Je t'ai créé, sauvé, appelé, et je t'ai ordonné de vivre pour me servir. Quel terme n'as-tu pas compris ? » La Bible avertit les incrédules : *« À ceux qui, par ambition personnelle, repoussent la vérité et cèdent à l'injustice, Dieu réserve sa colère et sa fureur.* »[16] Mais les chrétiens, eux, y perdront des récompenses éternelles.

Nous ne vivons pleinement que lorsque nous aidons les autres. Jésus a dit : *« Celui qui veut sauver sa vie la perdra ; mais celui qui perdra sa vie pour moi et pour la Bonne Nouvelle la sauvera.* »[17] Cette doctrine est si importante qu'elle est répétée cinq fois dans les Évangiles. Si vous ne servez pas le Seigneur, vous n'existez pas, tout simplement, parce que vous êtes destiné à exercer votre ministère. Dieu veut que vous appreniez à aimer et à servir les autres avec abnégation.

LE SERVICE DONNE UN SENS À VOTRE VIE

Vous allez donner votre vie pour quelque chose, mais pour quoi ? Une carrière, un sport, un passe-temps, la renommée, la richesse ? Rien de tout cela, à long terme, n'a de sens. Le service donne un vrai sens à votre vie. C'est grâce à notre ministère que nous découvrons notre raison d'être. La Bible dit : *« Chacun de nous trouve sa signification et sa fonction en faisant partie du corps.* »[18] (Traduction littérale). En servant le Seigneur ensemble dans sa famille, nos vies prennent une importance éternelle. Paul a expliqué : *« Je veux que vous compreniez comment tout ceci vous donne plus et non pas moins de signification personnelle, à cause de ce dont vous faites partie.* »[19] (Traduction littérale).

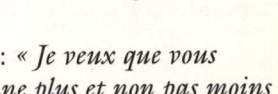

Le service donne un vrai sens à votre vie.

Dieu veut vous employer pour faire une différence dans le monde. Il souhaite agir par votre intermédiaire. Ce qui compte, c'est moins la *durée* de votre vie que *sa qualité*. Le nombre de vos jours importe peu ; l'essentiel est l'emploi que vous en avez fait.

Si vous n'êtes impliqué dans aucun service et dans aucun ministère, quelle excuse alléguez-vous ? Abraham était âgé, Jacob était en péril, Léa était peu attrayante, Joseph a été injustement traité, Moïse bégayait, Gédéon était pauvre, Samson dépendait exagérément de sa femme, Rahab vivait de façon immorale, David a eu une relation extraconjugale et de multiples problèmes familiaux, Élie avait des tendances suicidaires... Jérémie était dépressif, Jonas réticent, Naomi veuve, Jean-Baptiste très excentrique, Pierre impulsif et soupe au lait, Marthe pointilleuse... La femme samaritaine avait connu plusieurs échecs conjugaux, Zachée était impopulaire, Thomas avait des doutes, Paul souffrait de problèmes de santé et Timothée était timide. C'est un échantillon impressionnant de handicaps, et pourtant, l'Éternel a employé toutes ces personnes pour le servir, et si vous cessez d'avancer des excuses, il fera de même pour vous.

VINGT-NEUVIÈME JOUR
DÉFINIR MON OBJECTIF

Idée à méditer : Le service n'est pas facultatif.

Verset à apprendre : « *Nous sommes tous son ouvrage, ayant été créés en Jésus-Christ pour de bonnes œuvres, que Dieu a préparées d'avance, afin que nous les pratiquions.* » (Éphésiens 2.10, BG)

Question à me poser : Qu'est-ce qui m'empêche de répondre à l'appel de Dieu et de le servir ?

30

Formé pour servir Dieu

*« Tes propres mains m'ont fait,
elles m'ont façonné. »*

(Job 10.8, BFC)

*« Mon peuple, celui que j'ai élu,
je l'ai formé pour moi :
il publiera ma gloire ! »*

(Ésaïe 43.21)

Vous avez été formé pour servir Dieu.

Le Seigneur a façonné toutes les créatures de cette planète avec une expertise sans égale. Certains animaux courent, d'autres sautillent, nagent, creusent des galeries sous la terre ou volent. Chacun a un rôle particulier à jouer selon la façon dont le Seigneur l'a formé. C'est vrai également pour les êtres humains. Chacun d'entre nous a été conçu de façon unique, ou *« formé »*, en vue d'une certaine mission.

Avant que les architectes conçoivent un nouvel édifice, ils commencent par se demander : « Quelle sera sa fonction ? Comment sera-t-il employé ? » La fonction prévue déterminera toujours la forme de l'immeuble. Avant que Dieu vous ait créé, il a déterminé quel rôle il souhaitait vous voir jouer sur la terre. Il a prévu avec précision la façon dont il voulait que vous le serviez, puis il vous a façonné en conséquence. Vous êtes tel que vous êtes parce que vous avez été fait en vue d'un ministère particulier.

La Bible dit : « *Nous sommes son ouvrage, ayant été créés en Jésus-Christ pour de bonnes œuvres.* »[1] le mot français *poème* vient du mot grec traduit par « ouvrage ». Vous êtes l'œuvre artistique de Dieu. Vous n'avez pas été produit machinalement, à la chaîne, mais créé sur mesure, individuellement, de façon unique.

Le Seigneur vous a délibérément façonné et ciselé pour le servir d'une façon qui rend votre ministère unique. Il a soigneusement élaboré le cocktail d'ADN dont vous êtes composé. David louait Dieu pour cette attention personnelle inouïe au moindre détail : « *Tu m'as fait ce que je suis, et tu m'as tissé dans le ventre de ma mère. Merci d'avoir fait de moi une créature aussi merveilleuse : tu fais des merveilles, et je le reconnais bien.* »[2] Comme l'a dit Ethel Waters, « Dieu ne fait pas de camelote. »

Non seulement le Seigneur vous a forgé avant votre naissance, mais il a conçu chaque jour de votre vie en fonction de son projet à votre égard. David poursuit : « *Dans ton registre se trouvaient déjà inscrits tous les jours que tu m'avais destinés alors qu'aucun d'eux n'existait encore.* »[3] Ce qui veut dire que rien de ce qui se produit dans notre vie n'est insignifiant. Dieu se sert de *tout* pour vous modeler afin que vous accomplissiez votre ministère en faveur des autres et que vous le serviez.

Le Seigneur ne gâche jamais rien. Pourquoi vous aurait-il donné vos capacités, vos intérêts, vos talents, vos dons, votre personnalité et vos expériences s'il n'avait pas l'intention de les utiliser pour sa gloire ? En identifiant et en comprenant ces facteurs, vous pouvez découvrir la volonté de Dieu pour votre vie.

La Bible dit que vous êtes une « *créature merveilleuse* ». Vous êtes une combinaison de nombreux facteurs différents. Pour vous aider à vous souvenir de cinq de ces facteurs, j'ai imaginé un moyen mnémotechnique : vous êtes SUPER. Dans ce chapitre et dans le suivant, nous examinerons de près ces cinq facteurs, à la suite de quoi je vous expliquerai comment découvrir et utiliser votre SUPER caractère.

> *Le Seigneur ne gâche jamais rien.*

COMMENT DIEU VOUS FORGE POUR VOTRE MINISTÈRE

Chaque fois que Dieu nous assigne une mission, il nous dote toujours de ce qu'il nous faut pour l'accomplir. Cette combinaison unique de capacités est SUPER :

Dons **S**pirituels

Cœ**U**r

Ca**P**acités

P**E**rsonnalité

Expé**R**ience

PREMIÈREMENT, Découvrez Vos Dons Spirituels

Dieu dote chaque croyant de dons spirituels à employer dans son ministère.[4] Ce sont des capacités spéciales prévues par le Seigneur pour son service, et elles sont réservées exclusivement aux croyants. La Bible dit : « *L'homme livré à lui-même ne reçoit pas ce qui vient de l'Esprit de Dieu.* »[5]

Vous ne pouvez ni gagner vos dons spirituels, ni les mériter : c'est pour cela qu'ils sont nommés des *dons*. Ils sont une expression de la gloire de Dieu pour nous. « *Chacun de nous a reçu un don particulier, l'un de ceux que Christ a généreusement accordés.* »[6] Vous ne pouvez pas choisir le don que vous souhaitez obtenir ; c'est à Dieu que revient la décision. Paul a expliqué : « *Un seul et même Esprit opère toutes ces choses, les distribuant à chacun en particulier comme il veut.* »[7]

JOUR 30 : FORMÉ POUR SERVIR DIEU

Comme le Seigneur aime la variété et qu'il veut faire de nous des êtres spéciaux, tous ne reçoivent pas le même don.[8] Et personne ne reçoit *tous* les dons. Si c'était le cas, vous n'auriez besoin de personne d'autre, et cela irait à l'encontre de l'un des objectifs de Dieu — nous apprendre à nous aimer et à dépendre les uns des autres.

Vos dons spirituels ne vous sont pas octroyés pour votre profit personnel, mais pour celui des *autres*, de même que les autres en reçoivent pour votre profit. Selon la Parole de Dieu, « *en chacun l'Esprit Saint se manifeste par un don pour le bien de tous.* »⁹ Le Seigneur a prévu cela afin que nous ayons besoin les uns des autres. Lorsque nous employons nos dons ensemble, nous en bénéficions tous. Si les autres ne se servent pas de leurs dons, vous êtes lésé, et réciproquement. C'est pourquoi il nous est recommandé de découvrir et de développer nos dons spirituels. Avez-vous pris le temps de le faire ? Un cadeau qu'on laisse emballé ne sert à rien.

Lorsque nous oublions ces vérités fondamentales à propos des dons, il en découle toujours du trouble dans l'Église. Deux problèmes fréquents sont « *l'envie des dons* » et « *la projection des dons* ». Le premier surgit lorsque nous comparons nos dons avec ceux des autres et que nous ne sommes pas satisfaits de ceux que Dieu nous a accordés. Nous sommes jaloux de la façon dont le Seigneur emploie les autres et nous devenons amers.

> *Un cadeau qu'on laisse emballé ne sert à rien.*

Le deuxième problème apparaît quand nous nous attendons à ce que tous les autres aient les mêmes dons que nous, fassent ce à quoi nous avons été appelés et soient aussi passionnés par ce service que nous le sommes nous-mêmes. La Bible nous explique : « *Il y a diversité de dons, mais le même Esprit.* »¹⁰

Parfois, on met tellement les dons spirituels à l'honneur qu'on oublie les autres facteurs dont Dieu se sert pour nous qualifier en vue de notre service. Nos dons sont *l'une des clés* qui nous permettent de découvrir la volonté de Dieu pour notre ministère, mais ils ne forment pas le tableau d'ensemble. Dieu nous a façonnés de quatre autres façons.

DEUXIÈMEMENT, ÉCOUTEZ VOTRE CŒUR

La Bible emploie le terme *cœur* pour décrire l'ensemble des désirs, des espoirs, des intérêts, des ambitions, des rêves et des affections que vous avez en vous. Votre cœur représente la source de toutes vos motivations — ce que vous devez faire et ce dont vous vous souciez le plus. Même aujourd'hui, nous utilisons toujours ce terme dans ce sens lorsque nous disons : « *Je t'aime de tout mon cœur.* »

la Bible dit : « *Comme dans l'eau, le visage répond au visage, ainsi le cœur de l'homme répond à l'homme.* »[11] Votre cœur révèle *qui vous êtes vraiment*, et non ce que les autres *pensent* que vous êtes ou ce que les circonstances vous forcent à être. Votre cœur détermine les *paroles* que vous prononcez, les *sentiments* que vous éprouvez et *les actions* que vous accomplissez.[12]

Physiquement, le battement de notre cœur est unique. De même que nous avons des empreintes digitales, des rétines et des voix uniques, notre cœur ne bat pas tout à fait comme celui des autres. N'est-il pas prodigieux que parmi les milliards de personnes qui ont vécu sur cette terre, personne n'ait jamais eu un cœur qui ait battu tout à fait comme le vôtre ?

De même, Dieu nous a accordé à chacun un « battement de cœur » *émotionnel* unique qui vibre chaque fois que nous pensons aux sujets, aux activités ou aux circonstances qui nous intéressent. Instinctivement, nous nous soucions de certaines choses et pas de certaines autres. Cela vous indique dans quel domaine vous devez servir le Seigneur.

Un synonyme du mot cœur est *passion*. Certains sujets vous passionnent, d'autres vous laissent de marbre. Certaines expériences vous émerveillent et vous captivent alors que d'autres vous ennuient à mourir. Cela révèle la nature de votre cœur.

Pendant votre enfance, vous vous êtes peut-être aperçu que vous vous passionniez pour certains sujets qui n'intéressaient personne d'autre dans la famille. D'où cela provenait-il ? De Dieu ! En vous dotant de ces intérêts innés, il avait son idée ! Vos battements de cœur émotionnels sont la seconde clé qui vous permettra de comprendre pour quel service vous avez été conçu. N'ignorez pas vos centres d'intérêt, mais réfléchissez à la façon dont vous pourriez vous en servir pour la gloire de Dieu. Si vous aimez beaucoup pratiquer certaines activités, ce n'est pas sans raison.

La Bible nous répète souvent de « *servir le Seigneur de tout notre cœur* ».[13] Dieu veut que vous le serviez avec passion, et non par devoir. Les gens excellent rarement dans des tâches qu'ils n'aiment pas faire ou qui ne les intéressent pas. Dieu veut que vous employiez vos centres d'intérêt naturels pour le servir et pour aider les autres. Écouter vos pulsions internes peut vous indiquer le ministère qu'il a en vue pour vous.

Comment savez-vous que vous servez le Seigneur du fond du cœur ? Le premier signe révélateur est *votre enthousiasme*. Quand vous faites ce que vous aimez beaucoup, nul n'a besoin de vous motiver, de vous stimuler ou de vous reprendre. Vous accomplissez votre tâche avec fougue. Vous n'avez besoin ni de récompenses, ni d'applaudissements, ni de paiement, car votre service vous transporte d'enthousiasme. Si, par contre, ce que vous faites ne vous emballe pas, un rien vous décourage.

Quand on sert le Seigneur du fond du cœur, on se caractérise également par son *efficacité*. Chaque fois que vous faites ce que le Seigneur vous a mis à cœur d'accomplir, vous brillez. La passion mène à la perfection. Si vous n'appréciez guère une tâche, vous ne l'accomplirez que médiocrement. En revanche, dans tous les domaines, ceux qui réussissent le mieux dans leurs entreprises sont ceux qui agissent avec passion, et non par devoir ou appât du gain.

> *Quand vous faites ce que vous aimez beaucoup, nul n'a besoin de vous motiver.*

Nous avons tous entendu des gens nous dire : « J'ai pris un travail qui ne me plaît pas du tout pour gagner beaucoup d'argent, afin de pouvoir le quitter un jour pour faire ce qui me passionne. » C'est une grossière erreur ! Ne vous gâchez pas la vie à accomplir une tâche qui ne correspond en rien à vos goûts. Souvenez-vous que *les possessions* sont secondaires. Le sens de votre vie va bien au-delà de l'argent ! L'homme le plus riche du monde a dit un jour : « *Mieux vaut avoir peu et être soumis au Seigneur que posséder beaucoup et vivre dans l'inquiétude.* »[14]

Ne vous bornez pas à chercher « la belle vie », car ce n'est pas un but qui, à long terme, vous satisfera. Vous pouvez avoir une vie *bien remplie, mais qui ne mène à rien*. Cherchez plutôt « *la meilleure des vies* » : servez Dieu d'une façon qui corresponde à l'expression de votre cœur. Trouvez ce que vous aimez faire — ce que le Seigneur vous a mis à cœur d'accomplir — et accomplissez-le pour sa gloire.

TRENTIÈME JOUR
DÉFINIR MON OBJECTIF

Idée à méditer : J'ai été formé pour servir Dieu.

Verset à apprendre : « *Il y a diverses activités, mais c'est le même Dieu qui les produit en tous.* » (1 Corinthiens 12.6, BFC)

Question à me poser : De quelle façon est-ce que j'envisage de servir passionnément les autres en aimant ce que je fais ?

31
Comprendre qui vous êtes

*« C'est toi qui as créé ma conscience,
qui m'a tissé dans le ventre de ma mère. »*

(Psaume 139.13, BFC)

Vous seul pouvez être vous.

Dieu a conçu chacun d'entre nous de telle façon qu'il n'ait pas son pareil au monde. Nul n'a le mélange de facteurs qui vous rend unique. Cela signifie que nul autre sur la terre ne pourra jouer le rôle particulier que le Seigneur a prévu pour vous. Si vous n'apportez pas votre contribution unique au Corps de Christ, personne d'autre ne tiendra votre rôle. Selon la Bible, *« il y a diversité de dons... diversité de ministères... diversité d'opérations. »*[1] Dans le dernier chapitre, nous avons examiné les deux premiers points : vos dons spirituels et votre cœur. Nous allons étudier maintenant les autres caractéristiques de votre profil spirituel.

TROISIÈMEMENT : L'EXPLOITATION DE VOS CAPACITÉS

Vos capacités sont les talents naturels avec lesquels vous êtes né. Certaines personnes sont douées pour parler : elles sont venues au monde en babillant ! D'autres ont des capacités athlétiques exceptionnelles et une coordination physique hors pair. D'autres sont bons en mathématiques, en musique ou en mécanique…

Lorsque l'Éternel a voulu créer le Tabernacle et tous les ustensiles d'adoration qu'il comprenait, il a fait appel à des artistes et des artisans qualifiés *« en sagesse, en intelligence et en connaissance pour toutes sortes d'ouvrages, pour faire des inventions… »*[2] Actuellement, le Seigneur a qualifié des multitudes d'hommes afin qu'ils excellent à son service.

Toutes nos capacités viennent de Dieu. Même celles qui sont employées pour pécher proviennent de lui : elles sont simplement mal employées ou dénaturées. La Bible nous apprend : *« Nous avons des dons différents à utiliser selon ce que Dieu a accordé gratuitement à chacun. »*[3] Comme nos capacités naturelles viennent de Dieu, elles sont tout aussi importantes et « spirituelles » que vos dons spirituels. La seule différence, c'est que vous les avez reçues à la naissance.

L'une des excuses les plus communes que les gens allèguent pour ne pas servir le Seigneur, c'est « Je n'ai aucune capacité naturelle à offrir ». C'est ridicule ! Vous avez des dizaines ou même des centaines de capacités insoupçonnées, cachées et inemployées qui stagnent en vous. Beaucoup d'études ont révélé que les gens possèdent, en moyenne, de cinq cents à sept cents diverses aptitudes et capacités — beaucoup plus que vous l'imaginez.

Par exemple, votre cerveau peut emmagasiner cent trillions de faits. Votre cerveau peut prendre quinze mille décisions par seconde, comme il le fait lorsque votre système digestif est à l'œuvre. Votre nez peut distinguer plus de dix mille odeurs différentes. Votre doigt peut détecter une particule d'un millième de millimètre et votre langue a la capacité de distinguer une dose de quinine dans deux millions de fois plus d'eau. Vous avez des aptitudes prodigieuses. Vous êtes une créature merveilleuse de Dieu ! L'Église a le devoir des discerner vos capacités pour servir Dieu et de vous aider à les employer.

Toutes les capacités peuvent être employées pour la gloire de Dieu. Paul a dit : *« Quoi que ce soit que vous fassiez, faites tout pour la gloire de Dieu. »*[4] La Bible est remplie d'exemples de diverses capacités dont le Seigneur s'est servi pour sa gloire. Voici quelques-unes de celles qui sont mentionnées dans les Écritures : aptitudes artistiques, architecturales, administratives, culinaires, construction de bateaux, confection de friandises, débat, dessin, embaumement, broderie, gravure sur bois, tâches de la ferme, pêche, jardinage, direction, organisation, maçonnerie, composition musicale, fabrication d'armes, travaux d'aiguille, peinture, plantations, philosophie, construction de machines, invention, métier de charpentier, navigation, vente, emploi militaire, confection de vêtements, enseignement, rédaction de littérature et de poésie... La Bible affirme : « *Il y a toutes sortes d'activités, mais c'est le même Dieu ; et c'est lui qui met tout cela en action chez tous.* »[5] Dieu a une place dans son Église où vos spécialités peuvent être employées et où vous pouvez vous rendre utile. À vous de la trouver !

Dieu a doté certaines personnes de la capacité de gagner beaucoup d'argent. Moïse a dit aux Israélites : « *Tu te souviendras de l'Éternel, ton Dieu, car c'est lui qui te donne la force pour acquérir ces richesses.* »[6] Les gens qui ont cette capacité excellent à lancer des entreprises, à passer des marchés, à acheter et à vendre en faisant de gros bénéfices. Si c'est votre cas, vous devez employer ce don pour la gloire de Dieu. Comment ? Premièrement, comprenez que cette capacité vient du Seigneur et attribuez-lui en le mérite. Deuxièmement, profitez de votre prospérité pour pourvoir aux besoins des autres et pour annoncer votre foi aux incroyants. Troisièmement, versez au moins la dîme (dix pour cent) de votre bénéfice au Seigneur en signe d'adoration[7]. Et quatrièmement, fixez-vous pour but d'*édifier le Royaume de Dieu*, et non d'*amasser des richesses*. Je vous l'expliquerai au chapitre 33.

Dieu *veut* que j'accomplisse ce dont *je suis capable*. Vous êtes la seule personne au monde à pouvoir employer vos capacités. Personne d'autre ne peut jouer votre rôle, parce que nul n'a le profil particulier dont Dieu vous a doté. La Bible nous affirme que Dieu nous rend capables de faire le bien sous toutes ses formes afin que nous

> *Dieu veut que j'accomplisse ce dont je suis capable.*

accomplissions sa volonté.[8] Pour découvrir la volonté divine pour votre vie, vous devez examiner soigneusement vos points forts et vos points faibles.

Si Dieu ne vous a pas qualifié pour le chant, il n'attend pas de vous que vous soyez chanteur d'opéra. Jamais il ne vous demandera de consacrer votre vie à une tâche pour laquelle vous n'êtes pas doué. En revanche, vos capacités vous indiquent clairement ce que le Seigneur souhaite que vous fassiez de votre vie. Elles vous amènent à connaître la volonté de Dieu pour vous. Si vous êtes un bon inventeur, formateur, dessinateur ou organisateur, vous pouvez vous dire que le plan du Seigneur pour votre vie comprend cette capacité. Dieu ne gâche pas nos talents, mais il a un plan qui coïncide avec nos aptitudes.

JOUR 31 :
COMPRENDRE
QUI VOUS
ÊTES

Vos capacités ne vous ont pas seulement été octroyées pour que vous puissiez gagner votre vie, mais Dieu vous les a accordées en fonction de votre ministère. Pierre a expliqué : *« Que chacun de vous utilise pour le bien des autres le don particulier qu'il a reçu de Dieu. Vous serez ainsi de bons administrateurs des multiples dons divins. »*[9]

Au moment où j'écris ces lignes, près de sept mille membres emploient leurs capacités pour le ministère à l'Église Saddleback. Ils effectuent tous les services que vous pouvez imaginer : ils réparent des voitures qu'on leur a données afin d'en faire cadeau aux plus démunis ; ils trouvent les prix les plus avantageux pour les achats de l'assemblée ; ils jardinent ; ils classent des dossiers ; ils dessinent, élaborent des programmes et conçoivent des bâtiments ; ils donnent des soins médicaux aux autres ; ils préparent des repas ; ils composent des chants ; ils enseignent la musique aux autres ; ils rédigent des demandes de subventions ; ils encadrent des équipes ; ils effectuent des recherches pour les prédications ou ils les traduisent en d'autres langues, et ils se livrent à des centaines d'autres tâches précises. On dit aux nouveaux membres : « Tout ce pour quoi vous êtes doué, mettez-le au service de l'Église ! »

QUATRIÈMEMENT, Employez Votre Personnalité

Nous ne comprenons pas à quel point chacun d'entre nous est unique. Les molécules d'ADN peuvent s'associer de façons innombrables. Ce nombre est 10 à la puissance 2 400 000 000. C'est là la probabilité que vous trouviez quelqu'un qui soit exactement comme vous. Si vous deviez écrire ce chiffre avec des zéros d'un pouce de largeur, vous auriez besoin d'une bande de papier de 59 200 kilomètres de long !

Pour vous donner une idée de ce que cela représente, certains scientifiques estiment que toutes les particules de l'univers sont probablement inférieures à 10 suivi de 76 zéros, bien moins que les possibilités de votre ADN. Votre caractère unique est un fait scientifique notoire. Après vous avoir créé, Dieu a brisé le moule ! Jamais il n'y a eu et il n'y aura quelqu'un qui soit exactement comme vous.

Manifestement, le Seigneur apprécie la variété — regardez autour de vous ! Il a créé chacun d'entre nous avec une combinaison unique de traits de personnalité. Il a fait des *introvertis* et des *extravertis*, des gens qui aiment *la routine* et d'autres qui préfèrent *le changement*, des « *rationnels* » et des « *intuitifs* », des gens qui travaillent mieux seuls et d'autres qui travaillent mieux en équipe. Selon les Écritures, « *il y a toutes sortes d'activités, mais c'est le même Dieu ; et c'est lui qui met tout cela en action chez tous.* »[10]

La Bible nous prouve abondamment que le Seigneur s'est servi de toutes sortes de personnalités. Pierre était un *sanguin*, Paul un *colérique*, Jérémie un *mélancolique*. Quand on examine les différents caractères des disciples, on comprend aisément pourquoi, par moments, ils avaient des conflits.

Il n'y a pas de « bon » ou de « mauvais » tempérament pour le ministère. Nous avons besoin de toutes sortes de personnalités pour que l'Église soit équilibrée et qu'elle ait sa saveur unique. Si nous étions tous de la vanille, le monde serait un lieu très ennuyeux, mais heureusement, les gens ont une multitude de saveurs variées.

Votre personnalité influe sur *la façon* et *le lieu* où vous emploierez vos dons spirituels et vos capacités. Par exemple, deux personnes peuvent avoir un don particulier pour l'évangélisation : si l'une est introvertie et l'autre extravertie, ce don s'exprimera de manière différente.

Les ébénistes savent qu'il est plus facile de travailler dans le sens du grain que dans le sens contraire. De même, lorsque vous êtes obligé de servir le Seigneur d'une façon opposée à votre tempérament, cela crée des tensions et un malaise, et les résultats obtenus sont médiocres. C'est pourquoi imiter le ministère de quelqu'un d'autre ne réussit jamais. Vous n'avez pas la même personnalité ! De plus, le Seigneur vous a créé afin que vous soyez vous-même ! Vous pouvez *tirer profit* de l'exemple des autres, mais il faut que vous l'adaptiez à votre propre *profil*. Actuellement, beaucoup de livres et de documents peuvent vous aider à comprendre votre personnalité afin de déterminer comment vous pouvez l'employer pour le Seigneur.

Comme des vitraux, nos diverses personnalités reflètent la lumière de Dieu de multiples couleurs et de formes différentes. Cela permet à la famille de Dieu d'être riche et variée, et cela nous apporte, à nous aussi, une bénédiction. *C'est si bon* de faire ce que le Seigneur a prévu pour vous ! Quand vous servez le Seigneur d'une façon qui coïncide parfaitement avec la personnalité qu'il vous a donnée, vous êtes comblé, satisfait et performant.

> C'est si bon *de faire ce que le Seigneur a prévu pour vous !*

CINQUIÈMEMENT : Servez-Vous De Vos Expériences

Vous avez été buriné par les expériences de votre vie, la plupart du temps indépendantes de votre volonté, que le Seigneur a permises pour vous forger.[11] Pour déterminer votre profil de serviteur du Seigneur, vous devez examiner au moins six sortes d'expériences de votre passé :

- Les expériences *familiales* : Qu'avez-vous appris au cours de votre enfance dans votre famille ?
- Les expériences *scolaires* : À l'école, quelles étaient vos matières préférées ?
- Les expériences *professionnelles* : Quels métiers avez-vous exercés avec le plus de succès et de plaisir ?
- Les expériences *spirituelles* : Quels ont été vos temps forts avec Dieu ?
- Les expériences *dans le ministère* : Dans le passé, comment avez-vous servi le Seigneur ?

- Les expériences *douloureuses* : Quels problèmes, quelles blessures, quels crève-cœur et quelles épreuves vous ont le plus appris ?

C'est cette dernière catégorie, les expériences *douloureuses*, que le Seigneur emploie le plus afin de vous préparer pour le ministère. *Dieu ne gâche jamais une souffrance !* En fait, votre ministère *le plus fructueux* aura peut-être pour base votre plus grande épreuve. Qui pourrait mieux s'occuper d'un enfant atteint du syndrome de Down qu'un couple dont l'enfant souffre de la même maladie ? Qui pourrait mieux aider un alcoolique à se rétablir que quelqu'un qui s'est battu contre le même fléau et qui a retrouvé sa liberté ? Qui pourrait mieux réconforter une femme que son mari a quittée pour aller vivre avec une maîtresse qu'une épouse qui a enduré cette terrible épreuve ?

Le Seigneur vous laisse volontairement subir ces pénibles expériences afin de vous qualifier pour exercer votre ministère auprès des autres. La Bible dit : « *Béni soit Dieu… qui nous console dans toutes nos afflictions, afin que par la consolation dont nous sommes l'objet de la part de Dieu, nous puissions consoler ceux qui se trouvent dans l'affliction.* »[12]

Si vous voulez vraiment que le Seigneur se serve de vos expériences douloureuses, vous devez être prêt à en faire part aux autres. Il faut que vous cessiez de les cacher et que vous admettiez franchement vos fautes, vos échecs et vos craintes. Ce sera probablement votre ministère le plus efficace. Les gens sont toujours plus encouragés lorsque nous leur montrons combien la grâce de Dieu nous a aidés dans nos faiblesses que lorsque nous nous vantons de nos exploits.

Comme Paul le comprenait, il avouait franchement ses moments de découragement. Il a témoigné : « *Nous ne voulons pas, en effet, vous laissez ignorer, frères, au sujet de l'affliction qui nous est survenue en Asie, que nous avons été excessivement accablés,*

> *Si vous voulez vraiment que le Seigneur se serve de vos expériences douloureuses, vous devez être prêt à en faire part aux autres.*

au-delà de nos forces, de telle sorte que nous désespérions même de conserver la vie. Et nous regardions comme certain notre arrêt de mort, afin de ne pas placer notre confiance en nous-mêmes, mais de la placer en Dieu qui ressuscite les morts. C'est lui qui nous a délivrés et qui nous délivrera d'une telle mort, lui de qui nous espérons qu'il nous délivrera encore. »[13]

Si Paul avait gardé le silence sur cette expérience de doute et de dépression, des millions de personnes n'en auraient jamais bénéficié. Seul l'aveu de nos expériences peut aider les autres. Aldous Huxley a dit : « L'expérience, ce n'est pas ce qui vous arrive, mais c'est ce que vous en faites. » Que ferez-vous des épreuves que vous avez endurées ? Ne gâchez pas votre peine, mais servez-vous en pour aider les autres.

Après avoir examiné les cinq façons dont le Seigneur vous a façonné à son service, j'espère que vous comprenez mieux la souveraineté de Dieu et que vous avez une idée plus juste de la façon dont il vous a préparé pour le servir. Agir en fonction de votre profil spirituel est le secret de la fécondité et de l'épanouissement de votre ministère.[14] Vous serez vraiment efficace si vous employez vos *dons spirituels* et vos *capacités* dans un domaine correspondant aux *désirs de votre cœur*, d'une façon qui laisse s'exprimer votre *personnalité* et vos *expériences*. Mieux vous réunirez toutes les conditions, plus vous aurez de succès.

TRENTE-ET-UNIÈME JOUR
DÉFINIR MON OBJECTIF

Idée à méditer : Personne d'autre ne peut être moi.

Verset à apprendre : « *Chacun de vous a reçu de Dieu un don particulier : qu'il le mette au service des autres comme un bon gérant de la grâce infiniment variée de Dieu.* » (1 Pierre 4.10, BS)

Question à me poser : Quelles capacités venant de Dieu ou quelle expérience personnelle puis-je offrir à mon église ?

32

Employer ce que Dieu vous a donné

« *Nous formons un seul corps dans l'union avec le Christ et nous sommes tous unis les uns aux autres comme les parties d'un même corps.* »

(Romains 12.5, BFC)

« *Ce que vous êtes est un don de Dieu pour vous ; ce que vous faites de vous-même est votre don à Dieu.* »

(Proverbe danois)

Dieu mérite le meilleur de vous-même.

Il vous a façonné dans un but précis, et il espère vous voir tirer le meilleur de ce qu'il vous a donné. Il ne veut pas que vous convoitiez des aptitudes dont vous êtes dépourvu, ni que vous déploriez leur absence, mais il souhaite que vous vous concentriez sur les talents qu'il vous a accordés afin que vous les employiez.

Lorsque vous tentez de servir le Seigneur d'une façon pour laquelle vous n'avez pas été équipé, c'est comme si vous vous ingéniiez à enfoncer une cheville carrée dans un trou rond. C'est frustrant et cela produit un résultat peu convaincant. D'autre part, cela vous fait perdre votre temps, vos talents et votre énergie. Le meilleur usage que vous puissiez faire de votre vie, c'est de servir le Seigneur selon votre profil spirituel.

Pour cela, il faut d'abord découvrir ce dernier, apprendre à l'accepter et à l'apprécier, puis le développer jusqu'à ce qu'il atteigne son plein potentiel.

DÉCOUVREZ VOTRE PROFIL

La Bible nous conseille : « *Ne soyez pas déraisonnables, mais comprenez ce que le Seigneur attend de vous.* »[1] Ne laissez pas passer un jour de plus sans commencer à chercher et à discerner clairement ce que le Tout-Puissant souhaite que vous soyez et fassiez.

Commencez par estimer vos dons et vos capacités. Regardez méticuleusement et honnêtement quels sont vos points forts et vos points faibles. Paul préconisait : « *Tendez… à une sage appréciation de vous-même.* »[2] Dressez une liste. Demandez à vos proches de vous dire franchement ce qu'ils en pensent. Expliquez-leur que vous cherchez la vérité et non de vaines flatteries. Les dons spirituels et les capacités naturelles sont toujours confirmées par les autres. Si vous croyez être un bon enseignant ou chanter comme un rossignol et que les autres ne sont pas d'accord avec vous, pensez-vous avoir raison ? Si vous êtes persuadé d'avoir le don de mener les autres, jetez simplement un coup d'œil par-dessus votre épaule : si personne ne vous suit, vous vous bercez d'illusions.

Posez-vous des questions de ce genre : « Dans ma vie, où ai-je vu des fruits *que les autres ont confirmés* ? » « Où ai-je connu des succès ? » Les tests sur les dons spirituels et les capacités peuvent avoir quelque valeur, mais leur utilité est limitée. Comme ils sont faits pour tout le monde, ils ne tiennent pas compte de votre caractère unique. De plus, aucune définition précise des dons spirituels ne nous est donnée dans la Bible, si bien que toutes sont arbitraires et variables selon les dénominations. Et plus vous mûrissez spirituellement, plus vous présentez les caractéristiques d'un grand nombre de dons. Vous pouvez, par exemple, servir, enseigner ou donner généreusement par maturité, et non parce que c'est votre don spirituel.

Le meilleur moyen de découvrir vos dons et vos aptitudes, c'est d'*expérimenter* divers domaines de service. Dans ma jeunesse, j'aurais pu me soumettre à une centaine de tests de dons et de capacités sans découvrir que j'étais doué pour enseigner, car je ne l'avais jamais fait ! C'est seulement *après* avoir accepté de prendre la parole en public à plusieurs reprises que j'ai vu les résultats, reçu la confirmation des autres et compris : « Dieu m'a appelé à faire cela ! »

De nombreux livres prennent le problème à l'envers. Ils affirment : « Découvrez votre don spirituel, et vous saurez quel ministère vous êtes censé exercer. » En réalité, c'est l'inverse. Commencez simplement à servir, à expérimenter différents ministères, puis vous découvrirez vos dons. Tant que vous ne vous engagerez pas dans le service, vous ne saurez pas dans quel domaine vous êtes doué.

Vous avez des dizaines de capacités et de dons cachés dont vous ignorez l'existence, parce que vous n'avez jamais essayé de les pratiquer. Je vous encourage donc à vous lancer dans des activités que vous n'avez encore jamais faites. Quel que soit votre âge, je vous invite à ne jamais cesser de faire des essais. J'ai rencontré de nombreuses personnes qui se sont découvert des talents cachés à soixante-dix ou à quatre-vingt ans. Je connais une femme de quatre-vingt-dix ans qui remporte des courses de dix kilomètres. Elle n'a découvert qu'elle aimait courir qu'à soixante-dix huit ans !

> *Vous ne saurez jamais en quoi vous êtes doué tant que vous n'essaierez pas.*

N'essayez pas de discerner la nature de vos dons avant d'accepter de servir le Seigneur quelque part. Mettez-vous simplement à l'œuvre ! C'est en vous engageant dans un ministère que vous découvrirez vos dons. Essayez d'enseigner, de diriger, d'organiser, de jouer d'un instrument ou de travailler avec des adolescents. Vous ne saurez jamais en quoi vous êtes doué tant que vous n'essaierez pas. Et si vous échouez, vous parlerez d'« expérience », et non d'échec. Vous finirez par apprendre dans quel domaine vous êtes performant.

Tenez compte de vos aspirations et de votre personnalité. Paul conseillait : « *Que chacun examine son propre comportement. S'il découvre quelque aspect louable, alors il pourra en éprouver de la fierté par rapport à lui-même et non par comparaison avec les autres.* »[3] De nouveau, je vous incite à demander leur avis à ceux qui vous connaissent bien. Posez-vous les questions : Qu'est-ce que je préfère faire ? Quand est-ce que je me sens vivre pleinement ? Quand je perds la notion du temps, dans quelle activité suis-je plongé ? Est-ce que j'aime la routine ou le changement ? Suis-je plutôt introverti ou extraverti, rationnel ou intuitif ? Qu'est-ce que je préfère : la compétition ou la coopération ?

Examinez vos expériences et tirez-en des leçons. Repensez à votre vie et réfléchissez à la façon dont elle vous a façonné. Moïse a dit aux Israélites : « *Aujourd'hui, vous savez ce que l'Éternel vous a appris.* »[4] Les expériences oubliées n'ont aucune valeur ; c'est une bonne raison pour tenir un journal spirituel. Paul s'inquiétait à l'idée que les croyants de la Galatie risquaient d'oublier les souffrances qu'ils avaient endurées. Il s'est exclamé : « *Avez-vous fait de telles expériences pour rien ?* »[5]

Tandis que nous sommes éprouvés, en situation d'échec ou à bout de ressources, nous réalisons rarement le plan de Dieu. Lorsque Jésus a lavé les pieds de Pierre, il a dit : « *Ce que je fais, tu ne le comprends pas maintenant, mais tu le comprendras bientôt.* »[6] C'est seulement après coup que nous réalisons de quelle façon l'Éternel a permis tel ou tel problème pour notre bien.

Tirer des leçons de vos expériences prend du temps. Je vous recommande de consacrer tout un week-end à effectuer une *retraite de bilan de votre vie* au cours de laquelle vous prendrez le temps de voir comment le Seigneur a agi dans les divers moments précis de votre existence et de quelle façon il souhaite employer ces leçons dans le but d'aider les autres. Il existe des documents pour vous aider à effectuer cette démarche.[7]

ACCEPTEZ ET APPRÉCIEZ VOTRE PROFIL

Comme le Seigneur sait ce qui est le mieux pour vous, vous devez accepter de bon gré la façon dont il vous a conçu. La Bible fait remarquer : « *Qui es-tu pour contester avec Dieu ? Le* vase d'argile dira-t-il à celui qui l'a formé : *Pourquoi m'as-tu fait ainsi ? Le potier n'est-il pas maître de l'argile ?* »[8]

Votre profil a été déterminé par votre Dieu souverain pour *son* dessein. Vous ne devriez donc pas le dénigrer ou le rejeter. Au lieu d'essayer de ressembler à quelqu'un d'autre, mieux vaut vous réjouir du profil que Dieu vous a donné à vous seul. « *Chacun de nous a reçu un don particulier, l'un de ceux que le Christ a généreusement accordés.* »[9]

Accepter votre profil, c'est aussi savoir admettre vos limites. Personne n'est doué pour tout, et nul n'est appelé à tout faire. Nous avons des rôles bien précis. Paul avait compris qu'il n'était pas appelé à tout accomplir ou à plaire à tout le monde, mais plutôt à se concentrer uniquement sur le ministère particulier auquel Dieu l'avait appelé.[10] Il incitait les chrétiens à demeurer « *dans les limites du champ de travail que Dieu nous a fixé.* »[11]

Le mot *limites* fait allusion au fait que Dieu nous assigne à chacun un champ ou une sphère de service. Votre profil détermine votre spécialité. Lorsque nous essayons d'étendre notre ministère au-delà du profil que le Seigneur nous a donné, nous connaissons le stress. De même que, dans une course, chaque participant court sur une piste différente dans laquelle il doit se cantonner, nous devons chacun courir « *avec persévérance dans la carrière qui nous est ouverte* »[12] N'enviez pas les coureurs de la piste voisine de la vôtre : appliquez-vous simplement à terminer *votre* course.

Le Seigneur veut vous voir satisfait du profil qu'il vous a donné. La Bible nous conseille : « *Que chacun examine ses propres œuvres, et alors il aura sujet de se glorifier pour lui seul, et non par rapport à autrui.* »[13] Satan tentera de vous ravir la joie de votre service d'un certain nombre de manières : en vous incitant à *comparer* votre ministère avec celui des autres et en vous poussant à *conformer* votre ministère à ce que veulent les autres. Ces deux tendances sont des pièges mortels qui vous empêcheront de servir le Seigneur comme il le souhaite.

Le Seigneur veut vous voir satisfait du profil qu'il vous a donné.

Chaque fois que vous perdez votre joie dans le ministère, commencez par vous demander si ce n'est pas à cause de l'une de ces deux tentations.

La Bible nous prévient de ne jamais nous comparer aux autres : « *Que chacun examine sa propre conduite ; s'il peut en être fier, il le sera par rapport à lui seul et non par comparaison avec autrui.* »[14] Vous ne devez jamais comparer votre profil, votre ministère ou les résultats de ce dernier avec ceux des autres pour deux raisons. Tout d'abord, vous parviendrez toujours à trouver quelqu'un qui semble faire un travail bien meilleur que le vôtre et vous vous découragerez. Ensuite, à l'inverse, vous trouverez toujours quelqu'un qui paraît moins efficace que vous et vous vous gonflerez d'orgueil. Chacune de ces deux attitudes vous entravera dans votre service et vous ravira votre joie.

Paul a affirmé qu'il est insensé de se comparer aux autres. Il a décrété : « *Nous n'aurions pas l'audace de nous prétendre égaux ou même comparables à certains qui se recommandent eux-mêmes ! La mesure avec laquelle ils se mesurent, c'est eux-mêmes, et ils ne se comparent à rien d'autre qu'à eux-mêmes. N'est-ce pas là une preuve de leur folie ?* »[15] La paraphrase du Message déclare : « *Avec toutes leurs comparaisons, leurs notes et leurs compétitions, ils passent à côté de l'essentiel.* »[16]

JOUR 32 :
EMPLOYER
CE QUE
DIEU VOUS
A DONNÉ

Vous allez constater que certaines personnes, qui ne comprennent pas votre profil spirituel, vous critiqueront et essaieront de vous inciter à vous conformer à ce que, *d'après elles*, vous devriez faire. Ignorez-les ! Paul devait souvent faire face aux critiques de ceux qui comprenaient mal et calomniaient son travail. Il répondait toujours la même chose : évitez les comparaisons, méfiez-vous des exagérations et ne cherchez que l'approbation divine.[17]

L'une des raisons pour lesquelles Paul a été employé si magistralement par Dieu, c'est qu'il a refusé de se laisser distraire par les critiques, par la comparaison de son ministère avec celui des autres ou par des discussions stériles concernant son œuvre. Comme l'a dit John Bunyan, « si ma vie est stérile, peu importe qu'on me loue, et si ma vie est fructueuse, peu importe qu'on me critique. »

CONTINUEZ À DÉVELOPPER VOTRE PROFIL

La parabole des talents racontée par Jésus illustre le fait que le Seigneur s'attend à ce que nous tirions le maximum de ce qu'il nous donne. Nous devons cultiver nos dons et nos aptitudes, garder nos cœurs brûlants, ciseler notre caractère et notre personnalité et accumuler les expériences afin d'être de plus en plus efficaces dans notre service. Paul recommande aux Philippiens de croître *« en pleine connaissance et en parfait discernement »*[18] et il conseillait à Timothée : *« Maintiens en vie le don que Dieu t'a accordé »*[19]

Si vous n'exercez pas vos muscles, ils faibliront et s'atrophieront. De même, si vous n'utilisez pas les capacités et les talents que Dieu vous a donnés, vous finirez par les perdre. Jésus a enseigné la parabole des talents pour insister sur ce point. En parlant du serviteur qui n'avait pas employé son talent, le maître a dit : *« Ôtez-lui donc le talent, et donnez-le à celui qui a les dix talents. »*[20] Si nous n'employons pas ce qui nous a été donné, nous finirons par le perdre, mais si nous nous servons de la capacité que Dieu nous a accordée, il la fera fructifier. Paul a dit à Timothée : *« Ne néglige pas le ministère qui t'a été confié. Prends ces choses à cœur. »*[21]

Quels que soient les dons que le Seigneur vous a accordés, vous pouvez les faire fructifier et les développer par la pratique. Par exemple, nul ne possède le don d'enseigner à son degré le plus élevé, mais en étudiant, en écoutant les réactions de ses auditeurs et en s'entraînant, un « bon » enseignant peut s'améliorer et, avec le temps, devenir *expert en la matière*. Ne vous contentez pas d'un don à moitié développé, mais progressez le plus possible. *« Efforce-toi d'être digne d'approbation aux yeux de Dieu, comme un ouvrier qui n'a pas à rougir. »*[22] Ne laissez passer aucune occasion de développer votre profil et d'améliorer vos capacités.

Au ciel, nous allons servir le Seigneur pour toujours. Dès maintenant, nous pouvons nous préparer à ce service éternel en nous entraînant sur la terre. Comme des athlètes qui s'exercent pour les Jeux Olympiques, nous nous préparons pour le grand jour : *« Tous les athlètes s'imposent une discipline sévère* dans tous les domaines pour recevoir une couronne, qui pourtant sera bien vite fanée, alors que nous, nous aspirons à une couronne qui ne se flétrira jamais. »[23]

Nous nous préparons pour des responsabilités et des récompenses *éternelles*.

TRENTE-DEUXIÈME JOUR
DÉFINIR MON OBJECTIF

Idée à méditer : Dieu mérite le meilleur de moi-même.

Verset à apprendre : « *Efforce-toi de te présenter devant Dieu en homme qui a fait ses preuves, en ouvrier qui n'a pas à rougir de son ouvrage, parce qu'il transmet correctement la Parole de vérité.* » (2 Timothée 2.15, BS)

Question à me poser : Comment puis-je faire le meilleur usage possible de ce que Dieu m'a donné ?

33
Comment agissent les vrais serviteurs

« Quiconque veut être grand parmi vous, qu'il soit votre serviteur. »

(Marc 10.43, BG)

« Vous les reconnaîtrez à leurs fruits. »

(Matthieu 7.16, BD)

Nous servons Dieu en servant les autres.

Le monde définit la grandeur en termes de pouvoir, de possessions, de prestige et de position. Si vous parvenez à vous faire servir par les autres, vous êtes en bonne voie ! Dans notre culture où chacun se sert lui-même et où le mot d'ordre est « Moi d'abord », se comporter en serviteur n'a pas bonne presse.

Toutefois, Jésus évaluait la grandeur en termes de service et non de statut. Selon lui, c'est le nombre de personnes que vous servez qui détermine votre grandeur et non l'inverse. C'est tellement opposé à la conception actuelle que nous éprouvons certaines difficultés à le comprendre, et plus encore à le mettre en pratique. Les disciples discutaient entre eux pour savoir lequel était le plus grand, et vingt siècles plus tard, les dirigeants chrétiens jouent des coudes pour avoir une position en vue et la prééminence dans les églises, les mouvements et les associations chrétiennes.

Des milliers de livres ont été écrits sur l'art de diriger, mais peu traitent du service. Tout le monde veut diriger, personne ne souhaite être un serviteur. Nous préférons être des généraux que de simples soldats ! Les chrétiens eux-mêmes veulent être des *« serviteurs-dirigeants »* et non de simples serviteurs. Mais être comme Jésus, c'est être un serviteur ! C'est ainsi qu'il se désignait lui-même.

Certes, pour servir le Seigneur, vous devez connaître votre profil, mais il est encore plus important que vous ayez un cœur de serviteur. Souvenez-vous que Dieu vous a façonné pour *servir* et pas pour vous replier sur vous-même. Si vous n'avez pas un cœur de serviteur, vous serez tenté de vous servir de votre profil spirituel pour votre profit personnel. Vous aurez tendance à le brandir pour vous exempter de pourvoir à certains besoins.

Souvent, l'Éternel éprouve notre cœur en nous demandant de le servir de certaines façons pour lesquelles nous ne sommes *pas* qualifiés. Si vous voyez un homme tomber dans une fosse, Dieu s'attend à ce que vous l'aidiez à s'en sortir, et non que vous disiez : « Je n'ai ni le don de miséricorde, ni celui de service. » Même si vous n'êtes pas doué pour une certaine tâche, il se peut que vous ayez à l'accomplir si personne de qualifié n'est là pour le faire. Votre *premier* ministère est celui qui correspond à votre profil, mais le *second* correspond aux besoins du moment.

Votre profil révèle votre ministère, mais votre cœur de serviteur prouve votre maturité. Aucun talent et aucun don particulier n'est requis pour rester après une réunion afin de ramasser les papiers ou d'empiler les chaises. Tout le monde peut être un serviteur. Il suffit de le vouloir.

Il est possible de servir dans l'Église durant toute sa vie sans jamais être un *serviteur*, car cela exige une disposition de cœur particulière. Comment savoir si vous avez un cœur de serviteur ? Jésus a dit : « *Vous les reconnaîtrez à leurs fruits.* »[1]

> *Votre profil révèle votre ministère, mais votre cœur de serviteur prouve votre maturité.*

Les vrais serviteurs se rendent disponibles pour le service. Ils ne remplissent pas leur emploi du temps avec d'autres activités qui risquent de limiter leur disponibilité. Ils veulent être prêts à se précipiter pour servir le Seigneur au moindre appel. Comme un soldat, un serviteur doit toujours être prêt à remplir sa mission : « *Il n'est pas de soldat qui s'embarrasse des affaires de la vie, s'il veut plaire à celui qui l'a enrôlé.* »[2] Si vous ne servez le Seigneur que lorsque cela vous arrange, vous n'êtes pas un vrai serviteur. Ces derniers font tout ce qu'on attend d'eux, même lorsque cela implique des sacrifices de leur part.

Êtes-vous disponible pour Dieu à tout moment ? Peut-il bouleverser vos projets sans que vous lui en teniez rigueur ? En tant que serviteur, vous n'avez pas à décréter quand ou à quel endroit vous servirez le Maître. Être un serviteur, c'est renoncer au droit d'organiser votre programme et laisser le Seigneur vous interrompre chaque fois qu'il a besoin de vous.

Si vous acceptez de vous souvenir, au début de chaque journée, que vous êtes le serviteur de Dieu, les contretemps vous irriteront beaucoup moins qu'auparavant, car vous souhaiterez avant tout accomplir la volonté divine dans votre vie. Les serviteurs considèrent les interruptions comme des occasions rêvées d'assumer leur ministère, et ils se réjouissent dès qu'ils ont l'occasion de servir Dieu.

Les vrais serviteurs sont attentifs aux besoins. Ils guettent les occasions d'aider les autres. Lorsqu'ils discernent un besoin, ils s'ingénient à y pourvoir, comme la Bible nous l'ordonne : « *Tant que nous en avons l'occasion, faisons du bien à tout le monde, et en premier lieu à ceux qui appartiennent à la famille des croyants.* »[3] Lorsque le Seigneur place devant vous quelqu'un qui a des besoins, il vous donne l'occasion d'accroître vos capacités de serviteur. Vous remarquerez que Dieu vous demande de faire passer vos frères et sœurs dans la foi en premier, et non de les mettre à la queue de votre liste.

Nous manquons de nombreuses occasions de servir le Seigneur parce que nous ne sommes pas assez sensibles et spontanés. Les occasions privilégiées de rendre service ne durent jamais longtemps. Elles passent vite, et parfois sans espoir de retour. Vous n'aurez peut-être qu'une seule chance de servir quelqu'un : ne laissez pas passer l'occasion ! « *Ne dis pas à ton prochain de revenir le lendemain, lorsque tu peux donner immédiatement ce qu'il demande. »*[4]

John Wesley était un serviteur de Dieu hors du commun. Sa devise était « Fais tout le bien que tu peux, par tous les moyens possibles, dans tous les lieux possibles, chaque fois que tu en as la possibilité, à tous les gens possibles, aussi longtemps que tu le pourras. » *Voilà la vraie grandeur !* Vous pouvez commencer par effectuer de petites tâches que personne d'autre n'a envie de faire. Accomplissez ces choses minimes comme si elles étaient essentielles, car le Seigneur vous observe.

Les vrais serviteurs tirent le meilleur parti possible de tout ce qu'ils ont. Ils ne cherchent pas d'excuses, ne remettent pas leur travail à plus tard et n'attendent pas de circonstances plus favorables. Ils ne disent jamais « Un de ces jours » ou « Quand ce sera le bon moment ». Ils font tout ce qu'il faut sur le champ. La Bible déclare : *« Si vous attendez que les conditions soient parfaites, vous ne ferez jamais rien. »*[5] Dieu s'attend à ce que vous fassiez ce que vous pouvez, avec ce que vous avez, là où vous êtes. Un service imparfait est toujours préférable à d'excellentes intentions.

Beaucoup de gens ne servent jamais le Seigneur parce qu'ils craignent de ne *pas être assez bons pour le faire*. Ils ont cru au mensonge selon lequel le service était réservé aux superstars ! Certaines églises ont entretenu ce mythe en faisant de « l'excellence » une idole, ce qui a rendu les gens moyennement doués réticents à s'engager.

Vous avez peut-être entendu dire : « Si vous ne parvenez pas à le faire de façon excellente, n'essayez même pas. » Mais Jésus n'a jamais dit cela ! En réalité, au départ, presque tout ce que nous entreprenons commence médiocrement — c'est ainsi que nous apprenons. À l'église Saddleback, nous partons du *principe « assez bon »* : il n'y a pas besoin que cela soit parfait pour que Dieu s'en serve et le bénisse. Nous préférons enrôler des milliers de personnes dans le ministère que d'avoir une assemblée « parfaite » tenue par quelques chrétiens exceptionnels.

Les vrais serviteurs effectuent toutes les tâches avec la même consécration. Quoi qu'ils fassent, ils l'accomplissent *« de tout leur cœur »*,[6] peu importe l'insignifiance de leur tâche. La seule chose qui les préoccupe, c'est que cela soit utile.

Jamais vous ne parviendrez à un stade où vous serez trop important pour les menues besognes. Jamais le Seigneur ne vous en exemptera ! Cela fait partie de la formation de votre caractère. Selon les Écritures, « *si quelqu'un pense être important alors qu'il n'est rien, il se trompe lui-même.* »[7] Ce sont les petits services qui nous font croître à la ressemblance de Christ.

Jésus se spécialisait dans les petites tâches que tous les autres s'ingéniaient à éviter : laver les pieds, aider les enfants, préparer le petit déjeuner et s'occuper des lépreux. Rien n'était *indigne de lui,* parce qu'il était venu pour servir. Ce n'était pas *malgré* sa grandeur qu'il les accomplissait, mais *à cause d'elle,* et il s'attend à ce que nous suivions son exemple.[8]

Les petites tâches révèlent souvent un grand cœur. Votre mentalité de serviteur se montre fréquemment par de petits actes que d'autres ne pensent pas à accomplir, comme Paul lorsqu'il a ramassé des brindilles pour allumer un feu dans le but de réchauffer tout le monde après un naufrage.[9] Il était aussi épuisé que les autres, mais il a fait ce dont ses compagnons avaient besoin. Quand on a un cœur de serviteur, aucune tâche n'est trop humble.

Les grandes occasions ont souvent l'aspect de menues besognes. Les petites choses de la vie déterminent les grandes. Ne cherchez pas à faire des actes spectaculaires pour le Seigneur Accomplissez les petites choses, et Dieu vous montrera ce qu'il veut vous voir réaliser. Au lieu de tenter des coups d'éclat, assurez des services « ordinaires ».[10]

Il y aura toujours plus de gens qui voudront réaliser des exploits pour le Seigneur que de volontaires pour les tâches insignifiantes. La course au succès est très répandue, mais les véritables serviteurs font cruellement défaut. Parfois, vous servez *avec empressement* les personnes en vue, mais vous *oubliez* celles qui ont des besoins criants. En tout cas, une chose est sûre : vous apprendrez à avoir une mentalité de serviteur lorsque vous accomplirez tout ce dont les autres ont besoin.

Les vrais serviteurs sont fidèles à leur ministère. Ils terminent leurs tâches, assument leurs responsabilités, tiennent

Les grandes occasions ont souvent l'aspect de menues besognes.

leurs promesses et restent fidèles à leurs engagements. Ils ne laissent jamais un travail à moitié fait, et ils ne baissent pas les bras lorsqu'ils sont découragés. Ils sont dignes de confiance. On peut vraiment compter sur eux !

La fidélité a toujours été une qualité rare.[11] La plupart des gens ignorent le sens de l'engagement. Ils donnent leur accord sur un coup de tête, puis ils changent d'avis pour un oui ou pour un non sans hésitation, ni remords, ni regret. Chaque semaine, des églises et d'autres organismes doivent improviser parce que des bénévoles ne se sont pas préparés ou se sont absentés à la dernière minute, parfois sans même se donner la peine de passer un coup de fil.

Les autres peuvent-ils compter sur vous ? Y a-t-il des promesses que vous devez observer, des vœux que vous tardez à accomplir, des engagements que vous avez négligé d'honorer ? C'est un test : Dieu éprouve votre fidélité ! Si vous réussissez ce test, vous serez en bonne compagnie : Abraham, Moïse, Samuel, David, Timothée et Paul ont tous été nommés de *fidèles* serviteurs de Dieu. Mieux encore, le Seigneur a promis de récompenser votre fidélité dans l'éternité. Imaginez ce que vous ressentirez si, un jour, vous entendez Dieu vous dire : « *C'est bien, bon et fidèle serviteur ; tu as été fidèle en peu de chose, je te confierai beaucoup ; entre dans la joie de ton maître.* »[12]

À ce propos, précisons que les vrais serviteurs ne prennent jamais leur retraite. Tant qu'ils sont en vie, ils servent fidèlement leur Maître. Vous pouvez prendre votre retraite professionnelle, mais jamais votre retraite spirituelle !

Les vrais serviteurs savent rester humbles. Ils ne se vantent pas et ne cherchent pas à attirer l'attention sur eux. Au lieu d'agir pour impressionner les autres, ils se revêtent d'humilité et ils se servent mutuellement.[13] S'ils sont réputés pour leur service, ils l'acceptent modestement, mais ils ne se montent pas la tête et poursuivent leur tâche.

Paul évoquait un genre de service qui *semblait* spirituel, mais qui n'était qu'un prétexte, une mise en scène, un moyen d'attirer l'attention. Il qualifiait cela de tentative de plaire à des hommes :[14] La motivation consistait alors à impressionner son entourage afin de lui montrer sa spiritualité. C'était le péché des pharisiens. Ils aidaient les autres, ils faisaient des dons et ils priaient pour se donner en spectacle. Jésus détestait cette attitude. Il nous a prévenus : « *Prenez garde de ne pas accomplir devant les hommes, pour vous faire remarquer par eux, ce que vous faites pour obéir à Dieu, sinon vous n'aurez pas de récompense de votre Père céleste.* »[15]

La vantardise est à l'opposé de l'esprit de service. Les vrais serviteurs n'agissent pas pour que les autres les approuvent et les couvrent d'applaudissements. C'est à Dieu qu'ils cherchent à plaire ! Comme le faisait remarquer Paul, « *si je plaisais encore aux hommes, je ne serais pas serviteur de Christ.* »[16]

Vous ne trouverez pas tellement de serviteurs sous les feux des projecteurs ; en fait, ils les évitent chaque fois que c'est possible. Ils se contentent de servir tranquillement le Seigneur dans l'ombre. Joseph constitue un bel exemple dans ce domaine. Il n'a pas cherché à attirer l'attention sur lui, mais il a servi paisiblement Potiphar, puis son geôlier, puis le panetier et l'échanson du roi, et le Seigneur a béni son attitude. Lorsque Pharaon lui a donné une place de choix, il a gardé un cœur de serviteur, même avec ses frères qui l'avaient trahi.

Malheureusement, de nombreux dirigeants actuels commencent par être des serviteurs, mais finissent par devenir des vedettes. Ils prennent goût aux feux de la rampe, sans se rendre compte que ces derniers les aveuglent.

Peut-être servez-vous le Seigneur dans l'ombre d'un « trou perdu » : vous vous sentez anonyme et inconnu. Dans ce cas, écoutez-moi : Dieu vous a placé là où vous êtes pour une bonne raison ! Il sait combien de cheveux vous avez sur la tête, et il connaît votre adresse. Mieux vaut rester là où vous êtes jusqu'à ce qu'il vous fasse signe de déménager ! Votre ministère compte dans le royaume de Dieu. « *Votre véritable vie, c'est le Christ, et quand il paraîtra, alors vous paraîtrez aussi avec lui en participant à sa gloire.* »[17] En attendant, acceptez de bon cœur de rester dans l'ombre.

Il y a plus de sept cent cinquante « Panthéons » en Amérique et plus de quatre cent cinquante publications « Who's Who », mais vous ne trouverez guère de véritables serviteurs dans ces lieux. À leurs yeux, la notoriété ne veut rien dire, car ils savent faire la différence entre la gloire des hommes et celle de Dieu. Plusieurs membres visibles de votre corps ne sont pas indispensables à votre survie. Ce sont les organes les mieux cachés qui sont les plus nécessaires. C'est la même chose en ce qui concerne le corps de Christ. Le service le plus essentiel est souvent celui qui ne se voit pas.[18]

JOUR 33 : COMMENT AGISSENT LES VRAIS SERVITEURS

Au ciel, Dieu récompensera publiquement certains de ses serviteurs les plus obscurs et les moins connus — des gens dont on n'aura jamais entendu parler sur la terre, qui auront élevé des enfants perturbés, lavé des vieillards incontinents, soigné des malades atteints du sida et servi le Seigneur de mille autres manières passées inaperçues.

Sachant cela, ne soyez pas découragé lorsque votre service est ignoré ou est considéré comme allant de soi. Continuez à servir votre Dieu ! « *Travaillez sans relâche pour le Seigneur, sachant que la peine que vous vous donnez au service du Seigneur n'est jamais inutile.* »[19] Dieu remarque le plus petit geste accompli pour lui, et il le récompensera. Souvenez-vous des paroles de Jésus : « *Celui qui donne même un simple verre d'eau fraîche à l'un de ces petits parmi mes disciples parce qu'il est mon disciple recevra sa récompense.* »[20]

TRENTE-TROISIÈME JOUR
DÉFINIR MON OBJECTIF

Idée à méditer : En servant les autres, je sers le Seigneur.

Verset à apprendre : « *Celui qui donne même un simple verre d'eau fraîche à l'un de ces petits parmi mes disciples parce qu'il est mon disciple recevra sa récompense.* » (Matthieu 10.42, BFC)

Question à me poser : Laquelle des six caractéristiques du vrai serviteur me pose le plus de problème ?

Avoir une mentalité de serviteur

*« Mon serviteur Caleb...
a été animé d'un autre esprit et...
m'a pleinement suivi. »*

(Nombres 14.24, BD)

*« Ayez en vous les sentiments
qui étaient en Jésus-Christ. »*

(Philippiens 2.5, BG)

Le service commence dans votre tête.

Être un serviteur nécessite un changement de mentalité. Dieu s'intéresse toujours davantage à nos *motivations* qu'à nos actes. Pour lui, notre attitude compte plus que nos performances. Le roi Amatsia a perdu la faveur de Dieu parce qu'[1]« *il fit ce qui est droit aux yeux de l'Éternel, mais avec un cœur qui n'était pas entièrement dévoué.* »[1] Les vrais serviteurs ont une mentalité qui se caractérise par cinq attitudes.

Les serviteurs pensent davantage aux autres qu'à eux-mêmes. Ils se concentrent sur les autres et non sur eux. C'est cela, la véritable humilité : non pas avoir une piètre opinion de nous-mêmes, mais être moins égocentriques. Les serviteurs savent s'oublier eux-mêmes. Paul préconisait : « *Que personne ne recherche son propre intérêt, mais que chacun d'entre vous* *pense à celui des autres.* »[2] « Perdre sa vie », c'est cela : savoir s'oublier pour servir les autres. Lorsque nous cessons de nous concentrer sur nos besoins personnels, nous prenons conscience de ceux de notre entourage.

Jésus *« s'est dépouillé lui-même, en prenant une forme de serviteur »*[3]. Quand, pour la dernière fois, vous êtes-vous *dépouillé* au profit de quelqu'un d'autre ? Si vous êtes imbu de vous-même, vous ne pouvez pas être un serviteur ! C'est seulement lorsque nous nous oublions nous-mêmes que nous accomplissons des actes dignes qu'on s'en souvienne.

Malheureusement, notre service est trop souvent égoïste. Nous servons afin que les autres nous aiment et nous admirent, ou encore pour parvenir à nos fins. Il s'agit alors de manipulation, et non de ministère. Nous ne cessons de penser à nous-mêmes et de nous féliciter d'être aussi nobles et aussi merveilleux ! Certaines personnes tentent de faire de leur service un moyen de marchander avec Dieu : « Seigneur, je fais cela pour toi, tu peux bien m'accorder ce que je te demande ! » Les vrais serviteurs n'essaient pas de se servir de Dieu pour parvenir à leurs fins. Ils laissent le Seigneur les employer pour accomplir *ses* desseins.

> *Les vrais serviteurs n'essaient pas de se servir de Dieu pour parvenir à leurs fins. Ils laissent le Seigneur les employer pour accomplir ses desseins.*

Comme la fidélité, l'abnégation est une qualité très rare. Parmi tous ceux que Paul connaissait, il ne pouvait citer que Timothée en exemple à ce sujet.[4] Réagir comme un serviteur est difficile, parce que cela va à l'encontre de mon plus grand problème : par nature, je suis égoïste. Je pense surtout à moi ! C'est pourquoi l'humilité est une lutte quotidienne, une leçon que je dois sans cesse réapprendre. J'ai l'occasion d'être un serviteur des dizaines de fois par jour, et à chaque fois, j'ai le choix entre satisfaire mes besoins et ceux des autres. L'abnégation est la base du service.

Nous pouvons évaluer la mesure de notre cœur de serviteur par notre façon de réagir lorsque les autres nous traitent de haut. Comment réagissez-vous lorsque les autres vous écrasent, vous harcèlent ou vous tiennent pour quantité négligeable ? La Bible nous prescrit : « *Si quelqu'un t'oblige à faire mille pas, fais-en deux mille avec lui.* »[5]

Les serviteurs se considèrent comme des intendants et non comme des propriétaires. Ils se souviennent que tout est à Dieu. Dans la Bible, un intendant était un serviteur chargé de veiller sur une propriété. Joseph était une sorte d'intendant lorsqu'il était prisonnier en Égypte. Potiphar lui avait confié sa maison. Puis le geôlier lui donna la garde de sa prison, et pour couronner le tout, Pharaon le chargea de s'occuper de tout le pays. Le service et la gérance vont de pair[6], car Dieu attend de nous que nous assumions fidèlement ces deux missions. La Bible dit : « *Que demande-t-on à des intendants ? Qu'ils accomplissent fidèlement la tâche qui leur a été confiée.* »[7] Comment gérez-vous les ressources que le Seigneur vous a octroyées ?

Pour devenir un vrai serviteur, vous devez avoir réglé à l'avance le problème de l'argent dans votre vie. Jésus a dit : « *Vous ne pouvez pas servir à la fois Dieu et l'argent.* »[8] Il n'a pas dit : « *Vous ne devriez pas* » mais « *Vous ne pouvez pas* ». C'est impossible ! Vivre pour servir le Seigneur et vivre pour l'argent sont deux objectifs totalement incompatibles. Lequel choisirez-vous ? Si vous êtes un serviteur de Dieu, vous ne pouvez pas amasser des biens pour vous-même. *Tout* votre temps appartient au Maître. Il insiste pour avoir des droits exclusifs sur vous, et non une fidélité mitigée.

L'argent peut remplacer Dieu dans votre vie. Le service par matérialisme a fait dévier plus de chrétiens que tout autre piège. Ils disent : « Une fois que j'aurai atteint mes buts matériels, je servirai le Seigneur. » C'est une décision insensée, qu'ils regretteront éternellement. Quand Jésus est votre Seigneur, l'argent est votre serviteur, mais si vos biens deviennent votre maître, vous serez leur esclave. Ce n'est pas un péché d'être riche, mais c'est un péché de ne pas employer ses richesses pour la gloire de Dieu. Les serviteurs du Seigneur se préoccupent bien plus de leur ministère que de leur argent.

La Bible est très claire : le Seigneur se sert de votre argent pour tester votre fidélité à son service. C'est pour cela que Jésus a davantage parlé d'argent que du ciel ou de l'enfer. Il a demandé : « *Si donc vous n'avez pas été fidèles dans les richesses injustes, qui vous confiera les véritables ?* »[9] La façon dont vous gérez votre argent influe sur celle dont Dieu bénit votre vie.

Au chapitre 31, j'ai mentionné deux catégories de gens : ceux qui bâtissent le royaume et ceux qui amassent des richesses. Dans chaque cas, il s'agit de personnes douées qui savent faire fructifier une affaire, acheter, vendre et faire des bénéfices. Mais alors que ceux qui amassent des richesses gardent leur argent pour eux, ceux qui bâtissent le royaume changent les règles du jeu. Ils gagnent le plus d'argent possible, mais c'est afin de pouvoir le donner. Ils se servent de leurs biens pour soutenir financièrement l'Église de Dieu et sa mission dans le monde.

À l'église Saddleback, nous avons une équipe de PDG et de propriétaires d'entreprises qui essaient de gagner le plus d'argent possible afin de donner un maximum au profit du royaume de Dieu. Je vous encourage à en parler à votre pasteur et à lancer un tel groupe dans votre assemblée.

Les serviteurs pensent à leur propre travail et non à ce que font les autres. Ils ne perdent pas leur temps à comparer, critiquer ou essayer de supplanter les autres serviteurs ou les ministères similaires, car ils sont trop occupés à accomplir la mission que Dieu leur a confiée.

JOUR 34 :
AVOIR UNE
MENTALITÉ
DE
SERVITEUR

La compétition entre serviteurs de Dieu est illogique pour de nombreuses raisons : nous sommes tous dans le même camp ; notre but est de glorifier le Seigneur, et non nous-mêmes ; on nous a confié diverses missions, et nous sommes tous uniques. Paul a expliqué : « *Ne nous comparons pas les uns aux autres comme si nous étions meilleurs et les autres pires. Nous avons des choses plus intéressantes à faire dans la vie. Chacun de nous est unique.* »[10] (Traduction littérale).

La jalousie mesquine n'a rien à faire chez des serviteurs de Dieu. Quand on est occupé à servir, on n'a pas le temps de se répandre en critiques. Chaque fois que vous perdez votre temps à critiquer les autres, vous auriez pu servir le Seigneur. Lorsque Marthe s'est plainte à Jésus que Marie ne contribuait pas à la tâche, elle a perdu son cœur de servante. Les vrais serviteurs ne déplorent pas les injustices dont ils sont victimes, ne s'apitoient pas sur leur sort et ne regardent pas de travers ceux qui restent inactifs. Ils font totalement confiance à Dieu et ils poursuivent leur service.

Ce n'est pas à nous de juger les autres serviteurs du Maître. Les Écritures nous mettent en garde à ce sujet : « *Qui es-tu, toi, pour juger le serviteur d'un autre ? Qu'il tienne bon ou qu'il tombe, c'est l'affaire de son maître.* »[11] Nous n'avons pas non plus à nous défendre quand nous sommes en butte à la critique. Laissons plutôt notre Maître s'en charger ! Suivons l'exemple de Moïse, qui a fait preuve d'une véritable humilité face à l'opposition, ou de Néhémie, qui s'est borné à répondre aux critiques en ces termes : « *Je fais un grand travail et je ne puis descendre.* »[12]

Si vous servez Dieu comme l'a fait Jésus, attendez-vous à être critiqué. Le monde, et même certains membres de l'Église ne comprennent pas ce que Dieu apprécie le plus. L'un des plus beaux actes d'amour dont Jésus a fait preuve a été critiqué par ses disciples. Marie a pris ce qu'elle avait de plus précieux, un parfum de grand prix, et elle l'a répandu sur les pieds de Jésus. Les disciples ont considéré ce geste extravagant comme « *une perte* », mais Jésus, lui, l'a tenu pour « *une bonne œuvre* »[13], et c'était l'essentiel. Jamais votre service pour Christ ne sera vain, quoi qu'en pensent les autres.

Les serviteurs basent leur identité sur Christ. Comme ils se souviennent qu'ils sont aimés et acceptés par grâce, ils n'ont pas à prouver leur valeur. Ils accomplissent sans rechigner ce que des gens moins sûrs d'eux considéreraient comme « indignes d'eux ». L'un des exemples les plus édifiants de service de ce type est celui de Jésus lavant les pieds de ses disciples. Laver les pieds était équivalent à être un petit cireur de chaussures : un travail sans aucun prestige. Mais Jésus savait qui il était, si bien que cette tâche ne nuisait en rien à l'idée qu'il se faisait de lui-même. La Bible nous le montre de toute évidence : « *Jésus, qui savait que le Père avait remis toutes choses* *entre ses mains, qu'il était venu de Dieu et qu'il s'en allait à Dieu, se leva de table, ôta ses vêtements, et prit un linge, dont il se ceignit.* »¹⁴

Pour être un vrai serviteur, vous devez fonder votre identité sur Christ. Seuls les gens solides peuvent servir. Les autres s'inquiètent toujours de l'apparence qu'ils ont aux yeux des autres. Ils craignent de dévoiler leurs points faibles et se dissimulent sous des couches d'orgueil protecteur et de prétention. Plus vous serez fragile, plus vous souhaiterez que les autres vous servent et plus vous aurez besoin de leur approbation.

Henri Nouwen a dit : « Pour que nous soyons au service des autres, nous devons mourir à eux : c'est-à-dire que nous devons cesser de mesurer notre signification et notre valeur d'après leur opinion... Cela nous permettra de devenir compatissants. Quand vous basez votre valeur et votre identité sur votre relation avec Christ, vous êtes libéré de l'esclavage de l'opinion des autres, et cela vous rend capable de le servir au mieux. »

Les serviteurs n'ont pas besoin de couvrir leurs murs de plaques et de médailles pour prouver leur valeur. Ils n'insistent pas pour se voir attribuer des titres et ils ne se drapent pas dans leur travail d'après leurs performances. Paul a dit : « *Ce n'est pas celui qui a une haute opinion de lui-même qui est approuvé, mais celui dont le Seigneur fait l'éloge.* »¹⁵

Si quelqu'un jouissait d'une occasion rêvée de se targuer d'avoir quelqu'un de prestigieux dans sa famille, c'était bien Jacques, le demi-frère de Jésus. De plus, il avait eu le privilège de grandir à côté de son illustre aîné. Et pourtant, dans l'introduction de sa lettre, il parle de lui, tout simplement, comme d'un « *serviteur de Dieu et du Seigneur Jésus-Christ* »¹⁶ Plus vous êtes proche du Seigneur, moins vous êtes vantard.

Les serviteurs considèrent leur ministère comme un privilège et non comme une obligation.

Les serviteurs considèrent leur ministère comme un privilège et non comme une obligation. Ils aiment aider les autres, pourvoir à leurs besoins et accomplir leur mission. Ils « *servent le Seigneur avec joie* »[17] Pour quelle raison ? Parce qu'ils aiment leur Maître et qu'ils sont reconnaissants pour sa grâce. Ils savent à quel point il est essentiel de le servir et ils ont conscience que Dieu leur a promis une récompense. Jésus a garanti : « *Si quelqu'un me sert, le Père l'honorera* »[18] et Paul a précisé : « *Il n'oubliera pas votre activité, ni l'amour que vous avez montré à son égard par les services que vous avez rendus et que vous rendez encore aux autres chrétiens.* »[19]

Imaginez ce qui pourrait arriver si seulement dix pour cent de tous les chrétiens prenaient au sérieux leur rôle de serviteurs. Pensez à tout le bien qui en découlerait. Voulez-vous en faire partie ? Peu importe votre âge : si vous commencez à agir et à penser comme un véritable serviteur, Dieu vous emploiera. Albert Schweitzer a dit : « Les seules personnes vraiment heureuses sont celles qui ont appris à servir. »

TRENTE-QUATRIÈME JOUR
DÉFINIR MON OBJECTIF

Idée à méditer : Pour être un serviteur, je dois en avoir la mentalité.

Verset à apprendre : « *Ayez en vous les sentiments qui étaient en Jésus-Christ.* » (Philippiens 2.5, BG)

Question à me poser : Généralement, est-ce que je me préoccupe plus d'être servi ou de trouver des moyens de servir les autres ?

35
La puissance de Dieu dans votre faiblesse

*« Nous sommes faibles nous aussi ;
mais, nous vous le montrerons,
nous vivons avec lui par la puissance de Dieu. »*

(2 Corinthiens 13.4, BFC)

*« Ma grâce te suffit, car c'est dans la faiblesse
que ma puissance se manifeste pleinement. »*

(2 Corinthiens 12.9a, BS)

Dieu aime employer des gens faibles.

Chacun a ses faiblesses, et elles sont multiples : physiques, émotionnelles, intellectuelles et spirituelles. Vous êtes peut-être fragilisé par des circonstances adverses ou relationnelles. L'essentiel est ce que vous en faites. Généralement, nous nions nos faiblesses, ou nous les défendons, les excusons, les cachons et en sommes irrités. Tout cela empêche le Seigneur de s'en servir comme il le souhaiterait.

Dieu a un point de vue différent à ce sujet. Il a dit : *« Mes voies sont élevées au-dessus de vos voies, et mes pensées au-dessus de vos pensées. »*[1] C'est pourquoi il agit souvent à l'inverse de ce que nous souhaiterions. Nous pensons que le Seigneur ne veut employer que nos points forts, mais il souhaite aussi utiliser nos faiblesses pour sa gloire.

La Bible dit : « *Dieu a choisi... ce qui est faible pour couvrir de honte les puissants.* »[2] Vos faiblesses ne sont pas le fruit du hasard. Dieu les a volontairement permises dans votre vie afin de démontrer sa puissance à travers vous.

Jamais le Seigneur n'a été impressionné par la force ou l'autonomie. Au contraire, ce sont les gens qui sont faibles et qui l'admettent qui l'attirent. Jésus qualifiait cette reconnaissance de nos faiblesses de *« pauvreté d'esprit »*. Elle fait partie des attitudes qu'il bénit.[3]

La Bible regorge d'exemples montrant comment Dieu aime se servir de gens imparfaits et ordinaires pour accomplir des exploits malgré leurs imperfections. Si le Seigneur n'employait que des gens parfaits, rien ne se ferait jamais, car nous avons tous nos failles. Le fait qu'il se serve de gens imparfaits doit tous nous encourager.

Une faiblesse, ou une *« écharde »*[4] selon l'expression de Paul, n'est pas un péché, un vice ou un défaut de caractère que vous pouvez modifier, comme la boulimie ou l'impatience. C'est une limite dont vous avez hérité et que vous ne pouvez pas changer. Elle peut être *physique* (handicap, maladie chronique, manque naturel d'énergie, incapacité), *émotionnelle* (traumatisme, souvenir douloureux, bizarrerie de caractère, disposition héréditaire) ou *intellectuelle* (limitation). Nous ne sommes pas tous extrêmement brillants et doués.

Quand vous pensez à vos limites, vous êtes peut-être tentés de conclure : « Jamais le Seigneur ne pourra m'employer ». Mais Dieu ne se laisse jamais arrêter par nos limites. Au contraire, il aime mettre sa grande puissance dans des vases ordinaires.

> *Si le Seigneur n'employait que des gens parfaits, rien ne se ferait jamais.*

Selon les Écritures, *« ce trésor, nous le portons dans les vases faits d'argile que nous sommes, pour que ce soit la puissance extraordinaire de Dieu qui se manifeste, et non notre propre capacité. »*[5] Comme des vases ordinaires, nous sommes fragiles, vulnérables et nous nous brisons facilement, mais le Seigneur nous utilisera si nous le laissons agir dans notre faiblesse. Pour que cela arrive, nous devons suivre l'exemple de Paul.

Admettez vos faiblesses. Reconnaissez que vous êtes faillible. Cessez de prétendre être un surhomme et soyez honnête avec vous-même. Au lieu de vous voiler la face ou de vous trouver des excuses, prenez le temps de discerner vos faiblesses personnelles. Au besoin, dressez-en la liste !

Dans le Nouveau Testament, deux grandes confessions illustrent la mentalité que nous devons avoir pour vivre sainement. La première est celle de Pierre lorsqu'il a dit à Jésus : « *Tu es le Christ, le Fils du Dieu vivant.* »[6] La seconde est celle de Paul qui a déclaré à une foule en extase devant lui : « *Nous ne sommes que des hommes, tout à fait semblables à vous.* »[7] Si vous voulez que Dieu vous emploie, vous devez savoir qui il est et qui vous êtes. Beaucoup de chrétiens, surtout parmi les dirigeants, oublient cette seconde évidence : nous ne sommes que des êtres humains ! S'il faut que vous passiez par une crise pour l'admettre, Dieu n'hésitera pas à le permettre, car il vous aime.

Soyez content de vos faiblesses. Paul déclarait : « *Je me glorifierai donc bien plus volontiers de mes faiblesses, afin que la puissance de Christ repose sur moi. C'est pourquoi je me plais dans les faiblesses... pour Christ.* »[8] De prime abord, cela n'a aucun sens. Nous souhaitons être débarrassés de nos faiblesses, et non nous y complaire ! Mais en fait, le contentement prouve que nous avons foi en la bonté de Dieu. Il sous-entend : « Seigneur, je crois que tu m'aimes et que tu sais ce qui est bon pour moi. »

Paul nous donne plusieurs raisons d'être contents de nos faiblesses innées. Premièrement, elles nous amènent à dépendre de Dieu. En parlant de sa propre faiblesse, que le Seigneur avait refusé de lui ôter, Paul a expliqué : « *Je me réjouis des faiblesses... car lorsque je suis faible, c'est alors que je suis fort.* »[9] Quand vous vous sentez tout petit, Dieu vous rappelle que vous devez dépendre de lui.

D'autre part, nos faiblesses nous empêchent de devenir arrogants. Elles nous maintiennent dans l'humilité. Paul a dit : « *Afin que je ne sois pas enflé d'orgueil... une dure souffrance m'a été infligée dans mon corps.* »[10] Souvent, le Seigneur associe une grande limitation à une force hors du commun afin de nous empêcher de nous enfler d'orgueil. Comme un frein, une limite nous empêche d'aller trop vite et de dépasser le plan divin.

Quand Gédéon a recruté une armée de trente-deux mille hommes pour combattre les Madianites, le Seigneur a réduit ce nombre à trois cents, ce qui a rendu les troupes quatre cent cinquante fois moins nombreuses que celles de leurs ennemis. Voilà qui *paraissait* garantir une catastrophe, mais Dieu l'a permis pour qu'Israël sache que c'était la puissance de Dieu qui les sauverait et non leur propre force.

Nos faiblesses encouragent aussi la communion entre les croyants. Alors que la force incite à l'indépendance (« Je n'ai besoin de personne »), nos limites nous montrent à quel point nous avons besoin des autres, et lorsque nous joignons les unes aux autres les cordelettes de nos faibles vies, nous constituons une corde très solide. Vance Havner disait avec esprit : « Comme des flocons de neige, les chrétiens sont fragiles, mais s'ils se collent les uns aux autres, ils peuvent bloquer la circulation. »

> *Vos services les plus efficaces proviendront de vos blessures les plus profondes.*

Par-dessus tout, nos points faibles nous permettent d'avoir plus de sympathie pour les autres et d'être plus efficaces dans le ministère. Grâce à eux, nous avons beaucoup plus de compassion et de compréhension pour les faiblesses des autres. Le Seigneur veut que sur cette terre, vous exerciez le ministère de Christ, ce qui implique que les autres trouveront la guérison dans vos meurtrissures. Les plus beaux messages de votre vie et vos services les plus efficaces proviendront de vos blessures les plus profondes. Ce qui vous gêne le plus, vous fait le plus honte et vous embarrasse le plus est précisément ce dont Dieu va se servir pour guérir les autres.

Le grand missionnaire Hudson Taylor a constaté : « Tous les géants de Dieu étaient des gens faibles. » Le talon d'Achille de Moïse, c'était sa colère. Elle l'amena à tuer un Égyptien, à frapper le rocher auquel il était censé parler et à briser les tables des Dix

Commandements. Et pourtant, l'Éternel en a fait « *l'homme le plus doux de la terre* ».[11] Gédéon était rempli de complexes, mais Dieu l'a transformé en « *vaillant héros* »[12] Le point faible d'Abraham était sa peur. Non pas une fois, mais deux, il a prétendu que sa femme était sa sœur pour se protéger, mais le Seigneur en a fait « *le père de tous ceux qui croient* »[13]. L'impulsif et lâche Pierre est devenu « *un roc* »[14], David l'adultère a fait place à un « *homme selon le cœur de Dieu* »[15] et Jean, l'un des « fils du tonnerre », a mérité le titre d'« apôtre de l'amour ».

La liste pourrait se poursuivre indéfiniment. « *Le temps me manquerait pour parler de… Barak, de Samson, de Jephté, de David, de Samuel, et des prophètes, qui, par la foi, vainquirent des royaumes…* »[16] Dieu est passé maître dans l'art de changer la faiblesse en force. Il désire prendre votre plus grande faiblesse et la transformer.

Parlez franchement de vos faiblesses. Le ministère commence par la vulnérabilité. Plus vous laisserez tomber le masque, plus vous serez transparent, plus vous avouerez vos luttes, et plus le Seigneur pourra vous employer pour servir les autres.

Dans toutes ses lettres, Paul montrait ses failles. Il faisait part honnêtement :

- de ses échecs : « *Je ne fais pas le bien que je veux, et je fais le mal que je ne veux pas.* »[17]
- de ses sentiments : « *Nous vous avons largement ouvert notre cœur.* »[18]
- de ses déceptions : « *Nous étions écrasés, à bout de forces, au point même que nous désespérions de conserver la vie.* »[19]
- de ses craintes : « *Je me suis présenté à vous faible et tout tremblant de crainte.* »[20]

Évidemment, la vulnérabilité est risquée. Il est parfois effrayant de laisser tomber ses défenses et d'ouvrir sa vie aux autres. Lorsqu'on dévoile ses échecs, ses sentiments, ses déceptions et ses craintes, on court le risque d'être rejeté. Mais le jeu en vaut la chandelle. La vulnérabilité nous dégage d'un grand poids. Nous confier aux autres dissipe notre tension, minimise nos appréhensions et représente le premier pas vers la libération.

Nous avons déjà expliqué que Dieu « *fait grâce aux humbles* », mais beaucoup se méprennent sur le sens de la véritable humilité.

Cette dernière ne consiste pas à vous mortifier et à nier vos points forts, mais plutôt à admettre honnêtement vos faiblesses. Plus vous serez franc à ce sujet, plus le Seigneur vous transmettra sa grâce et plus vous en recevrez des autres. La vulnérabilité est une qualité attachante ; nous sommes naturellement attirés vers les gens humbles. Alors que la prétention rebute, l'authenticité attire, et la vulnérabilité nous rapproche les uns des autres.

C'est pour cela que Dieu veut se servir de vos points faibles, et pas seulement de vos points forts. Si tous les autres ne voient que vos exploits, ils se découragent et pensent : « Eh bien, c'est très bien pour lui, mais moi, je ne serai jamais capable de faire ça. » Mais lorsqu'ils voient Dieu se servir de vous en dépit de vos faiblesses, cela les incite à penser : « Après tout, le Seigneur peut peut-être m'employer ! » Nos exploits engendrent la compétition, alors que nos points faibles nous soudent les uns aux autres.

JOUR 35 :
LA PUISSANCE DE DIEU DANS VOS FAIBLESSES

À un certain moment de votre vie, vous devrez décider si vous souhaitez *impressionner* les autres ou *les influencer*. Vous pouvez impressionner les autres de loin, mais pour les influencer, il faut que vous vous rapprochiez d'eux. Or, si vous le faites, ils verront franchement vos failles. C'est normal ! La qualité la plus nécessaire d'un dirigeant n'est pas la perfection, mais la crédibilité. Si les gens ne peuvent pas vous faire confiance, ils ne vous suivront pas. Comment être crédible ? Non pas en prétendant être parfait, mais en étant honnête.

Glorifiez-vous de vos faiblesses. Paul a affirmé : « *Je ne me vanterai que de mes faiblesses.* »[21] Au lieu de prendre l'air sûr de vous et invincible, considérez-vous comme un trophée de la grâce. Lorsque Satan vous montre vos points faibles, soyez d'accord avec lui, et bénissez le Seigneur du fond du cœur de compatir à nos faiblesses[22], et le Saint-Esprit de nous aider dans notre faiblesse.[23]

Parfois, Dieu change même un point fort en faiblesse afin de nous employer encore plus. Jacob était un manipulateur qui a passé sa vie à comploter, puis à fuir les conséquences de ses stratagèmes. Une nuit, il a lutté avec Dieu et il s'est écrié : « Je ne te laisserai pas partir tant que tu ne m'auras pas béni. » Le Seigneur a répondu : « Très bien, » mais ensuite, il a pris sa cuisse et lui a déboîté la hanche. Qu'est-ce que cela signifie ?

Dieu a touché à sa force (le muscle de la cuisse est le plus fort du corps) et il l'a transformée en faiblesse. Dès cet instant, Jacob a boité. Jamais plus il n'a pu fuir ! C'est ce qui l'a obligé à s'appuyer sur le Seigneur, qu'il le veuille ou non. Si vous souhaitez que Dieu vous bénisse et vous emploie, vous devez être prêt à claudiquer pendant tout le reste de votre vie, car le Seigneur se sert de gens faibles.

TRENTE-CINQUIÈME JOUR
DÉFINIR MON OBJECTIF

Idée à méditer : Dieu travaille mieux en moi lorsque j'admets ma faiblesse.

Verset à apprendre : « *Ma grâce te suffit, car ma puissance s'accomplit dans la faiblesse.* » (2 Corinthiens 12.9a, BG)

Question à me poser : Est-ce que je limite la grâce de Dieu dans ma vie en essayant de cacher mes faiblesses ? Que dois-je dévoiler franchement pour aider les autres ?

CINQUIÈME OBJECTIF

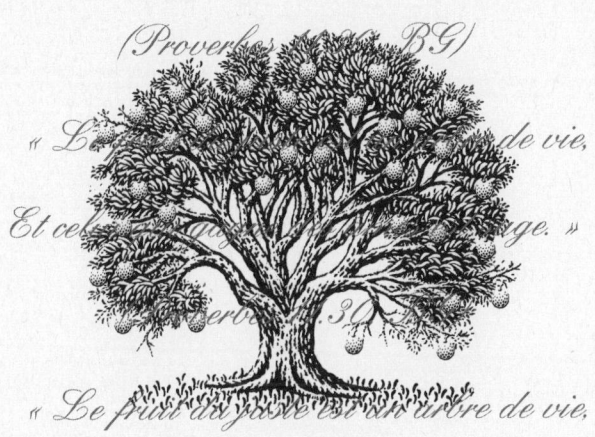

VOUS AVEZ ÉTÉ CONÇU POUR ACCOMPLIR UNE MISSION

> « Le fruit du juste est un arbre de vie,
> Et celui qui gagne des âmes est sage. »
>
> (Proverbes 11.30, BG)

36
Conçu pour accomplir une mission

*« Comme tu m'as envoyé dans le monde,
moi aussi je les envoie. »*

(Jean 17.18, BS)

*« Ce qui m'importe, c'est d'aller
jusqu'au bout de ma mission
et d'achever la tâche que m'a confiée
le Seigneur Jésus. »*

(Actes 20.24, BFC)

Vous avez été conçu pour accomplir une mission.

Dieu est à l'œuvre dans le monde, et il veut que vous vous joigniez à lui. Cet engagement, c'est votre *mission*. Le Seigneur souhaite que vous ayez à la fois un ministère dans le corps de Christ et une mission dans le monde. Votre ministère est votre service auprès des *croyants*[1], et votre mission est votre service envers les *incroyants*. Accomplir votre mission dans le monde est le cinquième objectif de Dieu pour votre vie.

La mission de votre vie est à la fois *commune à tous* et *particulière*. D'une part, c'est une responsabilité que vous partagez avec tous les autres chrétiens, et de l'autre, c'est votre mission spéciale. Dans les chapitres suivants, nous étudierons ces deux aspects.

Le mot français *mission* vient du verbe latin « envoyer ». Être chrétien, c'est être *envoyé* dans le monde comme un représentant de Jésus-Christ. Ce dernier a dit : « *Comme le Père m'a envoyé, moi aussi je vous envoie.* »²

Jésus comprenait clairement sa mission sur la terre. À l'âge de douze ans, il a expliqué : « *Il faut que je m'occupe des affaires de mon Père* »³, et vingt-et-un ans plus tard, lorsqu'il est mort sur la croix, il s'est écrié : « *Tout est accompli.* »⁴ Comme deux serre-livres, ces deux affirmations ont encadré une vie exemplaire, une existence qui a eu un sens inouï. Oui, Jésus a totalement accompli la mission dont le Père l'a chargé.

La mission que Jésus a remplie sur la terre est maintenant la nôtre, car nous sommes le corps de Christ. Ce qu'il a fait dans son corps physique, à nous de le poursuivre dans son corps spirituel, l'Église. Quelle est cette mission ? Faire connaître Dieu aux hommes ! Selon la Bible, « *Dieu... nous a réconciliés avec lui par le Christ et... nous a confié le ministère de la réconciliation.* »⁵

Le Tout-Puissant veut racheter à Satan les êtres humains et les réconcilier avec lui afin que nous puissions accomplir les cinq objectifs pour lesquels il nous a créés : l'aimer, faire partie de sa famille, devenir comme lui, le servir et parler de lui aux autres. Une fois que nous sommes à lui, Dieu se sert de nous pour toucher les autres. Il nous sauve, puis il nous envoie. La Bible nous apprend que « *nous sommes donc des ambassadeurs envoyés par le Christ.* »⁶ Nous sommes les messagers de l'amour de Dieu et de ses projets pour le monde.

L'IMPORTANCE DE VOTRE MISSION

Accomplir la mission de votre vie sur la terre est une part essentielle de toute existence pour la gloire de Dieu. Les Écritures nous expliquent pour quelles raisons cette mission est si importante.

JOUR 36 :
CRÉÉ
POUR UNE
MISSION

Votre mission est un prolongement de celle de Jésus sur la terre. En tant que disciples, nous devons poursuivre ce que Jésus a commencé. Jésus ne nous a pas seulement appelés à *venir* à lui, mais à *aller* pour lui. Cette mission est tellement primordiale que Jésus l'a répétée cinq fois, de cinq façons différentes, dans cinq livres différents de la Bible[7], comme s'il voulait nous dire : « Je désire *vraiment* que tu comprennes bien cela ! » Étudiez ces cinq ordres de mission de Jésus et vous comprendrez les détails de votre mission sur la terre : quand, où, pourquoi et comment.

Dans la grande mission, Jésus a dit : « *Allez, faites de toutes les nations des disciples, les baptisant au nom du Père, du Fils et du Saint-Esprit, et enseignez-leur à observer tout ce que je vous ai prescrit.* »[8] Cette mission a été adressée à tous les disciples de Jésus, et pas seulement aux pasteurs et aux missionnaires. C'est *votre* mission du Maître, et elle n'est pas facultative. Ces mots de Jésus ne sont pas *la grande suggestion*. Si vous faites partie de la famille de Dieu, cette mission est obligatoire. L'ignorer serait de la désobéissance.

Peut-être n'avez-vous pas encore pris conscience que le Seigneur vous tient pour responsable des non-croyants qui vivent autour de vous. La Bible nous explique : « *Si tu ne l'avertis pas d'avoir à changer sa mauvaise conduite afin qu'il puisse vivre, ce méchant mourra à cause de ses fautes, mais c'est toi que je tiendrai pour responsable de sa mort.* »[9] Vous êtes le seul chrétien que certaines personnes connaîtront jamais, et vous avez le devoir de leur parler de Jésus.

> *Jésus ne nous a pas seulement appelés à venir à lui, mais à aller pour lui.*

Votre mission est un merveilleux privilège. Bien que ce soit une grande responsabilité, c'est aussi un immense honneur d'être employé par Dieu. Paul a déclaré : « *Dieu... nous a réconciliés avec lui par le Christ et... nous a confié le ministère de la réconciliation.* »[10] Votre mission comprend deux grands privilèges : travailler avec Dieu et le représenter. Nous devons être partenaires avec le Seigneur dans la construction du royaume. Paul nous appelle des « *collaborateurs* » et déclare : « *Nous travaillons avec Dieu.* »[11]

Jésus nous a assuré notre salut, introduits dans sa famille, accordé son Esprit, et ensuite, il a fait de nous ses agents dans le monde. Quel privilège ! La Bible dit : « *Nous sommes donc des ambassadeurs envoyés par le Christ, et c'est comme si Dieu lui-même vous adressait un appel par nous : nous vous en supplions, au nom du Christ, laissez-vous réconcilier avec Dieu.* »[12]

Expliquer aux autres comment ils peuvent avoir la vie éternelle est le plus grand service que vous puissiez leur rendre. Si votre voisin avait le cancer ou le sida et que vous connaissiez le remède, il serait criminel de votre part de le lui cacher. Garder secret le moyen d'être pardonné, d'avoir une raison de vivre, la vraie paix et la vie éternelle est encore plus grave. Nous détenons la meilleure nouvelle du monde, et la propager est l'acte le plus généreux que vous puissiez accomplir envers les autres.

Notre problème, à nous qui sommes chrétiens depuis longtemps, c'est que nous avons oublié à quel point il était désespérant de vivre sans Christ. Nous devons nous souvenir que même si les gens ont l'air satisfaits et épanouis, sans Christ, ils sont irrémédiablement perdus, et ils s'exposent à être séparés de Dieu pour l'éternité. Selon les Écritures, « *il n'y a de salut en aucun autre* » qu'en Jésus-Christ.[13] Tous les hommes ont besoin de lui.

Votre mission a une portée éternelle. Elle influera sur la destinée éternelle des autres. Elle est donc plus importante que tous les travaux, toutes les performances et tous les objectifs que vous pourrez atteindre au cours de votre vie ici-bas. Les conséquences de votre mission seront éternelles ; les répercussions de votre métier, elles, seront éphémères. Dans votre vie, rien ne comptera jamais autant que d'aider les autres à établir une relation éternelle avec le Seigneur.

> *Cette mission a été adressée à **tous** les disciples de Jésus.*

C'est pourquoi nous devons considérer notre mission comme primordiale. Jésus a dit : « *Il nous faut accomplir les œuvres de celui qui m'a envoyé tant qu'il fait jour ; la nuit vient où personne ne pourra travailler.* »[14] L'heure passe, le temps est court : ne tardez pas un jour de plus. Faites votre devoir. Annoncez l'Évangile autour de vous dès maintenant ! Nous aurons toute l'éternité pour nous réjouir avec ceux que nous aurons conduits à Jésus, mais nous ne pouvons le faire que pendant notre séjour ici-bas.

Cela ne veut pas dire que vous devez quitter votre emploi pour devenir évangéliste à plein temps. Le Seigneur veut que vous annonciez l'Évangile là où vous êtes. En tant qu'étudiant, mère de famille, institutrice, vendeur, directeur, etc., il faut que vous cherchiez constamment, là où vous êtes, des gens que le Seigneur va mettre sur votre chemin pour que vous leur annonciez l'Évangile.

Votre mission donne un sens à votre vie. William James a déclaré : « Le meilleur usage que nous puissions faire de notre vie, c'est de la vouer à une cause qui la perpétuera. » Mais en fait, seul le royaume de Dieu sera vraiment durable. *Tout le reste* finira par disparaître. C'est pourquoi nous devons avoir des objectifs qui se rapportent au royaume, et consacrer nos vies à adorer le Seigneur, à être en communion avec nos frères et sœurs en Christ, à croître dans la foi, à exercer notre ministère et à accomplir notre mission sur la terre. Les résultats de ces activités dureront éternellement !

Si vous n'accomplissez pas la mission que le Seigneur vous a assignée ici-bas, vous gâcherez la vie qu'il vous a donnée. Paul a dit : « *Ma propre vie ne compte pas à mes yeux ; ce qui m'importe, c'est d'aller jusqu'au bout de ma mission et d'achever la tâche que m'a confiée le Seigneur Jésus : proclamer la Bonne Nouvelle de la grâce de Dieu.* »[15] Sur cette planète, il y a des gens que *vous seul* pouvez atteindre, à cause de l'endroit où vous vivez et de la personnalité que Dieu vous a donnée. Si une seule personne se retrouve au ciel grâce à vous, votre vie aura fait une différence pour l'éternité. Commencez à regarder votre champ de mission personnel et priez : « Seigneur, qui as-tu placé dans ma vie afin que je lui parle de Jésus ? »

L'heure de Dieu pour conclure l'histoire est liée à l'accomplissement de notre mission. Actuellement, on constate un regain d'intérêt pour la seconde venue de Christ et la fin du monde. Quand cela arrivera-t-il ? Juste avant que Jésus monte au ciel les disciples lui ont posé la question et sa réponse a été révélatrice. Il a dit : « *Ce n'est pas à vous de connaître les temps ou les moments que le Père a fixés de sa propre autorité. Mais vous recevrez une puissance, le Saint-Esprit survenant sur vous, et vous serez mes témoins à Jérusalem, dans toute la Judée, dans la Samarie, et jusqu'aux extrémités de la terre.* »[16]

Lorsque les disciples voulurent parler de prophéties, Jésus ramena immédiatement le sujet sur l'évangélisation. Il voulait qu'ils se concentrent sur leur mission dans le monde. Il disait, en quelque sorte : « Les détails de mon retour ne doivent pas vous obnubiler. Occupez-vous plutôt de la mission que je vous ai assignée. C'est l'essentiel ! »

Spéculer sur le moment exact du retour de Christ ne sert à rien, car Jésus a dit : « *Pour ce qui est du jour ou de l'heure, personne ne le sait, ni les anges des cieux, ni le Fils, mais le Père seul.* »[17] Comme Jésus a dit qu'il ne connaissait ni le jour ni l'heure, pourquoi essayer de les deviner ? Ce dont nous sommes sûrs, en revanche, c'est que Jésus ne reviendra que lorsque tous ceux auxquels le Seigneur souhaite annoncer la Bonne Nouvelle l'auront entendue. Jésus nous a expliqué : « *Cet Évangile du royaume sera prêché dans la terre habitée toute entière, en témoignage à toutes les nations ; et alors viendra la fin.* »[18] Si vous souhaitez hâter le retour du Seigneur, consacrez-vous à remplir votre mission et non à décrypter les prophéties.

Il est facile de nous laisser distraire et détourner de notre mission, parce que Satan préfère que nous fassions n'importe quoi d'autre que de propager notre foi. Il vous laissera accomplir toutes sortes de bonnes choses tant que vous n'emmènerez pas quelqu'un au ciel avec vous, mais dès que vous prendrez votre mission au sérieux, attendez-vous à ce que le diable s'ingénie par tous les moyens à vous distraire. Quand ce sera le cas, souvenez-vous des paroles de Jésus : « *Quiconque met la main à la charrue, et regarde en arrière, n'est pas propre au royaume de Dieu.* »[19]

> *Il est facile de nous laisser distraire parce que Satan préfère que nous fassions n'importe quoi d'autre que de propager notre foi.*

LE PRIX DE L'ACCOMPLISSEMENT DE VOTRE MISSION

Pour accomplir votre mission, il faudra renoncer à votre programme au profit de celui que Dieu a prévu pour votre vie. Vous ne pouvez pas simplement la « rajouter » à toutes vos autres activités personnelles, mais vous devez dire, à l'instar de Jésus, « *Que ce ne soit pas ma volonté, mais la tienne qui soit faite* »[20] Soumettez-lui vos droits, vos projets, vos rêves, vos plans et vos ambitions. Cessez de lui adresser des prières égoïstes, du genre : « Seigneur, bénis-moi dans mes entreprises personnelles, mais priez : « Père, aide-moi à faire ce que tu bénis ! » Tendez à Dieu une feuille vierge en bas de laquelle vous aurez apposé votre signature et dites-lui d'en remplir les lignes. Comme dit la Parole de Dieu, « *offrez-vous à Dieu... et mettez-vous tout entiers à son service, comme instruments de ce qui est juste.* »[21]

Si vous vous engagez à remplir votre mission quel qu'en soit le prix, vous connaîtrez la bénédiction de Dieu d'une façon que peu de personnes expérimentent. Le Seigneur est prêt à tout pour les hommes et les femmes qui s'engagent à son service. Jésus a garanti : « *Faites donc du règne de Dieu et de ce qui est juste votre préoccupation première, et toutes ces choses vous seront données en plus.* »[22]

UN DE PLUS POUR JÉSUS

Mon père a été pasteur pendant plus de cinquante ans, la plupart du temps dans de petites assemblées rurales. C'était un prédicateur simple, mais pénétré de sa mission. Son activité favorite consistait à emmener des équipes de bénévoles à l'étranger afin de bâtir des églises pour de petites assemblées. Au cours de sa vie, papa a construit plus de cent cinquante lieux de culte dans le monde.

En 1999, il est mort d'un cancer. Au cours de la dernière semaine de sa vie, la maladie le tenait éveillé dans un état de semi-conscience près de vingt-quatre heures sur vingt-quatre. En rêvant, il expliquait tout haut ce qu'il voyait. Assis à son chevet, j'en ai appris beaucoup sur lui simplement en écoutant ses rêves. Il revivait la construction de chacune de ses églises les unes après les autres.

Durant l'une de ses toutes dernières nuits, ma femme, ma nièce et moi étions près de lui quand soudain, papa s'agita frénétiquement et tenta de quitter son lit. Évidemment, il était trop faible pour y parvenir, et ma femme insista pour qu'il se recouche, mais il persista à vouloir se lever, si bien que mon épouse finit par lui demander : « Jimmy, qu'est-ce que vous essayez de faire ? » Il répliqua : « Je vais aller sauver encore une âme pour Jésus ! Encore une âme pour Jésus ! Encore une âme pour Jésus ! » Il répétait cette phrase sans arrêt.

Au cours de l'heure qui suivit, il dut lancer « Encore une âme pour Jésus ! » une bonne centaine de fois. J'étais assis à son chevet, les joues baignées de larmes, et papa se pencha en avant, posa sa main sur ma tête et me dit, comme s'il me chargeait d'une mission : « Sauve une âme de plus pour Jésus ! Sauve une âme de plus pour Jésus ! »

J'ai fermement l'intention que ce soit le thème du reste de ma vie. Je vous invite à en faire, vous aussi, votre objectif prioritaire, car *rien* ne fera une plus grande différence pour l'éternité. Si vous désirez que Dieu vous emploie, vous devez vous préoccuper de ses intérêts. Or, ce qui lui tient le plus à cœur, c'est la rédemption des hommes qu'il a créés. Il veut que nous retrouvions ses enfants perdus ! Pour lui, rien ne compte davantage : la croix l'a prouvé. Je prie pour que vous guettiez l'occasion de gagner « une âme de plus pour Jésus » afin qu'un jour, quand vous vous tiendrez devant Dieu, vous puissiez dire : « Mission accomplie ! »

TRENTE-SIXIÈME JOUR
DÉFINIR MON OBJECTIF

Idée à méditer : J'ai été conçu pour accomplir une mission.

Verset à apprendre : « *Allez, faites de toutes les nations des disciples, les baptisant au nom du Père, du Fils et du Saint-Esprit, et enseignez-leur à observer tout ce que je vous ai prescrit. Et voici, je suis avec vous tous les jours, jusqu'à la fin du monde.* »

Question à me poser : Quelles craintes m'ont empêché d'accomplir la grande mission dont Dieu m'a chargé ? Qu'est-ce qui me retient d'annoncer aux autres la Bonne Nouvelle ?

Raconter le message de votre vie

« *Celui qui croit au Fils de Dieu
a ce témoignage en lui-même.* »

(1 Jean 5.10a, BG)

« *C'est partout que la nouvelle
de votre foi en Dieu s'est répandue.
Nous n'avons donc pas besoin d'en parler.* »

(1 Thessaloniciens 1.8, BFC)

Dieu vous a donné un message personnel à raconter.

Quand vous êtes devenu chrétien, vous êtes aussi devenu un porte-parole du Seigneur. Il veut parler au monde par votre bouche. Paul a dit : « *Parce que c'est Dieu qui nous a envoyés, nous parlons avec sincérité en sa présence.* »[1]

Même si vous croyez n'avoir pas grand chose à dire, sachez que c'est le diable qui essaie de vous réduire au silence, car vous avez fait une quantité d'expériences dont Dieu veut se servir pour amener d'autres âmes dans sa famille.

La Bible affirme : « *Celui qui croit au Fils de Dieu possède ce témoignage en lui-même.* »[2]

Le message de votre vie présente quatre aspects :

- *Votre témoignage :* L'histoire du point de départ de votre relation avec Jésus.
- *Les leçons de votre vie :* Les leçons les plus importantes que Dieu vous a apprises.
- *Vos passions spirituelles :* Les sujets spirituels que le Seigneur vous a particulièrement mis à cœur.
- *La bonne nouvelle :* Le message du salut.

Le message de votre vie comprend votre témoignage, c'est-à-dire la façon dont Christ est intervenu dans votre vie. Pierre nous apprend que vous avez été choisi par Dieu *« pour que vous célébriez bien haut les œuvres merveilleuses de celui qui vous a appelés à passer des ténèbres à son admirable lumière. »*[3] C'est l'essence même du témoignage : raconter avec simplicité vos expériences personnelles avec le Seigneur. Dans un tribunal, un témoin n'est pas censé débattre du cas, prouver la vérité ou influer sur le verdict. Cela, c'est le travail des avocats. Les témoins se bornent à raconter ce qui s'est passé ou ce qu'ils ont vu.

Jésus a dit : *« Vous serez mes témoins »*[4] et non « Vous serez mes avocats ». Ce qu'il veut, c'est que vous racontiez votre histoire aux autres. Raconter votre témoignage est une part essentielle de votre mission sur terre, parce qu'il est unique. Aucune autre histoire n'est rigoureusement identique à la vôtre, si bien que vous êtes le seul à pouvoir en parler. Si vous la tenez secrète, elle sera perdue pour toujours. Même si vous n'êtes pas un expert biblique, vous connaissez votre histoire mieux que personne, et il est difficile de contester une expérience personnelle. Cette dernière a plus d'impact qu'une prédication, parce que les non-chrétiens considèrent les pasteurs comme des « vendeurs professionnels », alors que vous êtes, vous, un « client satisfait ». Ils accordent donc plus de poids à vos paroles.

> *Raconter notre histoire lance un pont relationnel entre nous. Jésus peut s'en servir pour passer de notre cœur au leur.*

Les histoires personnelles sont également plus faciles à comprendre que les principes, et les gens en sont friands. Elles captivent les autres, qui les retiennent longtemps. Les non-croyants perdront probablement tout intérêt à ce que nous leur disons si nous nous mettons à citer des théologiens, mais ils sont naturellement curieux lorsqu'ils entendent parler d'expériences qu'ils n'ont jamais faites. Raconter notre histoire lance un pont relationnel entre nous. Jésus peut s'en servir pour passer de notre cœur au leur.

JOUR 37 : RACONTER LE MESSAGE DE VOTRE VIE

D'autre part, votre témoignage a le mérite de surmonter les barrières intellectuelles. Des gens qui n'acceptent pas l'autorité de la Bible tendront volontiers l'oreille pour écouter une humble histoire personnelle. C'est pour cela qu'en cinq occasions différentes, Paul s'est servi de son témoignage pour annoncer l'Évangile au lieu de citer les Écritures.[5]

La Bible vous recommande d'être « *toujours prêts à vous défendre avec douceur et respect devant quiconque vous demande raison de l'espérance qui est en vous.* »[6] Le meilleur moyen d'« être prêt » consiste à écrire votre témoignage, puis à en apprendre par cœur les principaux points. Divisez-le en quatre parties :

1. Comment était ma vie avant que je rencontre Jésus,
2. Comment j'ai compris que j'avais besoin de lui,
3. Comment je lui ai consacré ma vie,
4. Quelle différence il a fait dans mon existence.

Évidemment, outre l'histoire de votre salut, vous avez beaucoup d'autres témoignages. Chaque fois que le Seigneur vous a aidé, vous avez une nouvelle histoire à raconter. Pourquoi ne pas dresser la liste de tous les problèmes, circonstances et crises que Dieu vous a permis de surmonter ? Soyez plein de tact et racontez à votre ami l'anecdote qui l'aidera le plus. Selon la situation, votre témoignage sera différent.

Le message de votre vie comprend les leçons que vous avez apprises. La deuxième partie de votre histoire, ce sont les leçons sur Dieu, les relations, les problèmes, les tentations et d'autres aspects de la vie. David priait : « *Éternel, enseigne-moi* *le chemin de tes ordonnances, et je le suivrai jusqu'au bout. »*[7] Hélas, nous ne tirons pas toujours instruction de ce qui nous arrive ! La Bible déclare, en parlant des Israélites : *« Bien souvent, l'Éternel les délivra, mais ils ne pensaient qu'à se révolter et s'obstinaient dans leur faute. »*[8] Vous avez sans doute déjà rencontré des personnes de ce genre.

S'il est sage de tirer profit de nos expériences personnelles, il est *encore plus sage* d'apprendre de celles des autres. Notre vie est trop courte pour que nous accumulions les épreuves et les erreurs avant d'en tirer des leçons. Mieux vaut apprendre ces dernières des autres. Selon la Parole de Dieu, *« un avertissement donné par une personne sage et reçu d'une oreille attentive est comme un anneau d'or et une parure d'or fin. »*[9]

Écrivez les principales leçons que vous avez apprises au cours de votre vie afin de pouvoir en faire profiter les autres. Nous pouvons éprouver de la reconnaissance envers Salomon, car en agissant ainsi, il nous a légué les livres des Proverbes et de l'Ecclésiaste, qui regorgent d'instructions pratiques sur la vie. Imaginez à quel point nous pourrions nous épargner de souffrances inutiles si nous tirions instruction des leçons que la vie nous a enseignées à chacun.

> *S'il est sage de tirer profit de nos expériences personnelles, il est* encore plus sage *d'apprendre de celles des autres.*

Les chrétiens affermis prennent l'habitude de tirer profit de leurs expériences quotidiennes. Je vous invite à dresser la liste des leçons de votre vie. Tant que vous ne les aurez pas notées, vous n'y réfléchirez pas vraiment. Voici quelques questions pour raviver vos souvenirs et vous aider à démarrer :[10]

Qu'est-ce que Dieu m'a enseigné

- à travers mes échecs ?
- quand j'ai manqué d'argent ?
- quand j'ai connu la douleur, le chagrin ou la dépression ?
- au cours de mes périodes d'attente ?

- par la maladie ?
- par les déceptions ?
- Que m'ont appris ma famille, mon église, mes relations, ma cellule, les critiques qu'on m'a adressées ?

Le message de votre vie comprend le partage de vos passions spirituelles. Dieu est passionné. Il *aime* énormément certaines choses et il en *déteste* farouchement d'autres. Si vous vous approchez de lui, il vous transmettra une passion pour un sujet qui lui tient à cœur afin que vous puissiez être son porte-parole face au monde. Ce peut être une passion pour un certain problème, un objectif, un principe ou un groupe de personnes. Dans tous les cas, vous vous sentirez poussé à en parler et à faire tout votre possible pour cette cause.

Personne ne peut s'empêcher de discuter de ce qui lui tient le plus à cœur. Jésus a dit : « *La bouche exprime ce dont le cœur est plein.* »[11] Citons l'exemple de David, qui s'est écrié : « *Le zèle de ta maison me dévore* »[12] et Jérémie, qui lui a fait écho : « *Il y a dans mon cœur comme un feu qui m'embrase, enfermé dans mes os, je m'épuise à le contenir et n'y arrive pas !* »[13]

Dieu donne à certains une passion brûlante afin qu'ils soutiennent une cause. Il s'agit souvent d'un problème qu'ils ont expérimenté personnellement, comme un abus, une dépendance, la stérilité, la dépression, une maladie ou une autre difficulté. Parfois, le Seigneur communique à certains une passion afin qu'ils soient les porte-parole de ceux qui ne peuvent pas se défendre eux-mêmes : les bébés avortés, les persécutés, les pauvres, les prisonniers, les maltraités, les défavorisés et les victimes d'injustices. Les Écritures nous répètent souvent de voler au secours de ceux qui sont sans défense.

L'Éternel se sert avec passion des êtres humains pour développer son royaume. Il peut vous donner un zèle ardent pour créer de nouvelles Églises, renforcer les liens familiaux, soutenir financièrement les sociétés de traductions de la Bible ou former des dirigeants chrétiens. Il se peut aussi que vous ayez un saint désir d'annoncer l'Évangile à un groupe particulier : hommes d'affaires, adolescents, étudiants étrangers au pair, jeunes mères ou personnes qui ont un hobby ou un sport de prédilection. Si vous le demandez à Dieu, il vous mettra à cœur un pays ou un groupe ethnique qui ont désespérément besoin du message de l'Évangile.

Le Seigneur nous transmet différentes passions afin d'accomplir tout ce qu'il souhaite faire sur la terre. N'attendez pas que tous les autres aient le même centre d'intérêt que le vôtre, mais écoutez et sachez apprécier les messages de vie des autres, car personne ne peut tout dire. Comme dit la Parole de Dieu, « *il est bon d'être toujours zélé pour le bien.* »[14]

> *Le Seigneur nous transmet différentes passions afin d'accomplir tout ce qu'il souhaite faire sur la terre.*

Le message de votre vie comprend l'Évangile. Qu'est-ce que l'Évangile ? « *C'est la puissance de Dieu par laquelle il sauve tous ceux qui croient.* »[15] « *Car Dieu était en Christ, réconciliant le monde avec lui-même, en n'imputant point aux hommes leurs offenses, et il a mis en nous le ministère de la réconciliation.* »[16] L'Évangile est cette bonne nouvelle : lorsque nous comptons sur la grâce de Dieu pour nous sauver au travers de l'œuvre de Jésus, nos péchés sont pardonnés, nous avons une raison de vivre et une demeure nous est réservée au ciel.

Des centaines d'excellents livres nous expliquent comment annoncer l'Évangile, mais toute la formation du monde ne vous poussera pas à témoigner pour Christ si vous n'assimilez pas les huit convictions que vous avez lues dans le chapitre précédent. Plus important encore, vous devez apprendre à aimer les perdus de l'amour du Seigneur.

Jamais l'Éternel n'a créé une seule personne sans l'aimer. À ses yeux, tout le monde compte. Lorsque Jésus a étendu les bras sur la croix, il a montré : « Je t'aime à ce point là ! » Comme l'affirme la Bible, « *l'amour du Christ nous domine, nous qui avons la certitude qu'un seul est mort pour tous.* »[17] Lorsque votre mission pour le monde cesse de vous captiver, prenez le temps de réfléchir à ce que Jésus a accompli pour vous sur la croix.

Nous devons nous intéresser aux non-croyants, car Dieu lui-même le fait. L'amour nous presse ! Du reste, les Écritures déclarent : « *La crainte n'est pas dans l'amour, mais l'amour parfait bannit la crainte.* »[18] Un parent se précipitera dans un immeuble en flammes pour sauver son enfant, parce que son amour pour lui surpasse sa peur du danger. Si vous craignez d'annoncer l'Évangile à ceux qui vous entourent, demandez au Seigneur de remplir votre cœur d'amour pour eux.

La Bible est claire sur ce point : « *Le Seigneur... ne veut pas que qui que ce soit aille à sa perte ; au contraire, il veut que tous aient l'occasion de se détourner du mal.* »[19] Tant que vous connaîtrez quelqu'un qui n'est pas réconcilié avec Dieu, vous *devrez* continuer à prier pour lui, à le servir avec amour et à lui annoncer l'Évangile, et aussi longtemps qu'une personne de votre entourage n'est pas rentrée dans la famille de Dieu, votre assemblée *doit* s'ingénier à l'attirer. Toute Église qui ne veut pas grandir décrète au monde : « Vous pouvez aller en enfer. »

Qu'allez-vous faire pour que vos proches aillent au ciel : les inviter à l'assemblée, leur raconter votre histoire, leur offrir ce livre, les inviter à manger, prier pour eux jusqu'à ce qu'ils soient sauvés ? Votre champ de mission s'étend tout autour de vous. Ne laissez pas passer les occasions que Dieu vous donne. La Bible dit : « *Conduisez-vous avec sagesse dans vos relations avec ceux qui n'appartiennent pas à la famille de Dieu, en mettant à profit toutes les occasions qui se présentent à vous.* »[20]

Quelqu'un ira-t-il au ciel grâce à vous ? Dans l'au-delà, quelqu'un viendra-t-il vous dire : « Je veux vous remercier. Si je suis ici, c'est parce que vous vous êtes suffisamment intéressé à moi pour me transmettre l'Évangile » ? Imaginez avec quelle joie, au ciel, vous saluerez les gens que vous avez aidés à s'y rendre. Le salut éternel d'une seule âme est plus important que tout ce que vous accomplirez d'autre au cours de votre vie. Seuls les êtres humains dureront éternellement.

Dans ce livre, vous avez appris les cinq objectifs de Dieu pour votre vie sur la terre : il vous a créé pour être un *membre* de sa famille, un *modèle* de son caractère, un *adorateur*, un *dispensateur* de sa grâce et un *messager* de l'Évangile auprès de vos proches. Parmi ces cinq objectifs, le dernier ne peut être accompli qu'ici-bas. Les quatre autres se poursuivront dans l'éternité. C'est pourquoi il est si important de répandre la bonne nouvelle : vous n'avez qu'un court laps de temps pour annoncer le message de vie et remplir votre mission.

TRENTE-SEPTIÈME JOUR
DÉFINIR MON OBJECTIF

Idée à méditer : Dieu veut dire quelque chose au monde par moi.

Verset à apprendre : « *Si l'on vous demande de justifier votre espérance, soyez toujours prêt à la défendre, avec humilité et respect.* » (1 Pierre 3.15b-16, BS)

Question à me poser : En réfléchissant à mon histoire personnelle, à qui Dieu veut-il que je la raconte ?

Devenir un chrétien cosmopolite

Jésus a dit à ses disciples : « Allez dans tout le monde, et prêchez l'Évangile à toute la création. »

(Marc 16.15, BD)

« Envoie-nous dans le monde entier pour que nous proclamions que tu sauves et que tu as un plan éternel pour toute l'humanité. »

(Psaume 67.2, traduction littérale)

La grande mission est la vôtre.

Vous êtes face à un choix : soit vous serez un chrétien *cosmopolite*, soit vous serez un chrétien *mondain*.[1]

Les chrétiens mondains cherchent avant tout que le Seigneur les rende heureux. Ils sont sauvés, mais égocentriques. Ils aiment beaucoup assister à des concerts ou à des congrès dynamiques, mais ils ne mettent pas les pieds aux conférences missionnaires : cela ne les intéresse pas. Leurs prières sont centrées sur leurs besoins personnels, les bénédictions auxquelles ils aspirent et leur bonheur. C'est une foi « moi d'abord » : « Comment Dieu peut-il rendre *ma* vie plus confortable ? » Ils souhaitent se servir du Seigneur pour accomplir leurs projets au lieu d'être employés pour *ses* desseins.

À l'opposé, les chrétiens cosmopolites savent qu'ils sont sauvés pour servir et créés pour accomplir une mission. Ils brûlent d'envie de recevoir une charge et ils sont enthousiastes à l'idée d'être employés par le Seigneur. Ce sont les seules personnes de cette planète à *vivre pleinement*. Leur joie, leur confiance et leur enthousiasme sont contagieux, car ils savent à quel point leur mission est importante. Chaque matin, au réveil, ils s'attendent à voir le Seigneur agir en eux de façon nouvelle. Quel type de chrétien voulez-vous être ?

Le Seigneur vous invite à participer à la plus grande, la plus large, la plus variée et la plus essentielle cause de l'histoire : son royaume. L'histoire de l'humanité est *la sienne*. Il construit sa famille pour l'éternité. Rien ne compte davantage, et rien ne durera aussi longtemps. Le livre de l'Apocalypse nous fait savoir que cette mission dans son ensemble s'accomplira. Un jour, la grande mission sera menée à terme. Au ciel, une immense foule de gens « *de toute nation, de toute tribu, de tout peuple, et de toute langue* »[2] se tiendra devant Jésus afin de l'adorer. Être un chrétien cosmopolite vous permettra d'expérimenter *à l'avance* ce que sera le ciel.

Quand Jésus a prescrit à ses disciples d'« *aller par tout le monde, et de prêcher la bonne nouvelle à toute la création* », sa petite bande de pauvres disciples du Moyen Orient a dû se sentir dépassée. Étaient-ils censés marcher ou monter sur des animaux qui se déplaçaient lentement ? C'étaient là leurs seuls moyens de transport, et comme, à l'époque, aucun navire ne traversait les océans, ils n'avaient pas de solution pour se rendre dans le monde entier.

À l'heure actuelle, nous disposons d'avions, de bateaux, de trains, de bus et d'automobiles. Après tout, notre monde est petit : il semble rétrécir de jour en jour ! En quelques *heures*, vous pouvez traverser l'océan, et le lendemain, si vous le souhaitez, vous rentrerez chez vous. Les chrétiens « ordinaires » peuvent très facilement s'impliquer dans des projets missionnaires à court terme. Aucun coin du globe ne nous est inaccessible. Demandez-le à une agence de voyage ! Nous n'avons donc aucune excuse pour ne pas répandre la bonne nouvelle.

Aujourd'hui, grâce à Internet, le monde est encore plus petit. En plus du téléphone et des fax, n'importe quel chrétien ayant accès à Internet peut communiquer personnellement avec des gens de presque tous les coins du globe. Le monde entier est au bout de vos doigts !

Comme de nombreux villages isolés disposent d'e-mail, vous pouvez propager l'Évangile à des personnes de l'autre bout de la planète sans même sortir de chez vous ! Dans toute l'histoire, jamais il n'a été aussi facile de remplir votre mission d'aller dans le monde entier. Les grands obstacles ne sont plus les distances ou le prix du transport, mais seulement *ce que nous pensons*. Pour être un chrétien cosmopolite, vous devez procéder à quelques réajustements mentaux. Votre manière de voir et vos attitudes doivent changer !

COMMENT ACQUÉRIR LA MENTALITÉ D'UN CHRÉTIEN COSMOPOLITE

Cessez d'être égocentrique et adoptez une mentalité altruiste. La Bible nous exhorte : « *Frères, ne raisonnez pas comme des enfants… soyez des adultes.* »[3] C'est la première chose à faire pour devenir un chrétien cosmopolite. Les enfants ne pensent qu'à eux, alors que les adultes, eux, pensent aux autres. Le Seigneur nous a ordonné : « *Que personne ne recherche son propre intérêt, mais que chacun de vous pense à celui des autres.* »[4]

> *Dans toute l'histoire, jamais il n'a été aussi facile de remplir votre mission d'aller dans le monde entier.*

Évidemment, ce changement de mentalité est difficile, parce que nous sommes naturellement égocentriques et que presque toutes les annonces publicitaires nous incitent à penser à nous. Le seul moyen d'effectuer cette métamorphose, c'est de dépendre de Dieu à chaque instant. Heureusement, il ne nous laisse pas lutter seuls. « *Dieu nous a donné son Esprit. C'est pourquoi nous n'avons pas la même mentalité que les gens de ce monde.* »[5]

Demandez au Saint-Esprit de vous aider à penser aux besoins spirituels des non-chrétiens chaque fois que vous leur parlez. Avec le temps, vous prendrez l'habitude de faire monter vers le Seigneur des prières silencieuses en faveur de ceux que vous rencontrez. Dites : « Père, aide-moi à comprendre ce qui empêche cette personne de te connaître. »

Votre but consiste à découvrir à quel stade spirituel sont parvenus vos interlocuteurs, puis à les amener à mieux connaître Christ. Vous pouvez apprendre comment faire en adoptant l'état d'esprit de Paul, qui expliquait : « *Agissez comme moi qui m'efforce, en toutes choses, de m'adapter à tous. Je ne considère pas ce qui me serait avantageux, mais je recherche le bien du plus grand nombre pour leur salut.* »[6]

Élargissez votre champ de vision. Dieu s'est toujours soucié du monde entier. « *Dieu a tant aimé le monde...* »[7] Dès le départ, il a souhaité avoir dans sa famille des gens de toutes les nations qu'il a créées. La Bible nous explique : « *À partir d'un seul homme, il a créé tous les peuples pour qu'ils habitent toute la surface de la terre ; il a fixé des périodes déterminées et établi les limites de leurs domaines. Par tout cela, Dieu invitait les hommes à le chercher et à le trouver.* »[8]

Presque partout dans le monde, on pense de façon globale. Les principaux médias et groupes commerciaux sont multinationaux. Nos vies sont de plus en plus imbriquées dans celles des autres pays. Les modes, les loisirs, la musique, les sports et même les fast-food sont universels.

La plupart de nos vêtements et de nos aliments ont été produits dans un autre pays. Nous sommes davantage liés les uns aux autres que nous le pensons.

C'est une époque enthousiasmante ! Actuellement, sur cette planète, il y a plus de chrétiens que jamais auparavant. Paul avait raison de constater : « *La Bonne Nouvelle se répand et porte des fruits dans le monde entier, tout comme elle l'a fait pour vous.* »[9]

JOUR 38 :
DEVENIR UN
CHRÉTIEN
COSMOPOLITE

Le premier moyen d'adopter une mentalité cosmopolite consiste à prier pour des pays précis. Les chrétiens cosmopolites prient pour le monde. Prenez un globe ou une carte et priez pour les nations en les nommant. La Bible affirme :
« *Demande-moi, et je te donnerai les nations pour héritage, et pour ta possession, les bouts de la terre.* »[10]

La prière est l'outil le plus important de tous pour notre mission dans le monde. Les gens peuvent refuser notre amour ou rejeter notre message, mais ils sont désarmés face à nos prières. Comme un missile intercontinental, vous pouvez cibler le cœur de quelqu'un dans vos prières, que vous soyez à trois mètres ou à quinze mille kilomètres de lui.

Pour quoi devez-vous prier ? D'après les Écritures, pour avoir l'occasion de témoigner[11] et le courage de le faire,[12] pour ceux qui croiront,[13] pour que le message se répande rapidement,[14] et pour qu'il y ait plus d'ouvriers.[15] Votre intercession fait de vous un partenaire des autres chrétiens du monde.

Vous devez aussi prier pour les missionnaires et pour tous ceux qui sont impliqués dans la moisson mondiale. Paul expliquait à ses partenaires de prière : « *Vous y contribuerez vous-mêmes en priant pour nous.* »[16]

Pour vous apprendre à penser d'une façon cosmopolite, vous pouvez aussi lire et écouter les informations avec des « yeux missionnaires ». Chaque fois qu'un changement ou un conflit se produit, soyez sûr que le Seigneur en profite pour attirer des âmes à lui. Les gens sont davantage disposés à écouter Dieu lorsqu'ils sont sous tension ou en période transitoire. Comme les bouleversements surviennent de plus en plus souvent dans notre monde, plus de gens sont disposés à écouter la Bonne Nouvelle que jamais auparavant.

> *Les gens peuvent refuser notre amour ou rejeter notre message, mais ils sont désarmés face à nos prières.*

La meilleure façon de changer de mentalité consiste à se lever pour partir réaliser un projet missionnaire à court terme à l'étranger. Rien ne vaut une expérience du terrain, une immersion dans une autre culture. Cessez d'étudier et de discuter de votre mission, et mettez-vous à l'œuvre. La balle est dans votre camp ! Dans Actes 1.8, Jésus nous indique la marche à suivre : « *Vous serez mes témoins à Jérusalem, dans toute la Judée et la Samarie, et jusqu'au bout de la terre.* »[17] Les disciples de Christ devaient évangéliser leur communauté (Jérusalem), leur pays (la Judée), les autres cultures (la Samarie) et les autres pays (jusqu'au bout de la terre). Vous remarquerez que notre mission est simultanée et non successive. Si tous n'ont pas de don missionnaire, *chaque* chrétien est appelé à exercer une activité missionnaire en faveur des quatre catégories de personnes à atteindre, sous une forme ou sous une autre. Êtes-vous un chrétien d'Actes 1.8 ?

Fixez-vous pour objectif de participer à un projet missionnaire dans chacun de ces quatre domaines. Je vous encourage vivement à faire des économies et à entreprendre toutes les démarches nécessaires pour participer à un voyage missionnaire à court terme à l'étranger *le plus tôt possible*. Presque toutes les associations missionnaires peuvent vous proposer un voyage qui ouvrira votre cœur, élargira votre vision, accroîtra votre foi, augmentera votre compassion et vous remplira d'une joie que vous n'avez jamais éprouvée. Ce sera peut-être une étape décisive de votre vie.

Ne pensez plus seulement à « ici et maintenant », mais à l'éternité. Pour tirer le maximum de votre pèlerinage terrestre, vous devez avoir sans cesse une perspective éternelle. Cela vous empêchera de vous laisser obnubiler par des sujets secondaires et vous aidera à distinguer ce qui est urgent de ce qui est essentiel. Paul a expliqué : « *Nous regardons, non point aux choses visibles, mais à celles qui sont invisibles ; car les choses visibles sont passagères, et les invisibles sont éternelles.* »[18]

Bien des choses pour lesquelles, actuellement, nous déployons notre énergie ne compteront plus du tout dans un an, et encore bien moins dans l'éternité. Ne gaspillez pas votre vie pour ce qui est éphémère. Jésus a dit : « *Celui qui regarde derrière lui au moment où il se met à labourer avec sa charrue n'est pas prêt pour le règne de Dieu.* »[19] Paul nous a prévenus : « *Que tous ceux qui jouissent des biens de ce monde vivent comme s'ils n'en jouissaient pas. Car le présent ordre des choses va vers sa fin.* »[20]

Que laissez-vous vous entraver dans l'accomplissement de votre mission ? Qu'est-ce qui vous empêche d'être un chrétien cosmopolite ? Quel que soit le problème, remédiez-y.
« *Rejetons tout fardeau, et le péché qui nous enveloppe si facilement, et courons...* »[21]

Jésus nous a recommandé de nous « *amasser des trésors dans le ciel* »[22] Comment y parvenir ? Dans l'une de ces déclarations les plus mal comprises, Jésus a ordonné : « *Faites-vous des amis avec les richesses injustes, pour qu'ils vous reçoivent dans les tabernacles éternels, quand elles viendront à vous manquer.* »[23] Jésus n'a pas dit que vous deviez vous « acheter » des amis à prix d'or, mais qu'il fallait employer l'argent que Dieu vous donne pour amener des gens à Christ. Ce seront des amis pour l'éternité. Quand vous irez au ciel, ils viendront vous accueillir ! C'est le meilleur investissement financier que vous puissiez réaliser.

> *La Bible dit que vous pouvez investir dans l'au-delà en vous consacrant au salut des âmes !*

Vous avez sans doute déjà entendu l'expression : « Il ne pourra pas l'emporter dans sa tombe », mais la Bible dit que *vous pouvez* investir dans l'au-delà en vous consacrant au salut des âmes ! Elle affirme : « *Recommande-leur de faire du bien... Qu'ils s'amassent ainsi un bon et solide trésor pour l'avenir afin d'obtenir la vie véritable.* »[24]

Cessez de vous chercher des excuses et trouvez des moyens ingénieux de remplir votre mission. Si vous le souhaitez, vous finirez par y parvenir, et certaines associations pourront vous y aider. Voici quelques excuses courantes :

- « *Je ne parle que le français.* » Dans de nombreux pays, des millions de personnes veulent parler français et guettent l'occasion de s'exercer.
- « *Je n'ai rien à offrir !* » Oh si ! Toutes vos capacités et toutes vos expériences peuvent être utiles quelque part.
- « *Je suis trop âgé (ou trop jeune.)* » La plupart des associations missionnaires ont des projets à court terme adaptés à l'âge des participants.

Lorsque Sarah a objecté qu'elle était trop âgée pour être employée par Dieu et que Jérémie a prétendu être trop jeune, Dieu a rejeté leurs excuses. « *Ne dis pas : Je suis un adolescent ; tu iras trouver tous ceux auprès de qui je t'enverrai, et tu leur diras tout ce que je t'ordonnerai. N'aie pas peur de ces gens, car je suis avec toi pour te protéger.* »[25]

Vous vous êtes peut-être figuré que vous aviez besoin d'un « appel » spécial du Tout-Puissant, et vous avez attendu une sensation ou une expérience surnaturelle, mais Dieu vous a déjà appelé plusieurs fois ; nous sommes *tous* appelés à accomplir les cinq objectifs du Seigneur pour notre vie : l'adorer, être en communion avec les autres chrétiens, croître vers la stature de

Christ, servir et être en mission avec Dieu dans le monde. Le Père ne veut pas seulement employer *certains* de ses enfants, mais *la totalité*. Nous sommes tous appelés à aller en mission avec Dieu. Il veut que toute son Église annonce l'Évangile intégral au monde entier.[26]

Beaucoup de chrétiens ont manqué le plan de Dieu pour leur vie parce qu'ils n'ont jamais *demandé* à Dieu s'il voulait qu'ils soient missionnaires quelque part. Par peur ou par ignorance, ils ont automatiquement fermé leur esprit à la possibilité d'être missionnaires dans leur propre pays en vivant dans un endroit où il y a des gens d'autres cultures. Si vous ne vous sentez pas concerné, cherchez toutes les façons et les possibilités à votre portée maintenant (leur nombre vous surprendra), puis priez sérieusement pour demander au Seigneur ce qu'il veut vous voir accomplir dans les années à venir. Des milliers de missionnaires (y compris dans leur propre pays) sont indispensables à ce stade critique de l'histoire où de si nombreuses portes s'ouvrent toutes grandes plus que jamais auparavant.

Si vous voulez être comme Jésus, le monde entier doit vous tenir à cœur. Vous ne devez pas vous contenter de voir simplement votre famille et vos amis venir à Christ. Il y a plus de six milliards d'habitants sur la terre, et Jésus veut retrouver *tous* ses enfants perdus. Il a dit : « *Celui qui voudra sauver sa vie la perdra, mais celui qui perdra sa vie à cause de moi et de la bonne nouvelle la sauvera.* »[27] La grande mission vous concerne, et si vous voulez vivre une vie qui vaille la peine d'être vécue, vous devez y prendre part.

TRENT-HUITIÈME JOUR
DÉFINIR MON OBJECTIF

Idée à méditer : La grande mission me concerne ;

Verset à apprendre : « *Envoie-nous dans le monde propager la nouvelle de ta puissance qui sauve et de ton plan éternel pour toute l'humanité.* » (Psaume 67.2, traduction littérale)

Question à me poser : Quelles démarches puis-je entreprendre pour me préparer à partir en mission à court terme l'an prochain ?

39

Une vie équilibrée

*« Veillez donc avec soin à votre manière de vivre.
Ne vous comportez pas comme des insensés,
mais comme des gens sensés. »*

(Éphésiens 5.15, BS)

*« Ne vous laissez pas égarer par les erreurs
des gens sans scrupules et n'allez pas perdre
la position solide qui est la vôtre. »*

(2 Pierre 3.17, BFC)

Bénis soient les gens équilibrés ; ils résisteront à tout.

L'une des épreuves des Jeux Olympiques d'été, le pentathlon, se compose de cinq performances : le tir au pistolet, l'escrime, l'équitation, la course et la natation. Le but de ses athlètes est de réussir dans ces cinq disciplines, et pas seulement dans l'une ou l'autre.

Votre vie est un pentathlon de cinq objectifs que vous devez maintenir en équilibre. Ces objectifs ont été pratiqués par les premiers chrétiens dans Actes 2, expliqués par Paul dans Éphésiens 4 et démontrés par Jésus dans Jean 17, mais ils sont tous résumés dans le grand commandement et la grande mission du Sauveur. Ces deux affirmations recèlent tout le message de ce livre, les cinq objectifs de Dieu pour votre vie :

1. « **Aime Dieu de tout ton cœur** ». Vous avez été conçu pour le plaisir de Dieu. Vous devez donc vous fixer pour but d'aimer le Seigneur en *l'adorant*.
2. « **Aime ton prochain comme toi-même.** » Vous avez été créé pour servir. Votre objectif est donc de manifester votre amour aux autres par votre *ministère*.
3. « **Allez, faites des disciples** ». Vous avez été chargé d'une mission. Votre but est donc de propager le message de Dieu par *l'évangélisation*.
4. « **Baptisez-les** ». Comme vous êtes destiné à faire partie de la famille de Dieu, vous devez vous investir dans son Église par *la communion fraternelle*.
5. « **Enseignez-leur à observer...** » Vous avez été créé pour devenir semblable à Christ. Votre objectif consiste donc à atteindre la maturité par *la marche chrétienne*.

Si vous êtes fermement engagé à obéir au grand commandement et à la grande mission, vous serez un chrétien exceptionnel.

Garder l'équilibre entre ces cinq objectifs n'est pas facile. Nous avons tous tendance à accorder plus d'importance aux buts qui nous passionnent le plus au détriment des autres. Les églises ont le même travers. Mais vous pouvez maintenir une vie équilibrée et faire des progrès constants en vous joignant à un petit groupe auquel vous rendrez des comptes, en évaluant régulièrement votre santé spirituelle, en notant vos progrès dans votre journal personnel et en transmettant aux autres ce que vous avez appris. Si vous voulez avoir une vie qui ait un sens, ces quatre activités sont importantes. Si vous souhaitez vraiment progresser, pratiquez-les.

Parlez-en avec un partenaire ou un petit groupe spirituel. La meilleure manière *d'assimiler* les principes de ce livre consiste à en discuter avec d'autres chrétiens dans le cadre d'un petit groupe. Du reste, la Bible constate : « *Le fer aiguise le fer, le contact avec autrui affine l'esprit de l'homme.* »[1] C'est avec les autres que nous apprenons le mieux. Nos esprits s'aiguisent et nos convictions s'affermissent par la conversation.

Je vous incite *vivement* à réunir un petit groupe d'amis et à former une cellule de lecture qui reverra un chapitre de ce livre chaque semaine. Demandez-vous : « Qu'est-ce que cela signifie ? » « Concrètement, qu'allons-nous faire ? » « Qu'est-ce que cela implique pour moi, ma famille et notre église ? » « Comment vais-je réagir ? » Paul conseillait : « *Ce que vous avez appris... pratiquez-le.* »[2] Dans l'appendice 1, j'ai préparé une liste de questions de discussion à l'intention de votre petit groupe ou de votre classe d'École du Dimanche.

Un petit groupe de lecture peut apporter beaucoup plus qu'un livre seul. Vous pouvez commenter ce que vous apprenez et écouter les réactions des autres, raconter des anecdotes authentiques, prier les uns pour les autres, vous encourager et vous soutenir en commençant à mettre en pratique ces objectifs. Souvenez-vous que nous avons été créés pour vivre ensemble, et non séparément. Les Écritures nous recommandent : « *Encouragez-vous et fortifiez-vous dans la foi.* »[3]

Je vous encourage à étudier vous-même la Bible. Si je vous ai donné les références de plus de mille textes des Écritures, c'est afin que vous puissiez les étudier dans leur contexte. Lisez l'appendice 2, et vous comprendrez pourquoi cet ouvrage fait appel à diverses traductions et paraphrases. Afin de donner à ces chapitres une longueur limitée pour faciliter une lecture quotidienne, je n'ai pas pu vous expliquer le contexte fascinant de la plupart des versets employés, mais la Parole de Dieu est conçue pour être étudiée par paragraphes, par chapitres et même par livres entiers.

Livrez-vous à un bilan de santé spirituel régulier. Le meilleur moyen d'*équilibrer* les cinq objectifs de votre vie consiste à vous sonder régulièrement. Le Seigneur attache une grande importance à ce principe. Il nous est dit au moins cinq fois dans les Écritures de nous sonder et d'évaluer notre santé spirituelle.[4]

La Bible prescrit : « *Ne vous laissez pas aller à la dérive en tenant tout pour acquis. Examinez-vous régulièrement. Si vous échouez à cet examen, agissez en conséquence.* »[5] (Traduction littérale).

Pour rester en bonne santé sur le plan physique, vous avez besoin de check-up réguliers chez un médecin qui examine des points essentiels : votre tension, votre température, votre poids, etc. Pour rester en bonne santé spirituelle, vérifiez régulièrement les cinq signes vitaux que sont l'adoration, la communion fraternelle, la croissance, le ministère et les missions. Jérémie préconisait : « *Considérons notre conduite et examinons-la, puis revenons à l'Éternel.* »[6]

JOUR 39 :
ÉQUILIBREZ
VOTRE VIE

À l'église Saddleback, nous avons élaboré un simple outil d'évaluation personnelle qui a aidé des milliers de personnes à rester concentrées sur Dieu. Paul conseillait : « *Maintenant donc, achevez de réaliser cette œuvre. Mettez autant de bonne volonté à l'achever que vous en avez mis à la décider, et cela selon vos moyens.* »[7]

Notez vos progrès dans un journal. Le meilleur moyen de *renforcer* vos progrès dans l'accomplissement des objectifs de Dieu pour votre vie consiste à tenir un journal spirituel. Il ne s'agit pas de raconter les événements, mais d'écrire les leçons spirituelles que vous ne voulez pas oublier. Selon la Parole de Dieu, « *nous devons... nous attacher aux choses que nous avons entendues, de peur que nous ne soyons emportés loin d'elles.* »[8] Or, on se souvient mieux de ce qu'on écrit.

Les notes permettent de mieux réaliser ce que le Seigneur accomplit dans notre vie. Dawson Trotman disait : « Les pensées se précisent en passant par nos doigts. » La Bible nous offre plusieurs exemples de cas où Dieu dit aux hommes de tenir leur journal spirituel, comme celui-ci : « *Moïse écrivit leurs départs... suivant le commandement de l'Éternel.* »[9] N'êtes-vous pas content que Moïse ait obéi au commandement de Dieu et noté le voyage spirituel d'Israël ? S'il avait été négligent, nous serions privés des puissantes leçons de l'Exode !

Certes, votre journal spirituel sera probablement beaucoup moins lu que celui de Moïse, mais il a néanmoins son importance. Une version de la Bible traduit : « *Moïse a relaté les étapes de leur voyage.* » Votre vie aussi est un voyage, et tout voyage mérite qu'on le consigne par écrit. J'espère que vous noterez toutes les étapes de votre voyage spirituel dans le but de vivre avec un objectif.

Ne relatez pas seulement les choses agréables, mais à l'instar de David, écrivez vos doutes, vos craintes et vos luttes avec Dieu. Nos plus grandes leçons proviennent de nos souffrances, et la Bible dit que Dieu garde la trace de nos larmes.[10] Chaque fois que des problèmes surgissent, souvenez-vous que le Seigneur va s'en servir pour accomplir les *cinq* objectifs de votre vie : les difficultés vous poussent à vous concentrer sur Dieu, à vous rapprocher de vos frères et sœurs chrétiens, à croître dans la foi, à exercer votre ministère et à rendre témoignage. Tout problème a un sens.

Quand il était plongé dans la détresse, le psalmiste a écrit : « *Il est attentif à la prière du misérable, il ne dédaigne pas sa prière. Que cela soit écrit pour la génération future, et que le peuple qui sera créé célèbre l'Éternel !* »[11] Vous devez préserver le témoignage de la façon dont Dieu vous a aidé à accomplir ses objectifs sur la terre à l'intention de la génération future. Ce témoignage continuera à édifier les autres longtemps après que vous serez au ciel.

Transmettez aux autres ce que vous savez. Si vous souhaitez continuer à grandir, le meilleur moyen est de transmettre aux autres ce que vous avez déjà appris. Les Proverbes nous disent : « *Celui qui est généreux connaîtra l'abondance ; qui donne à boire aux autres sera lui-même désaltéré.* »[12] Ceux qui transmettent leur savoir reçoivent ensuite davantage de Dieu.

Maintenant que vous avez compris l'objectif de la vie, vous devez faire passer le message aux autres. Le Seigneur vous appelle à être son messager. Paul a dit : « *Ce que tu m'as entendu annoncer en présence de nombreux témoins, confie-le à des hommes de confiance, qui soient eux-mêmes*

> *Vous devez préserver le témoignage de la façon dont Dieu vous a aidé à accomplir ses objectifs sur la terre à l'intention de la génération future.*

capables de l'enseigner encore à d'autres. »[13] Dans ce livre, je vous ai appris ce que d'autres m'ont enseigné à propos du sens de la vie. Maintenant, vous avez le devoir de le transmettre aux autres.

Vous connaissez probablement des centaines de personnes qui ignorent tout du sens de la vie. Transmettez ces idées à vos enfants, à vos amis, à vos voisins et à vos collaborateurs. Si vous offrez ce livre à un ami, ajoutez un mot personnel sur la page de dédicace.

Plus vous en saurez, plus Dieu s'attendra à vous voir utiliser ces connaissances pour aider les autres. Jacques a déclaré : « *Celui qui sait faire ce qui est bien et qui ne le fait pas commet un péché.* »[14] La connaissance accroît la responsabilité, mais transmettre l'objectif de la vie n'a rien d'une obligation pénible. Au contraire, c'est l'un de nos plus grands privilèges ! Imaginez à quel point le monde serait différent si chacun connaissait son objectif. Paul a déclaré : « *Expose cela aux frères, et tu seras un bon serviteur de Jésus-Christ.* »[15]

TOUT POUR LA GLOIRE DE DIEU

Si nous transmettons nos connaissances, c'est pour la gloire de Dieu et l'accroissement de son royaume. Jésus a pu dire à son Père : « *Je t'ai glorifié sur la terre, j'ai achevé l'œuvre que tu m'as donnée à faire.* »[16] Quand Jésus a prié en ces termes, il n'était pas encore mort pour nos péchés. Alors, quelle œuvre avait-il achevée ? À cette occasion, il faisait allusion à autre chose qu'à l'expiation. La réponse se trouve dans les vingt versets suivants de sa prière.[17]

Jésus a dit à son Père ce qu'il avait fait pendant les trois années précédentes : il avait préparé ses disciples à vivre pour accomplir les objectifs de Dieu. Il les avait aidés à le connaître et à l'aimer (adoration), il leur avait appris à s'aimer les uns les autres (communion fraternelle), il leur avait donné sa Parole afin qu'ils puissent accéder à la maturité (croissance), il leur avait appris à servir (ministère) et il les avait envoyés proclamer l'Évangile (mission). Jésus a montré l'exemple d'une vie menée avec un objectif, et il a appris aux autres à la vivre aussi. C'était là « l'œuvre » qui a rendu gloire à Dieu.

Aujourd'hui, le Seigneur nous appelle à en faire autant. Non seulement il veut que nous vivions selon ses desseins, mais il désire que nous aidions les autres à nous emboîter le pas. Il veut que nous conduisions les autres à Christ, que nous les amenions dans la communion fraternelle, que nous les aidions à accéder à la maturité et à découvrir leur sphère de service, puis que nous les envoyions en mission pour qu'ils atteignent les autres à leur tour.

C'est là une vie qui a un objectif. Quel que soit votre âge, le reste de votre vie peut être le meilleur, et vous pouvez commencer dès aujourd'hui à vivre dans ce sens.

TRENTE-NEUVIÈME JOUR
DÉFINIR MON OBJECTIF

Idée à méditer : Les gens équilibrés sont bénis.

Verset à apprendre : « *Veillez donc avec soin à votre manière de vivre. Ne vous comportez pas comme des insensés, mais comme des gens sensés.* » (Éphésiens 5.15, BS)

Question à me poser : Laquelle des quatre activités proposées vais-je commencer pour progresser et garder l'équilibre entre les cinq objectifs de Dieu pour ma vie ?

Vivre avec un objectif

*« Il y a dans le cœur de l'homme
beaucoup de projets,
mais c'est le dessein de l'Éternel
qui s'accomplit. »*

(Proverbes 19.21, BG)

*« Car David [a] contribué à l'accomplissement
du plan de Dieu. »*

(Actes 13.36, BS)

Vivre pour un objectif est la seule façon de vivre *vraiment*. Sans cela, on se borne à exister.

La plupart des gens se posent trois questions fondamentales. Tout d'abord, sur leur *identité* : « Qui suis-je ? » Ensuite, sur leur *importance* : « Est-ce que je compte ? » Et enfin, sur leur *impact* : « Quelle est ma place dans la vie ? » Les réponses à ces trois questions se trouvent dans les cinq objectifs de Dieu pour vous.

Dans la chambre haute, lors du dernier jour que Jésus a passé en compagnie de ses disciples, il leur a lavé les pieds à titre d'exemple et il leur a dit : *« Si vous savez ces choses, vous êtes heureux, pourvu que vous les pratiquiez. »*[1] Une fois que vous savez ce que le Seigneur désire que vous fassiez, vous serez béni si vous le mettez en pratique. Nous arrivons au terme de notre voyage commun de quarante jours. Sachant ce que le

Seigneur attend de vous, vous serez heureux si vous l'accomplissez !

Cela implique sans doute que vous devrez cesser de pratiquer certaines autres activités. Vous pouvez faire beaucoup de « bonnes » choses dans votre vie, mais les cinq objectifs de votre Créateur doivent avoir la priorité ; malheureusement, il est facile de se laisser distraire et d'oublier l'essentiel. On peut aisément négliger ses priorités et dériver peu à peu vers ce qui est accessoire. Pour empêcher cela, vous devez rédiger un énoncé d'objectifs pour votre vie et le passer en revue régulièrement.

QU'EST-CE QU'UN ÉNONCÉ D'OBJECTIFS PERSONNELS ?

C'est un énoncé qui résume les objectifs de Dieu pour votre vie. Avec vos propres mots, vous affirmez votre engagement à réaliser les cinq objectifs du Seigneur pour votre vie. Un énoncé d'objectifs n'est *pas* une liste de buts à atteindre. Ces derniers sont temporaires, à la différence des objectifs. Du reste, les Écritures affirment : « *Les desseins de l'Éternel subsistent à toujours, et les projets de son cœur de génération en génération.* »[2]

Cet énoncé indique la direction de votre vie. Noter vos objectifs sur une feuille de papier vous forcera à penser avec précision au sentier de votre vie. « *Prépare ton chemin avant de t'y engager, et emprunte des routes sûres,* »[3] conseillait Salomon à son fils. Un énoncé d'objectifs personnels n'indique pas seulement ce que vous comptez faire de votre temps, de votre vie et de votre argent, mais aussi ce que vous *n'allez pas* en faire. Les Proverbes disent : « *L'homme intelligent ne perd jamais de vue ce qui est sage, mais les regards du sot se portent vers des buts inaccessibles.* »[4]

Cet énoncé définit ce qu'est « le succès » pour vous. Il exprime ce que vous estimez être primordial, et non ce que le monde en pense. Il montre clairement vos valeurs. Paul a expliqué : « *Je demande ceci dans mes prières… que vous discerniez les choses excellentes.* »[5]

Cet énoncé rend vos rôles plus clairs. Vous aurez différents rôles à différents stades de votre vie, mais vos objectifs ne varieront jamais. Ils sont plus grands que tous vos rôles successifs.

Cet énoncé comprend votre profil spirituel. Il reflète les façons uniques dont le Seigneur vous a façonné pour le servir.

Prenez le temps de rédiger votre énoncé d'objectifs personnels. N'essayez pas de le compléter en une fois, et ne tentez pas d'être parfait au premier jet. Notez simplement vos pensées aussi rapidement qu'elles vous viennent à l'esprit. Cela vous aidera à rédiger la version définitive. Voici cinq questions à prendre en compte afin d'élaborer votre énoncé.

LES CINQ PLUS GRANDES QUESTIONS DE LA VIE

Quel va être le *centre* de ma vie ? Cette question a trait à *l'adoration*. Pour qui allez-vous vivre ? Sur quoi allez-vous fonder votre existence ? Vous pouvez centrer votre vie sur votre carrière, votre famille, un sport ou un hobby, l'argent, les distractions, etc. Rien de tout cela n'est mauvais en soi, mais ce ne doit pas être le centre de votre vie. Ces choses ne tiendront pas face aux tempêtes de l'existence. Vous avez besoin d'un pivot inébranlable.

Le roi Asa a prescrit au peuple de Juda de *« rechercher l'Éternel »*.⁶ En fait, ce qui est au cœur de votre vie est votre dieu. Lorsque vous consacrez votre vie à Christ, il en devient le centre, mais vous devez le maintenir à cette place en l'adorant. Paul a déclaré : *« Que le Christ habite dans vos cœurs par la foi. »*⁷

Comment savez-vous que Dieu est bien au centre de votre vie ? C'est simple : Quand Dieu est au centre, vous l'adorez.

> *Quand Dieu est au centre, vous l'adorez. Quand il n'y est pas, vous vous inquiétez.*

Quand il n'y est pas, vous vous inquiétez. Votre anxiété vous signale que le Seigneur a été relégué à l'arrière-plan. Dès que vous le replacez au centre, vous l'adorez de nouveau. La Bible dit : « *La paix de Dieu, qui dépasse tout ce qu'on peut imaginer, gardera vos cœurs et vos pensées en communion avec Jésus-Christ.* »[8]

Quel sera le *caractère* de ma vie ? Ce point concerne *la croissance spirituelle*. Quel genre de personne serez-vous ? Dieu s'intéresse beaucoup plus à ce que vous *êtes* qu'à ce que vous *faites*. Souvenez-vous que vous emporterez votre caractère dans l'éternité, mais pas votre carrière. Dressez la liste des qualités que vous voulez développer et que vous allez peaufiner dans votre vie. Vous pourriez commencer par le fruit de l'Esprit[9] ou les Béatitudes.[10]

Pierre a décrété : « *Faites tous vos efforts pour ajouter à votre foi la force de caractère, à la force de caractère la connaissance, à la connaissance la maîtrise de soi, à la maîtrise de soi l'endurance dans l'épreuve, à l'endurance l'attachement à Dieu, à cet attachement l'affection fraternelle, et à l'affection fraternelle l'amour.* »[11] Ne vous découragez pas et n'abandonnez pas la course si vous fléchissez. Paul recommandait à Timothée : « *Prends garde à toi-même et à ton enseignement. Demeure ferme à cet égard.* »[12]

JOUR 40 :
VIVRE
AVEC UN
OBJECTIF

Quelle sera la *contribution* de ma vie ? Il s'agit ici du *service*. Quel va être votre ministère dans le corps de Christ ? Connaissant votre profil spirituel (dons spirituels, aspirations de votre cœur, capacités, personnalité et expériences), quel rôle allez-vous tenir dans la famille de Dieu ? Comment ferez-vous une différence ? Y a-t-il un groupe de chrétiens dans l'Église que vous êtes plus spécialement destiné à servir ? Paul montrait deux merveilleux bénéfices qui sont à votre portée si vous accomplissiez votre ministère : « *Ce service que vous accomplissez ne pourvoit pas seulement aux besoins des croyants, mais il suscite encore de très nombreuses prières de reconnaissance envers Dieu.* »[13]

Certes, vous êtes destiné à servir les autres, mais même Jésus n'a pas pourvu aux besoins de *tous* quand il était sur la terre.

Vous devez choisir qui vous pouvez aider au mieux selon votre profil spirituel. Demandez-vous : « Qui ai-je le plus ardent désir d'aider ? » Jésus a dit : « *C'est moi qui vous ai choisis et qui vous ai établis, afin que vous alliez, et que vous portiez du fruit, et que votre fruit demeure.* »[14] Chacun d'entre nous porte du fruit de manière différente.

Quelle sera la *communication* de ma vie ? Il est question ici de votre *mission* envers les non-croyants. Votre *énoncé de mission* fait partie de votre énoncé d'objectifs personnels. Il doit comporter votre engagement à partager votre témoignage et la bonne nouvelle avec les autres. Vous devez également dresser la liste des leçons de vie et des passions spirituelles que, selon vous, le Seigneur vous a données pour que vous les transmettiez au monde. En croissant en Christ, Dieu peut vous montrer un groupe de personnes particulières que vous ciblerez. N'oubliez pas de l'ajouter à votre énoncé.

Si vous êtes parent, une partie de votre mission consiste à apprendre à vos enfants à connaître Christ, à les aider à comprendre ses objectifs pour leur vie et à les envoyer en mission dans le monde. Pourquoi ne pas faire vôtre la proclamation de Josué : « *Moi et ma maison, nous servirons l'Éternel* » ?[15]

Évidemment, notre vie doit soutenir et confirmer le message que nous annonçons. Avant de croire à la Bible, la plupart des non-croyants veulent s'assurer que *nous* sommes crédibles. C'est pourquoi le Bible dit : « *Menez une vie digne de l'Évangile de Christ.* »[16]

Quelle sera ma *communauté* privilégiée ? Il s'agit ici de *communion fraternelle*. Comment démontrerez-vous votre attachement aux autres croyants et vos liens avec la famille de Dieu ? Où pratiquerez-vous les commandements qui concernent vos frères et sœurs en Christ ? À quelle famille spirituelle vous joindrez-vous pour y jouer un rôle actif ? Plus vous mûrirez, plus vous chérirez le corps de Christ et plus vous voudrez vous sacrifier pour lui. La Bible nous apprend : « *Christ a aimé l'Église, et s'est livré lui-même pour elle.* »[17] Vous devez donc inclure une expression de votre amour pour l'Église du Seigneur dans votre énoncé.

En considérant vos réponses à ces questions, joignez tous les textes bibliques qui parlent de chacun de ces cinq objectifs. Ce livre en contient beaucoup. Il vous faudra peut-être des semaines ou des mois pour rédiger votre énoncé d'objectifs personnels exactement comme vous voulez qu'il soit. Priez, pensez-y, parlez-en à des amis intimes et réfléchissez au sens des Écritures. Vous le corrigerez sans doute plusieurs fois avant de parvenir à lui donner sa forme définitive. Même à ce moment-là, vous ferez sans doute de petits changements au fil du temps, car le Seigneur vous aidera à mieux discerner votre profil spirituel personnel.

> *Avant de croire à la Bible, la plupart des non-croyants veulent s'assurer que* **nous** *sommes crédibles.*

En plus d'un énoncé d'objectifs détaillé, il est aussi utile d'avoir une devise plus courte qui résume vos cinq objectifs d'une façon *facile à retenir* et *qui vous convient*. Ainsi, vous pourrez vous la remémorer tous les jours. Salomon constatait : « *Tu seras heureux de les garder en mémoire et d'être toujours prêt à les citer.* »[18] Voici quelques exemples :

- « L'objectif de ma vie consiste à adorer Christ du fond du cœur, à le servir selon mon profil spirituel, à être en communion avec les autres croyants, à chercher à acquérir son caractère et à accomplir sa mission dans le monde pour qu'il soit glorifié. »

- « L'objectif de ma vie est d'être membre de la famille de Christ, de refléter son caractère, d'être un messager de sa grâce, un ambassadeur de sa Parole et un admirateur de sa gloire. »

- « L'objectif de ma vie est d'aimer Christ, de croître en lui, de l'annoncer, de le servir dans son Église et d'inciter ma famille et mon entourage à en faire autant. »

- « L'objectif de ma vie, c'est de m'engager à fond à obéir au grand commandement et à la grande mission. »

- « Mon objectif est de ressembler à Christ ; ma famille, c'est l'Église ; mon ministère est _____ et ma mission, c'est _____ ; ma motivation est la gloire de Dieu. »

Vous vous demandez peut-être : « Quelle est la volonté de Dieu en ce qui concerne mon travail, mon mariage ou l'endroit où je suis censé vivre ou aller à l'université ? » À vrai dire, ce sont là des questions secondaires, et il y a des chances pour que *toutes les alternatives* soient dans la volonté de Dieu. Ce qui compte le plus, c'est que vous accomplissiez les objectifs éternels du Seigneur, quel que soit votre lieu de résidence, votre travail ou votre conjoint. Ces décisions doivent être prises en fonction de vos objectifs. Les Écritures déclarent : *« Un homme forme de nombreux projets, mais c'est le dessein de l'Éternel qui se réalise. »*[19] Concentrez-vous sur les objectifs de Dieu pour votre vie plutôt que sur vos projets, car les objectifs divins dureront éternellement.

Un jour, j'ai entendu quelqu'un suggérer de rédiger notre énoncé d'objectifs personnels selon ce que nous aimerions que les autres disent de nous à notre enterrement. Imaginez un panégyrique parfait, puis rédigez votre énoncé en conséquence. Franchement, ce n'est pas une bonne idée. À la fin de votre existence, peu importe ce que les autres diront de vous. Tout ce qui comptera, c'est ce que dira le Seigneur. Les Écritures sont claires : *« Nous parlons, non comme pour plaire à des hommes, mais pour plaire à Dieu. »*[20]

Un jour, Dieu vérifiera la façon dont vous avez répondu à ces questions primordiales : Avez-vous placé Jésus au centre de votre vie ? Avez-vous acquis son caractère ? Avez-vous consacré votre vie à servir les autres ? Avez-vous transmis son message et accompli sa mission ? Avez-vous aimé sa famille et vous êtes-vous intégré à une assemblée ? Ce sont les seuls sujets qui compteront ; Comme l'a dit Paul, *« Nous prendrons comme mesure les limites du champ d'action que Dieu nous a confié »*.[21]

DIEU VEUT SE SERVIR DE VOUS

Il y a une trentaine d'années, j'ai remarqué une petite phrase d'Actes 13.36 qui a changé ma vie pour toujours. Ce n'étaient que quelques mots, mais ils ont influé sur ma vie comme s'ils l'avaient marquée au fer rouge. « *David a, en son temps, contribué à l'accomplissement du plan de Dieu.* »[22] J'ai compris pourquoi le Seigneur le nommait « *un homme selon son cœur.* »[23] David a consacré sa vie à accomplir les objectifs de Dieu ici-bas.

Il n'y a pas de plus belle épitaphe que cette affirmation ! Imaginez qu'elle soit gravée sur *votre* pierre tombale : elle attestera que vous avez contribué, en votre temps, à l'accomplissement du plan de Dieu. Je prie pour que les gens puissent en dire autant de moi à ma mort, mais aussi pour qu'ils puissent le faire à votre sujet. C'est pour cela que j'ai rédigé ce livre à votre intention.

Cette phrase est l'ultime définition d'une vie réussie. Vous accomplissez ce qui est éternel et intemporel (l'objectif de Dieu) d'une façon momentanée et limitée dans le temps (pendant votre génération) : c'est une vie qui a un sens !

La génération passée et la génération future ne peuvent pas réaliser l'objectif divin maintenant. Nous seuls en avons la possibilité. Comme Esther, Dieu vous a créé « *pour un temps comme celui-ci.* »[24]

Dieu cherche toujours des gens à employer. La Bible atteste : « *L'Éternel étend ses regards sur toute la terre, pour soutenir ceux dont le cœur est tout entier à lui.* »[25] Allez-vous être quelqu'un que le Seigneur peut employer pour accomplir ses desseins ? Contribuerez-vous à réaliser le plan de Dieu au cours de *votre* génération ?

Paul a vécu une vie fixée sur son objectif. Il a expliqué : « *Je cours tout droit vers le but, marquant un objectif à chaque pas.* »[26] (Traduction littérale). Sa seule raison de vivre était de remplir les objectifs que Dieu lui avait fixés. Il disait : « *Pour moi, en effet, la vie, c'est le Christ, et la mort m'est un gain.* »[27] Paul ne craignait ni de vivre, ni de mourir, puisque dans les deux cas, il accomplirait les objectifs divins : il gagnerait donc à coup sûr !

Un jour, l'histoire parviendra à son terme, mais l'éternité, elle, durera toujours. William Carey a dit : « L'avenir sera aussi grandiose que les promesses de Dieu. » Lorsqu'il vous semblera difficile d'accomplir vos objectifs, ne cédez pas au découragement. Souvenez-vous que vous recevrez une récompense éternelle, comme nous le garantit la Parole de Dieu : « *En effet, nos détresses présentes sont passagères et légères par rapport au poids insurpassable de gloire éternelle qu'elles nous préparent.* »[28]

Imaginez ce qui nous attend. Un jour, debout devant le trône de Dieu, nous lui présenterons notre vie, le cœur débordant de gratitude et de louanges à Christ. Ensemble, nous dirons : « *Seigneur, notre Dieu, tu es digne de recevoir la gloire, l'honneur et la puissance. Car c'est toi qui as créé toutes choses, elles sont venues à l'existence parce que tu l'as voulu.* »[29] Oui, nous le louerons pour son plan, et nous vivrons éternellement pour accomplir ses desseins !

Vous pouvez commencer à vivre avec un objectif dès aujourd'hui.

QUARANTIÈME JOUR
DÉFINIR MON OBJECTIF

Idée à méditer : Vivre avec un objectif est la seule vie qui vaille la peine d'être vécue.

Verset à apprendre : « *David a, en son temps, contribué à l'accomplissement du plan de Dieu.* » (Actes 13.36a, BS)

Question à me poser : Quand vais-je prendre le temps de rédiger mes réponses aux cinq grandes questions de la vie ? Quand vais-je noter mes objectifs sur une feuille ?

Appendice 1 :
QUESTIONS DE DISCUSSION

En plus de la question posée à la fin de chaque chapitre, vous pouvez employer ces questions de discussion dans le cadre de votre petit groupe ou de votre classe d'École du Dimanche.

POURQUOI SUIS-JE SUR LA TERRE ?

- D'après vous, quelles sont les implications de la première phrase de ce livre : « Ce n'est pas vous qui décidez » ?
- À votre avis, qu'est-ce qui dirige la vie de la plupart des gens ? Qu'est-ce qui a dirigé votre vie jusqu'à présent ?
- Actuellement, quelle image ou quelle métaphore dépeint le mieux votre vie : un cirque ? Une course ? Quelque chose d'autre ?
- Si nous comprenions tous qu'en réalité, notre vie terrestre n'est qu'une préparation à l'éternité, en quoi agirions-nous différemment ?
- Qu'est-ce qui attache les gens à la terre et qui les empêche de vivre pour les objectifs de Dieu ?
- Personnellement, qu'est-ce qui vous retient de vivre pour les objectifs de Dieu ?

VOUS AVEZ ÉTÉ CONÇU POUR LE PLAISIR DE DIEU

- En quoi *« vivre toute votre vie pour le plaisir de Dieu »* diffère-t-il de l'idée traditionnelle que la plupart des gens se font de l'adoration ?
- En quoi l'amitié avec Dieu ressemble-t-elle à toutes les autres amitiés, et en quoi est-elle différente ?
- Expliquez une leçon que vous avez apprise à un moment où le Seigneur vous a semblé distant.

- Quel est le plus facile pour vous, l'adoration publique ou privée ? Généralement, au cours de laquelle vous sentez-vous le plus proche de Dieu ?
- Quand est-il approprié d'exprimer sa colère au Seigneur ?
- Quelles craintes éprouvez-vous quand vous envisagez de soumettre toute votre vie à Christ ?

VOUS AVEZ ÉTÉ FORMÉ POUR LA FAMILLE DE DIEU

- En quoi « *être engagé les uns envers les autres comme nous le sommes envers Jésus-Christ* » diffère-t-il de la façon dont la plupart des gens comprennent « la communion fraternelle » ?
- Quelles sont les barrières qui nous empêchent d'aimer les autres chrétiens et de nous occuper d'eux ?
- Qu'est-ce qui pourrait vous aider à partager vos besoins, vos traumatismes, vos craintes et vos espoirs avec les autres ?
- Quelles sont les excuses les plus répandues des gens pour ne pas se joindre à une assemblée ? Comment y répondriez-vous ?
- Que pourrait faire notre groupe pour préserver et promouvoir l'unité de notre Église ?
- Y a-t-il quelqu'un avec qui vous devez vous réconcilier ? Pouvons-nous prier à ce sujet ?

VOUS AVEZ ÉTÉ CRÉÉ POUR DEVENIR COMME CHRIST

- En quoi « *devenir comme Jésus-Christ* » diffère-t-il de la façon dont la plupart des gens envisagent « la marche chrétienne » ?
- Citez quelques changements qui se sont produits dans votre vie depuis que vous êtes devenu chrétien. Qu'ont remarqué les autres ?
- Dans un an, en quoi aimeriez-vous ressembler davantage à Christ ? Aujourd'hui, que pouvez-vous faire pour vous rapprocher de cet objectif ?

- Dans quel domaine de votre croissance spirituelle devez-vous faire preuve de patience, parce qu'il semble y avoir peu de progrès ?
- De quelle façon Dieu s'est-il servi de vos souffrances ou de vos problèmes pour vous aider à progresser ?
- Quand êtes-vous le plus vulnérable à la tentation ? Quelles démarches vous seront les plus utiles pour vous aider à la vaincre ?

VOUS AVEZ ÉTÉ CONÇU POUR SERVIR DIEU

- En quoi « *vous servir de votre profil spirituel pour servir les autres* » diffère-t-il de la façon dont la plupart des gens comprennent « le ministère » ?
- Qu'est-ce que *vous aimez beaucoup faire* qui pourrait être utile pour servir les autres dans la famille de Dieu ?
- Pensez à une expérience pénible que vous avez vécue. En quoi le Seigneur pourrait-il s'en servir pour aider ceux qui sont dans une situation similaire ?
- Comment le fait de nous comparer avec les autres risque-t-il de nous empêcher de développer pleinement notre profil spirituel ?
- De quelle façon avez-vous vu la puissance de Dieu se manifester quand vous vous sentiez faible ?
- Comment pouvons-nous aider tous les membres de notre petit groupe ou de notre classe à trouver leur ministère ? Que peut faire notre groupe pour servir l'assemblée ?

VOUS AVEZ ÉTÉ FAIT POUR UNE MISSION

- Quelles craintes et quels stéréotypes viennent à l'esprit des gens lorsqu'ils entendent le mot « évangélisation » ? Qu'est-ce qui *vous* empêche d'annoncer la bonne nouvelle aux autres ?

- D'après vous, quelle partie du message de vie le Seigneur vous incite-t-il plus particulièrement à transmettre au monde ?

- Citez le nom de l'un de vos amis non-chrétiens pour lequel tout votre groupe peut prier.

- Que peut faire notre groupe pour contribuer à accomplir la grande mission ?

- De quelle façon la lecture commune de ce livre a-t-elle réajusté ou redirigé l'objectif de votre vie ? Quelles indications vous ont semblé les plus utiles ?

- À qui le Seigneur vous a-t-il mis à cœur d'annoncer le message percutant de ce livre ?

- Qu'allez-vous étudier ensuite ?

Appendice 2 :
POURQUOI EMPLOYER PLUSIEURS TRADUCTIONS ?

Ce livre renferme près de mille citations des Écritures. J'ai volontairement employé diverses traductions pour deux raisons importantes. Premièrement, la meilleure des traductions a toujours ses limites. Au départ, lorsqu'elle a été écrite, la Bible a compté onze mille deux cents quatre vingt termes hébreux, araméens et grecs, alors qu'une traduction française classique n'en contient qu'environ six mille. Donc, des nuances et des aspects du sens originel du texte peuvent nous échapper. Aussi est-il toujours utile de comparer des traductions.

Deuxièmement, et plus important encore, nous ne saisissons pas toujours toute la portée de versets bibliques qui nous sont très familiers, *non* à cause d'une traduction médiocre, mais simplement parce que nous les connaissons trop bien ! Nous *croyons* savoir ce que signifie un verset parce que nous l'avons très souvent lu ou entendu. Aussi lorsqu'il est cité dans un livre, nous le parcourons rapidement du regard, et sa signification profonde nous échappe. C'est pour cela que j'ai délibérément employé des paraphrases qui vous aideront à voir la vérité de Dieu avec une nouvelle *fraîcheur*. Les francophones peuvent bénir le Seigneur de disposer de multiples versions différentes pour leurs études et leur méditation.

De plus, comme les divisions et les numéros des versets n'ont été inclus dans la Bible qu'en 1560, je n'ai pas toujours cité *la totalité* du verset, mais je me suis concentré sur le membre de phrase approprié, suivant en cela le modèle de Jésus et des apôtres, qui reprenaient ainsi des passages de l'Ancien Testament. Ils citaient souvent une seule phrase pour étayer leurs propos.

Précisions concernant la traduction française : Nous avons employé les quatre versions bibliques ci-dessous en nous efforçant de reproduire le plus fidèlement possible le texte anglais. Toutefois, lorsque aucune des traductions ne rendait le sens du texte anglais, nous avons simplement traduit littéralement, en précisant dans les notes *traduction littérale*.

VERSIONS FRANÇAISES EMPLOYÉES

Bible du Semeur
Révision 2000, éditions Excelsis,
Société Biblique Internationale.

Bible en français courant
Nouvelle édition révisée 1997,
Alliance Biblique Universelle.

Bible de Genève
Traduction Segond,
nouvelle édition de Genève 1979.

Bible Darby
Nouvelle édition 1992,
Bibles et publications chrétiennes.

Notes

Un voyage essentiel
1. Romains 12.2 (BFC)
2. 2 Timothée 2.7 (BFC)

Premier jour :
Tout commence avec Dieu
1. Job 12.10 (BS)
2. Romains 8.6 (BFC)
3. Matthieu 16.25 (BG)
4. Hugh S. Moorhead, *The Meaning of Life According to Our Century's Greatest Writers and Thinkers* (Chicago : Chicago Review Press, 1988)
5. 1 Corinthiens 2.7 (BFC)
6. Éphésiens 1.11 (BS)
7. David Friend, *The Meaning of Life* (Boston : Little, Brown, 1991), p. 194.

Deuxième jour :
Vous n'êtes pas là par hasard
1. Psaume 138.8 (BD)
2. Psaume 139.15 (BG)
3. Psaume 139.16 (BG)
4. Actes 17.26 (BS)
5. Éphésiens 1.4 (trad. littérale)
6. Jacques 1.18 (BFC)
7. Michael Denton, *Nature's Destiny : How the Laws of Biology Reveal Purpose in the Universe* (New York : Free Press 1998), p. 389.
8. Ésaïe 45.18 (BD)
9. 1 Jean 4.8 (BG)
10. Ésaïe 46.3-4 (BG)
11. Russell Kelfer. Avec autorisation.

Troisième jour :
Qu'est-ce qui conduit votre vie ?
1. Genèse 4.12 (BD)
2. Psaume 32.1-2 (BG)
3. Job 5.2 (BS)
4. 1 Jean 4.18 (BFC)
5. Matthieu 6.24 (BG)
6. Ésaïe 49.4 (BS)
7. Job 7.6 (BS)
8. Job 7.16 (BS)
9. Jérémie 29.11 (BS)
10. Éphésiens 3.20 (BFC)
11. Proverbes 13.7 (traduction littérale)
12. Ésaïe 26.3 (BG)
13. Éphésiens 5.17 (BD)
14. Philippiens 3.13 (BS)
15. Philippiens 3.15 (trad. littérale)
16. Romains 4.10b, 12 (BG)
17. Jean 14.6 (BD)

Quatrième jour : Créé pour l'éternité
1. Ecclésiaste 3.11 (BS)
2. 2 Corinthiens 5.1 (BG)
3. Philippiens 3.7 (BD)
4. 1 Corinthiens 2.9 (BFC)
5. Matthieu 25.34 (BG)
6. C. S. Lewis, *La dernière bataille*, Folio Junior, 2002, p. 217.
7. Psaume 33.11 (BFC)
8. Ecclésiaste 7.2
9. Hébreux 13.14 (BS)
10. 2 Corinthiens 5.6 (BG)

Cinquième jour :
Voir la vie comme Dieu la voit
1. Romains 12.2 (BS)
3. 2 Chroniques 32.31 (BD)
3. 1 Corinthiens 10.13 (BFC)
4. Jacques 1.12 (BS)
5. Psaume 24.1 (BG)
6. Genèse 1.28 (BD)
7. 1 Corinthiens 4.7b (BS)
8. 1 Corinthiens 4.2 (BFC)
9. Matthieu 25.14-29
10. Matthieu 25.21
11. Luc 16.11 (BFC)
12. Luc 12.48b (BD)

Sixième jour :
La vie est une étape temporaire
1. Job 8.9 (BS)
2. Psaume 39.5 (BFC)
3. Psaume 119.19 (BFC)
4. 1 Pierre 1.17 (traduction littérale)
5. Philippiens 3.19-20 (BS)
6. Jacques 4.4 (BD)
7. 2 Corinthiens 5.20 (BFC)
8. 1 Pierre 2.11 (BS)
9. 1 Corinthiens 7.31 (BS)
10. 2 Corinthiens 4.18b (BFC)
11. Jean 16.33, 16.20, 15.18-19

Notes

12. 2 Corinthiens 4.18 (BG)
13. 1 Pierre 2.11
14. Hébreux 11.13, 16 (BFC)

Septième jour :
La raison d'être de tout
1. Psaume 19.1 (BG)
2. Genèse 3.8, Exode 33.18-23, 40.33-38, 1 Rois 7.51, 8.10-13, Jean 1.14, Éphésiens 2.21-22, 2 Corinthiens 4.6-7
3. Exode 24.17, 40.34, Psaume 29.1, Ésaïe 6.3-4, 60.1, Luc 2.9
4. Apocalypse 21.23 (BG)
5. Hébreux 1.3 (BFC) ainsi que 2 Corinthiens 4.6b
6. Jean 1.14 (BS)
7. 1 Chroniques 16.24, Psaume 29.1, 66.2, 96.7, 2 Corinthiens 3.18.
8. Apocalypse 4.11a (BD)
9. Romains 3.23 (BS)
10. Ésaïe 43.7 (BG)
11. Jean 17.4 (BD)
12. Romains 6.13b (trad. littérale)
13. 1 Jean 3.14 (BS)
14. Romains 15.7 (BFC)
15. Jean 13.34-35 (BS)
16. 2 Corinthiens 3.18 (BG)
17. Philippiens 1.11 (BS) ; voir aussi Jean 15.8.
18. 1 Pierre 4.10-11 (BFC) ; voir aussi 2 Corinthiens 8.19b
19. 2 Corinthiens 4.15
20. Jean 12.27-28 (BG)
21. Jean 12.25 (BD)
22. 2 Pierre 1.3 (BS)
23. Jean 1.12 (BG)
24. Jean 3.36a

Huitième jour :
Conçu pour le plaisir de Dieu
1. Éphésiens 1.5 (BS)
2. Genèse 6.6, Exode 20.5, Deutéronome 32.36, Juges 2.19, 1 Rois 10.9, 1 Chroniques 16.27, Psaume 2.4, 5.5, 18.19, 35.27, 37.23, 103.13, 104.31, Ézéchiel 5.13, 1 Jean 4.16
3. Psaume 147.11 (BD)
4. Jean 4.23 (BS)
5. Ésaïe 29.13 (BG)
6. Psaume 105.4 (traduction littérale)
7. Psaume 113.3 (BFC)

8. Psaumes 119.147, 5.3, 63.6, 119.62
9. Psaume 34.2 (BG)
10. 1 Corinthiens 10.31 (BFC)
11. Colossiens 3.23 (BG)
12. Romains 12.1 (Message)

Neuvième jour :
Qu'est-ce qui fait sourire Dieu ?
1. Éphésiens 5.10 (trad. littérale)
2. Genèse 6.8 (BD)
3. Genèse 6.9b (BS)
4. Osée 6.6 (traduction littérale)
5. Matthieu 22.37-38 (BG)
6. Hébreux 11.7 (BFC)
7. Genèse 2.5-6
8. Psaume 147.11 (BG)
9. Hébreux 11.6 (BD)
10. Genèse 6.22 (BS) ; voir aussi Hébreux 11.7b
11. Psaume 100.2 (BS)
12. Psaume 119.33 (BFC)
13. Jacques 2.24 (trad. littérale)
14. Jean 14.15 (BG)
15. Genèse 8.20 (BD)
16. Hébreux 13.15 (BG)
17. Psaume 116.17 (BG)
18. Psaume 69.30-31 (BS)
19. Psaume 68.4 (BG)
20. Genèse 9.1, 3 (BD)
21. Psaume 37.23 (BG)
22. Psaume 33.15 (BS)
23. Ésaïe 45.9 (BFC)
24. 1 Timothée 6.17 (BG)
25. Psaume 103.14 (BD)
26. 2 Corinthiens 5.9 (BS)
27. Psaume 14.2 (BG)

Dixième jour :
Le cœur de l'adoration
1. 1 Jean 4.9-10, 19
2. Romains 12.1 (BG)
3. Psaume 145.9
4. Psaume 139.3
5. Matthieu 10.30
6. 1 Timothée 6.17b
7. Jérémie 29.11
8. Psaume 86.5
9. Psaume 145.8
10. Romains 5.8 (BFC)
11. Genèse 3.5 (BG)
12. Luc 5.5 (BD)
13. Psaume 37.7a (BFC)
14. Matthieu 6.24 (BFC)
15. Matthieu 6.21 (BFC)

16. Marc 14.36 (BG)
17. Job 22.21 (BD)
18. Romains 6.17 (trad. littérale)
19. Josué 5.13-15
20. Luc 1.38 (BS)
21. Jacques 4.7a (BG)
22. Romains 12.1 (BG)
23. Romains 12.1 (BFC)
24. 2 Corinthiens 5.9 (BS)
25. Philippiens 4.11, 13 (traduction littérale)
26. 1 Corinthiens 15.31 (traduction littérale)
27. Luc 9.23 (BS)

Onzième jour :
Devenir l'ami intime de Dieu
1. Psaumes 95.6, 136.3, Jean 13.13, Jude 1.4, 1 Jean 3.1, Ésaïe 33.22, 47.4, Psaume 89.27
2. Exode 33.11, 17, 2 Chroniques 20.7, Ésaïe 41.8, Jacques 2.23, Actes 13.22, Genèse 6.8, 5.22, Job 29.4
3. Romains 5.11 (BFC)
4. 2 Corinthiens 5.18a (BS)
5. 1 Jean 1.3
6. 1 Corinthiens 1.9
7. 2 Corinthiens 14.14
8. Jean 15.15 (BG)
9. Jean 3.29
10. Exode 34.14 (traduction littérale)
11. Actes 17.26-27 (BD)
12. Jérémie 9.23 (BFC)
13. Voir « How to Have a Meaningful Quiet Time » dans *Personal Bible Study Methods*, de Rick Warren, 1981. Disponible à www.pastors.com
14. 1 Thessaloniciens 5.17
15. Éphésiens 4.6b (BFC)
16. Frère Laurent, *Écrits et entretiens sur la pratique de la présence de Dieu*, Éditions du Cerf, 1996.
17. 1 Thessaloniciens 5.17
18. Psaumes 23.4, 143.5, 145.5, Josué 1.8, Psaume 1.2
19. 1 Samuel 3.21 (BFC)
20. Job 23.12 (traduction littérale)
21. Psaume 119.97 (BG)
22. Psaume 77.13 (BS)
23. Genèse 18.17, Daniel 2.19, 1 Corinthiens 2.7-10
24. Psaume 25.14 (BS)

Douzième jour :
Développer votre amitié avec Dieu
1. Matthieu 11.19
2. Job 42.7b, 8 (BS)
3. Exode 33.1-17
4. Exode 33.12-17 (BG)
5. Considérez Job (Job 7.17-21), Asaph (Psaume 73.13), Jérémie (Jérémie 20.7), Naomi (Ruth 1.20)
6. Psaume 142.2-3a (BS)
7. Jean 15.4 (BG)
8. Jean 15.9-11 (BG)
9. 1 Samuel 15.22 (BS)
10. Matthieu 3.17 (BFC)
11. 2 Corinthiens 11.2 (BS)
12. Psaume 69.10 (BS)
13. Psaume 27.4 (BFC)
14. Psaume 63.3 (BS)
15. Genèse 32.26 (BD)
16. Philippiens 3.10 (BFC)
17. Jérémie 29.13 (BS)
18. 1 Timothée 6.21a (traduction littérale)

Treizième jour :
Le culte agréable à Dieu
1. Hébreux 12.28 (BFC)
2. Jean 4.23 (BG)
3. 1 Samuel 16.7b (BD)
4. Hébreux 13.15, Psaume 7.17, Esdras 3.11, Psaumes 149.3, 150.3, Néhémie 8.6
5. Gary Thomas, *Sacred Pathways* (Grand Rapids : Zondervan, 2000)
6. Jean 4.23 (BG)
7. Matthieu 6.7 (BG)
8. Voir la série de cassettes de 11 semaines sur les noms du Seigneur, « How God Meets Your Deepest Needs » par les pasteurs de Saddleback (1999), www.pastors.com
9. 1 Corinthiens 14.40 (BD)
10. 1 Corinthiens 14.16-17 (BG)
11. Romains 12.1 (BS)
12. Psaume 50.14, Hébreux 13.15, Psaumes 51.17, 54.6, Philippiens 4.18, Psaume 141.2, Hébreux 13.16, Marc 12.33, Romains 12.1
13. 2 Samuel 2.24 (BG)

14. Matt Redman, « Heart of Worship » (Kingsway's Thankyou Music, 1997)

Quatorzième jour :
Quand Dieu semble distant
1. Philip Yancey, *Reaching for the Invisible God* (Grand Rapids : Zondervan, 2000), p. 242
2. 1 Samuel 13.14, Actes 13.22
3. Psaume 10.1 (BG)
4. Psaume 22.1 (BS)
5. Psaume 43.2 (BS) ; voir aussi les Psaumes 44.23, 74.11, 88.14, 89.49
6. Deutéronome 31.8, Psaume 37.28, Jean 14.16-18, Hébreux 13.5
7. Ésaïe 45.15
8. Floyd McClung, *Finding Friendship with God* (Ann Arbor, MI : Vine Books, 1992) p. 186
9. Job 23.8-10 (BS)
10. Psaume 51, Éphésiens 4.29-30, 1 Thessaloniciens 5.19, Jérémie 2.32, 1 Corinthiens 8.12, Jacques 4.4
11. Job 1.20-21 (BG)
12. Job 7.11 (BFC)
13. Job 29.2 (BFC)
14. Psaume 116.10 (BFC)
15. Job 10.12
16. Job 42.2, 37.5, 23
17. Job 23.10, 31.4
18. Job 34.13
19. Job 23.14
20. Job 19.25
21. Job 23.12 (BG)
22. Job 13.15 (BS)
23. 2 Corinthiens 5.21 (BFC)

Quinzième jour :
Formé pour la famille de Dieu
1. Éphésiens 1.5 (BFC)
2. Jacques 1.18 (traduction littérale)
3. 1 Pierre 1.3b (traduction littérale). Vois aussi Romains 8.15-16
4. Marc 8.34, Actes 2.21, Romains 10.13, 2 Pierre 3.9
5. Galates 3.26 (BG)
6. Éphésiens 3.14-15 (BS)
7. 1 Jean 3.1, Romains 8.29, Galates 4.6-7, Romains 5.2, 1 Corinthiens 3.23, Éphésiens 3.12, 1 Pierre 1.3-5, Romains 8.17
8. Galates 4.7b (BS)
9. Philippiens 4.19 (BG)
10. Éphésiens 1.7, Romains 2.4, 9.23, 11.33, Éphésiens 3.16, 2.4
11. Éphésiens 3.16, 2.4 (BFC)
12. 1 Thessaloniciens 5.10, 4.17
13. 1 Jean 3.2, 2 Corinthiens 3.18
14. Apocalypse 21.3
15. Marc 9.41, 10.30, 1 Corinthiens 3.8, Hébreux 10.35, Matthieu 25.21, 23
16. Romains 8.17, Colossiens 3.4, 2 Thessaloniciens 2.14, 2 Timothée 2.12, 1 Pierre 5.1
17. 1 Pierre 1.4 (BG)
18. Colossiens 3.23-24a (BG)
19. Matthieu 28.19 (BG)
20. 1 Corinthiens 12.13 (BS)
21. Actes 2.41, 8.12-13, 35-38
22. Hébreux 2.11 (BFC)
23. Matthieu 12.49-50 (BG)

Seizième jour : Ce qui compte le plus
1. Galates 5.14 (BD)
2. 1 Pierre 2.17b (BFC)
3. Galates 6.10 (BFC)
4. Jean 13.35 (BD)
5. 1 Corinthiens 14.1a (BS)
6. 1 Corinthiens 13.3 (BS)
7. Matthieu 22.37-40 (BG)
8. 1 Corinthiens 13.13 (BG)
9. Matthieu 25.34-36
10. Matthieu 25.40
11. Galates 5.6 (BFC)
12. 1 Jean 3.18 (BS)
13. Éphésiens 5.2 (BG)
14. Jean 3.16a (BG)
15. Galates 6.10 (BS)
16. Éphésiens 5.16 (BFC)
17. Proverbes 3.27 (BFC)

Dix-septième jour : Votre vraie place
1. Genèse 2.18 (BD)
2. 1 Corinthiens 12.12, Éphésiens 2.21, 22, 3.6, 4.16, Colossiens 2.19, 1 Thessaloniciens 4.17
3. Romains 12.5
4. Romains 12.4-5, 1 Corinthiens 6.15, 12.12-27
5. Romains 12.4-5 (BS)
6. Éphésiens 4.16

7. Matthieu 16.18 (BFC)
8. Éphésiens 5.25 (BD)
9. 2 Corinthiens 11.2, Éphésiens 5.27, Apocalypse 19.7
10. 1 Pierre 2.17b (BFC)
11. 1 Corinthiens 5.11-13, Galates 6.1-5
12. Éphésiens 2.19b (BS)
13. Jean 13.35
14. Galates 3.28 ; voir aussi Jean 17.21
15. 1 Corinthiens 12.27
16. 1 Corinthiens 12.26 (BG)
17. Éphésiens 4.16, Romains 12.4-5, Colossiens 2.19, 1 Corinthiens 12.25
18. 1 Jean 3.16 (BS)
19. Éphésiens 4.16b (BFC)
20. 1 Corinthiens 12.7 (BFC)
21. Éphésiens 2.10 (BG)
22. 1 Corinthiens 10.12, Jérémie 17.9, 1 Timothée 1.19
23. Hébreux 3.13 (BS)
24. Jacques 5.19 (BS)
25. Actes 20.28-29, 1 Pierre 5.1-4, Hébreux 13.7, 17
26. Hébreux 13.17 (BG)
27. Actes 2.42 (BD)
28. 2 Corinthiens 8.5 (BG)

Dix-huitième jour :
Apprendre à vivre ensemble
1. Matthieu 18.20 (BG)
2. 1 Jean 1.7-8 (BG)
3. Jacques 5.16a (BS)
4. 1 Corinthiens 12.25 (BFC)
5. Romains 1.12 (BFC)
6. Romains 12.10
7. Romains 14.19 (BD)
8. Colossiens 3.12
9. Philippiens 3.10, Hébreux 10.33-34
10. Galates 6.2 (BD)
11. Job 6.14 (BFC)
12. 2 Corinthiens 2.7 (BFC)
13. Colossiens 3.13 (BFC)
14. Colossiens 3.13 (BFC)

Dix-neuvième jour :
Édifier la communauté
1. Éphésiens 4.3 (BFC)
2. 1 Timothée 3.14-15 (BS)
3. Éphésiens 4.15 (BG)
4. Proverbes 24.26 (BS)
5. Galates 6.1-2 (BG)

6. Éphésiens 4.25 (BG)
7. Proverbes 28.23 (BS)
8. Ecclésiaste 8.6
9. 1 Timothée 5.1-2 (BFC)
10. 1 Corinthiens 5.3-12 (BG)
11. 1 Pierre 5.5b (BG)
12. 1 Pierre 5.5c (BG)
13. Romains 12.16 (BFC)
14. Philippiens 2.3-4 (BS)
15. Romains 15.2 (BS)
16. Tite 3.2 (BS)
17. Romains 12.10 (BFC)
18. Proverbes 16.28 (BS)
19. Tite 3.10
20. Hébreux 10.25 (BFC)
21. Actes 2.46 (BG)

Vingtième jour :
Restaurer une relation brisée
1. 2 Corinthiens 5.18
2. Philippiens 2.1-2 (BS)
3. Romains 15.5
4. Jean 13.35
5. 1 Corinthiens 6.5 (BD)
6. 1 Corinthiens 1.10 (BS)
7. Matthieu 5.9 (BD)
8. 2 Corinthiens 5.18 (BG)
9. Jacques 4.1-2 (BG)
10. Matthieu 5.23-24 (BG)
11. 1 Pierre 3.7, Proverbes 28.9
12. Job 5.2, 18.4 (BFC)
13. Philippiens 2.4 (BS)
14. Psaume 73.21-22 (BS)
15. Proverbes 19.11 (BG)
16. Romains 15.2 (BFC)
17. Romains 15.3 (BFC)
18. Matthieu 7.5 (BD)
19. 1 Jean 1.8 (BD)
20. Proverbes 15.1 (BG)
21. Proverbes 16.21 (BFC)
22. Éphésiens 4.29 (BS)
23. Romains 12.18 (BG)
24. Romains 12.10, Philippiens 2.3
25. Matthieu 5.9
26. 1 Pierre 3.11 (BS)
27. Matthieu 5.9

Vingt et unième jour :
Protéger votre Église
1. Jean 17.20-23
2. Éphésiens 4.3 (BS)
3. Romains 14.19 (BFC)
4. Romains 10.12, 12.4-5, 1 Corinthiens 1.10, 8.6, 12.13, Éphésiens 4.4, 5.5, Philippiens 2.2

Notes 351

5. Romains 14.1, 2 Timothée 2.23
6. 1 Corinthiens 1.10 (trad. littérale)
7. Éphésiens 4.2 (BS)
8. Dietrich Bonhoeffer, *Life Together* (New York : HarperCollins, 1954)
9. Romains 14.13, Jacques 4.11, Éphésiens 4.29, Matthieu 5.9, Jacques 5.9
10. Romains 14.4 (BG)
11. Romains 14.10 (BG)
12. Apocalypse 12.10 (BG)
13. Romains 14.19 (BS)
14. Proverbes 17.4, 16.28, 26.20, 25.9, 20.19
15. Proverbes 17.4 (BFC)
16. Jude 1.19 (BFC)
17. Galates 5.15
18. Proverbes 20.19 (BG)
19. Proverbes 26.20 (BFC)
20. Matthieu 18.15-17a (BG)
21. Matthieu 18.17, 1 Corinthiens 5.5
22. Hébreux 13.17 (BS)
23. Hébreux 13.17 (BFC)
24. 2 Timothée 2.14, 23-26, Philippiens 4.2, Tite 2.15-3.2, 10,11
25. 1 Thessaloniciens 5.12-13a (BG)
26. 1 Corinthiens 10.24 (BS)

Vingt-deuxième jour :
Créés pour devenir comme Christ
1. Genèse 1.26 (BD)
2. Genèse 6.9, Psaume 139.13-16, Jacques 3.9
3. 2 Corinthiens 4.4, Colossiens 1.15, Hébreux 1.3 (BG)
4. Éphésiens 4.24 (BD)
5. Genèse 3.5
6. Éphésiens 4.23-24
7. Matthieu 5.22-23
8. Galates 5.22
9. 1 Corinthiens 13
10. 2 Pierre 1.5-8
11. Jean 10.10
12. 2 Corinthiens 3.18b (BG)
13. Philippiens 2.13 (BFC)
14. 1 Rois 19.12 (BD)
15. Colossiens 1.27 (BS)
16. Josué 3.13-17
17. Luc 13.24, Romains 14.19, Éphésiens 4.3, 2 Timothée 2.15,

Hébreux 4.11, 12.14, 2 Pierre 1.5, 2 Pierre 3.14
18. Éphésiens 4.22 (BFC)
19. Éphésiens 4.23 (trad. littérale)
20. Romains 12.2
21. Éphésiens 4.24 (BFC)
33. Éphésiens 4.13 (BG)
23. 1 Jean 3.2 (BFC)
24. 1 Corinthiens 10.31, 16.14, Colossiens 3.17, 23
25. Romains 12.2 (BS)

Vingt-troisième jour :
Comment nous croissons
1. Matthieu 9.9 (BD)
2. 2 Pierre 3.11 (BFC)
3. Philippiens 2.12-13 (BG)
4. Proverbes 4.23 (BFC)
5. Romains 12.2b (BS)
6. Éphésiens 4.23 (BFC)
7. Philippiens 2.5 (BG)
8. 1 Corinthiens 14.20 (BFC)
9. Romains 8.5 (BFC)
10. 1 Corinthiens 13.11 (BG)
11. Romains 15.2-3a (BS)
12. 1 Corinthiens 2.12a (BS)

Vingt-quatrième jour :
Transformé par la vérité
1. Jean 17.17 (BG)
2. 2 Timothée 3.16-17 (BS)
3. Hébreux 4.12, Actes 7.38, 1 Pierre 1.23
4. Jean 6.63 (BG)
5. Jacques 1.18 (BS)
6. Job 23.12 (trad. littérale)
7. 1 Pierre 2.2, Matthieu 4.4, 1 Corinthiens 3.2, Psaume 119.103
8. 1 Pierre 2.2 (BG)
9. Jean 8.31
10. Proverbes 30.5 (BD)
11. 2 Timothée 3.16 (BG)
12. Actes 24.14 (BS)
13. Luc 8.18 (BG)
14. Jacques 1.21b (BFC)
15. Deutéronome 17.19a (BD)
16. Rick Warren, *Twelve Personal Bible Study Methods*. Ce livre a été traduit en six langues. Disponible au www.pastors.com.
17. Jacques 1.25 (BG)
18. Psaume 119.11, 119.105, 119.49-50, Jérémie 15.16, Proverbes 22.18, 1 Pierre 3.15

19. Colossiens 3.16a (BS)
20. 2 Corinthiens 3.18 (BFC)
21. Actes 13.22 (BG)
22. Psaume 119.97 (BG)
23. Jean 15.7, Josué 1.8, Psaume 1.2-3
24. Jacques 1.22
25. Matthieu 7.24 (BG)
26. Jean 13.17 (BFC)

Vingt-cinquième jour :
Transformés par l'adversité
1. Jean 16.33
2. 1 Pierre 4.12 (BG)
3. Psaume 34.18 (BG)
4. Genèse 39.20-22
5. Daniel 6.16-23
6. Jérémie 38.6
7. 2 Corinthiens 11.25
8. Daniel 3.1-26
9. 2 Corinthiens 1.9 (BFC)
10. Psaume 139.16
11. Romains 8.28-29 (BS)
12. Matthieu 6.10 (BG)
13. Matthieu 1.11-16
14. Romains 5.3-4
15. 1 Pierre 1.7a (BS)
16. Jacques 1.3 (trad. littérale)
17. Hébreux 5.8-9 (BG)
18. Romains 8.17 (BFC)
19. Jérémie 29.11 (BS)
20. Genèse 50.20
21. Ésaïe 38.17
22. Hébreux 12.10b (BD)
23. Hébreux 12.2a (BFC)
24. Hébreux 11.26 (BG)
25. 2 Corinthiens 4.17 (BG)
26. Romains 8.17-18 (BFC)
27. 1 Thessaloniciens 5.18 (BS)
28. Philippiens 4.4 (BG)
29. Luc 6.23 (BD)
30. Jacques 1.3-4 (BS)
31. Hébreux 10.36 (BG)

Vingt-sixième jour :
Croître dans la tentation
1. Galates 5.22-23 (BS)
2. 2 Corinthiens 2.11 (BFC)
3. Marc 7.21-23 (BG)
4. Jacques 4.1 (BD)
5. Hébreux 3.12 (BS)
6. Jean 8.44 (BG)
7. Jacques 1.14-16 (BFC)
8. 1 Corinthiens 10.13 (BS)

9. Hébreux 4.15
10. 1 Pierre 5.8 (BFC)
11. Matthieu 26.41, Éphésiens 6.10-18, 1 Thessaloniciens 5.6-8, 1 Pierre 1.13, 4.7, 5.8
12. Éphésiens 4.27 (BS)
13. Proverbes 4.26-27 (BFC)
14. Proverbes 16.17 (BFC)
15. Psaume 50.15 (BG)
16. Hébreux 4.15 (BG)
17. Hébreux 4.16 (BG)
18. Jacques 1.12 (BS)

Vingt-septième jour :
Échec à la tentation
1. Jacques 4.7
2. Job 31.1 (BG)
3. Psaume 119.37a (BD)
4. Romains 12.21
5. Hébreux 3.1 (BS)
6. 2 Timothée 2.8 (BS)
7. Philippiens 4.8 (BFC)
8. Proverbes 4.23 (trad. littérale)
9. 2 Corinthiens 10.5 (BS)
10. Ecclésiaste 4.9-10
11. Jacques 5.16
12. 1 Corinthiens 10.13
13. Romains 3.23 (BG)
14. Jacques 4.6-7a (BS)
15. Éphésiens 6.17 (BD)
16. Jérémie 17.9 (BFC)
17. Proverbes 14.16
18. 1 Corinthiens 10.12 (trad. littérale)

Vingt-huitième jour :
Il faut du temps
1. Philippiens 1.6 (BG)
2. Éphésiens 4.13 (BS)
3. Colossiens 3.10a (BFC)
4. 2 Corinthiens 3.18b (BS)
5. Deutéronome 7.22 (BD)
6. Romains 13.12, Éphésiens 4.22-25, Colossiens 3.7-10, 14
7. 1 Timothée 4.15 (BG)
8. Ecclésiaste 3.1 (BS)
9. Psaume 102.18, 2 Timothée 3.14
10. Hébreux 2.1 (BFC)
11. Jacques 1.4 (trad. littérale)
12. Habakuk 2.3 (BFC)

Vingt-neuvième jour :
Accepter votre mission
1. Éphésiens 2.10b (BG)
2. Colossiens 3.23-24,

Notes

Matthieu 25.34-35,
Éphésiens 6.7
3. Jérémie 1.5 (BFC)
4. 2 Timothée 1.9 (BS)
5. 1 Corinthiens 6.20 (BFC)
6. Romains 12.1 (BFC)
7. 1 Jean 3.14 (BG)
8. Matthieu 8.15 (BG)
9. Éphésiens 4.4-14. Voir aussi Romains 1.6-7, 8.28-30, 1 Corinthiens 1.2, 9, 26, 7.17, Philippiens 3.14, 1 Pierre 2.9, 2 Pierre 1.3
10. 2 Timothée 1.9 (BFC)
11. 1 Pierre 2.9 (trad. littérale)
12. Romains 7.4 (BG)
13. 1 Corinthiens 12.27
14. Matthieu 20.28 (BS)
15. Romains 14.12 (BD)
16. Romains 2.8 (BS)
17. Marc 8.35 (BFC) Voir aussi Matthieu 10.39, 16.25, Luc 9.24, 17.33
18. Romains 12.5 (trad. littérale)
19. 1 Corinthiens 12.14a, 19 (trad. littérale)

Trentième jour :
Formé pour servir Dieu
1. Éphésiens 2.10 (BG)
2. Psaume 139.13-14 (BS)
3. Psaume 139.16 (BS)
4. Romains 12.4-8, 1 Corinthiens 12, Éphésiens 4.8-15, 1 Corinthiens 7.7
5. 1 Corinthiens 2.14 (BS)
6. Éphésiens 4.7 ((BFC)
7. 1 Corinthiens 12.11 (BS)
8. 1 Corinthiens 12.29-30
9. 1 Corinthiens 12.7 (BFC)
10. 1 Corinthiens 12.5 (BG)
11. Proverbes 27.19 (BD)
12. Matthieu 12.34, Psaume 34.7, Proverbes 4.23
13. Deutéronome 11.13, 1 Samuel 12.20, Romains 1.9, Éphésiens 6.6
14. Proverbes 15.16 (BFC)

Trente-et-unième jour :
Comprendre qui vous êtes
1. 1 Corinthiens 12.4-6 (BG)
2. Exode 31.3-5 (BD)
3. Romains 12.6a (BFC)
4. 1 Corinthiens 10.31 (BS)
5. 1 Corinthiens 12.6 (BS)
6. Deutéronome 8.18 (BD)
7. Deutéronome 14.23, Malachie 3.8-11
8. Hébreux 13.21 (BS)
9. 1 Pierre 4.10 (BFC)
10. 1 Corinthiens 12.6 (BS)
11. Romains 8.28-29
12. 2 Corinthiens 1.4 (BG)
13. 2 Corinthiens 1.8-10 (BG)
14. Pour des explications complémentaires, vous pouvez commander les cassettes du Cours 301, *Discovering Your Shape for Ministry*, qui contient des moyens d'identifier votre profil.

Trente-deuxième jour :
Employer ce que Dieu vous a donné
1. Éphésiens 5.17 (BS)
2. Romains 12.3b (BS)
3. Galates 6.4b (BS)
4. Deutéronome 11.2 (BS)
5. Galates 3.4 (BFC)
6. Jean 13.7 (BG)
7. Contactez www.purposedrivenlife.com.
8. Romains 9.20-21(BG)
9. Éphésiens 4.7 (BFC)
10. Galates 2.7-8
11. 2 Corinthiens 10.13 (BFC)
12. Hébreux 12.1 (BG)
13. Galates 6.4 (BG)
14. Galates 6.4 (BFC)
15. 2 Corinthiens 10.12 (BS)
16. 2 Corinthiens 10.12b
17. 2 Corinthiens 10.12-18
18. Philippiens 1.9 (BS)
19. 2 Timothée 1.6 (BFC)
20. Matthieu 25.28 (BG)
21. 1 Timothée 4.14-15 (BD)
22. 2 Timothée 2.15 (BFC)
23. 1 Corinthiens 9.25 (BS)

Trente-troisième jour :
Comment agissent les vrais serviteurs
1. Matthieu 7.10 (BS)
2. 2 Timothée 2.4 (BG)
3. Galates 6.10 (BS)
4. Proverbes 3.28 (BFC)
5. Ecclésiaste 11.4 (trad. littérale)
6. Colossiens 3.23

7. Galates 6.3 (BFC)
8. Jean 13.15
9. Actes 28.3
10. Luc 16.10-12
11. Psaume 12.1, Proverbes 20.6, Philippiens 2.19-22
12. Matthieu 25.23 (BG)
13. 1 Pierre 5.5
14. Éphésiens 6.6, Colossiens 3.22
15. Matthieu 6.1 (BS)
16. Galates 1.10 (BG)
17. Colossiens 3.4 (BFC)
18. 1 Corinthiens 12.22-24
19. 1 Corinthiens 15.58 (BG)
20. Matthieu 10.42 (BFC)

Trente-quatrième jour :
Avoir une mentalité de serviteur
1. 2 Chroniques 25.2 (BG)
2. Philippiens 2.4 (BFC)
3. Philippiens 2.7 (BG)
4. Philippiens 2.20-21
5. Matthieu 5.41 (BFC)
6. 1 Corinthiens 4.1
7. 1 Corinthiens 4.2 (BS)
8. Luc 16.13 (BFC)
9. Luc 16.11 (BG)
10. Galates 5.26 (trad. littérale)
11. Romains 14.4 (BS)
12. Néhémie 6.3 (BD)
13. Matthieu 26.10 (BD)
14. Jean 13.3-4 (BG)
15. 2 Corinthiens 10.18 (BFC)
16. Jacques 1.1 (BG)
17. Psaume 100.2 (BG)
18. Jean 12.26 (BD)
19. Hébreux 6.10

Trente-cinquième jour :
La puissance de Dieu dans nos faiblesses
1. Ésaïe 55.9 (BD)
2. 1 Corinthiens 1.27 (BS)
3. Matthieu 5.3
4. 2 Corinthiens 12.7
5. 2 Corinthiens 4.7 (BS)
6. Matthieu 16.16 (BD)
7. Actes 14.15 (BFC)
8. 2 Corinthiens 12.9-10a (BG)
9. 2 Corinthiens 12.10 (BFC)
10. 2 Corinthiens 12.7
11. Nombres 12.3
12. Juges 6.12 (BG)
13. Romains 4.11 (BFC)

14. Matthieu 16.18
15. Actes 13.22 (BG)
16. Hébreux 11.32-34 (BG)
17. Romains 7.19 (BG)
18. 2 Corinthiens 6.11 (BFC)
19. 2 Corinthiens 1.8 (BS)
20. 2 Corinthiens 2.3 (BFC)
21. 2 Corinthiens 12.5b (BS)
22. Hébreux 4.15
23. Romains 8.26a

Trente-sixième jour :
Conçu pour accomplir une mission
1. Colossiens 1.25, 1 Corinthiens 12.5
2. Jean 20.21 (BG)
3. Luc 2.49 (BG)
4. Jean 19.30 (BG)
5. 2 Corinthiens 5.18 (BS)
6. 2 Corinthiens 5.20 (BFC)
7. Matthieu 28.19-20, Marc 16.15, Luc 24.47, Jean 20.21, Actes 1.8
8. Matthieu 28.19-20 (BG)
9. Ézéchiel 3.18 (BFC)
10. 2 Corinthiens 5.18 (BS)
11. 2 Corinthiens 6.1 (BG)
12. 2 Corinthiens 5.20 (BFC)
13. Actes 4.12 (BD)
14. Jean 9.4 (BS)
15. Actes 20.24 (BFC)
16. Actes 1.7-8 (BG)
17. Matthieu 24.36 (BG)
18. Matthieu 24.14 (BD)
19. Luc 9.62 (BG)
20. Luc 22.42 (BD)
21. Romains 6.13b (BFC)
22. Matthieu 6.33 (BS)

Trente-septième jour :
Raconter le message de votre vie
1. 2 Corinthiens 2.17b (BFC)
2. 1 Jean 5.10a (BS)
3. 1 Pierre 2.9 (BS)
4. Actes 1.8 (BG)
5. Actes 22 à 26
6. 1 Pierre 3.15-16 (BG)
7. Psaume 119.33 (BS)
8. Psaume 106.43 (BS)
9. Proverbes 25.12 (BS)
10. Vous trouverez des exemples bibliques de chacun de ces cas dans : Psaume 51, Philippiens 4.11-13, 2 Corinthiens 1.4-10, Psaume 40, Psaume 119.71, Genèse 50.20

Notes

11. Matthieu 12.34 (BFC)
12. Psaume 69.10 (BG)
13. Jérémie 20.9 (BS)
14. Galates 4.18 (BD)
15. Romains 1.17 (BS)
16. 2 Corinthiens 5.19 (BG)
17. 2 Corinthiens 5.14 (BFC)
18. 1 Jean 4.18 (BG)
19. 2 Pierre 3.9 (BFC)
20. Colossiens 4.5 (BS)

Trente-huitième jour :
Devenir un chrétien cosmopolite
1. Livres de Paul Borthwick *A Mind for Missions* (Colorado Springs : NavPress, 1987) et *How to Be a World-Class Christian* (Colorado Springs : Chariot Victor Books, 1993). Tous les chrétiens devraient lire ces ouvrages.
2. Apocalypse 7.9 (BG)
3. 1 Corinthiens 14.20 (BFC)
4. Philippiens 2.4 (BFC)
5. 1 Corinthiens 2.12 (traduction littérale)
6. 1 Corinthiens 10.33 (BS)
7. Jean 3.16 (BG)
8. Actes 17.26-27 (BS)
9. Colossiens 1.6 (BFC)
10. Psaume 2.8 (BD)
11. Colossiens 4.3, Romains 1.10
12. Éphésiens 6.19
13. Jean 17.20
14. 2 Thessaloniciens 3.1
15. Matthieu 9.38
16. 2 Corinthiens 1.11 (BFC)
17. Actes 1.8 (BD)
18. 2 Corinthiens 4.18 (BG)
19. Luc 9.62
20. 1 Corinthiens 7.31 (BS)
21. Hébreux 12.1 (BG)
22. Matthieu 6.20-21
23. Luc 16.9 (BG)
24. 1 Timothée 6.18-19 (BFC)
25. Jérémie 1.7-8
26. Selon la convention de Lausanne (1974)
27. Marc 8.35 (BG)

Trente-neuvième jour :
Une vie équilibrée
1. Proverbes 27.17 (BFC)
2. Philippiens 4.9 (BG)
3. 1 Thessaloniciens 5.11 (BFC)
4. Lamentations 3.40, 1 Corinthiens 11.28, 31, 13.5, Galates 6.4
5. 2 Corinthiens 13.5 (trad. littérale)
6. Lamentations 3.40 (BS)
7. 2 Corinthiens 8.11 (BFC)
8. Hébreux 2.1 (BG)
9. Nombres 33.2 (BD)
10. Psaume 56.9 (BG)
11. Psaume 102.18 (BS)
12. Proverbes 11.25 (BG)
13. 2 Timothée 2.2b (BFC)
14. Jacques 4.17 (BG)
15. 1 Timothée 4.6 (BS)
16. Jean 17.4 (BG)
17. Jean 17.6-26

Quarantième jour :
Vivre avec un objectif
1. Jean 13.17 (BG)
2. Psaume 33.11 (BG)
3. Proverbes 4.26 (BS)
4. Proverbes 17.24 (BFC)
5. Philippiens 1.10 (BD)
6. 2 Chroniques 14.3 (BG)
7. Éphésiens 3.17 (BS)
8. Philippiens 4.7 (BFC)
9. Galates 5.22-23
10. Matthieu 5.3-12
11. 2 Pierre 1.5 (BS)
12. 1 Timothée 4.16b (BFC)
13. 2 Corinthiens 9.12 (BFC)
14. Jean 15.16a (BD)
15. Josué 24.15 (BG)
16. Philippiens 1.27 (BS)
17. Éphésiens 5.25 (BG)
18. Proverbes 22.18 (BFC)
19. Proverbes 19.21 (BS)
20. 1 Thessaloniciens 2.4b (BG)
21. 2 Corinthiens 10.13 (BS)
22. Actes 13.36a (BS)
23. Actes 13.22
24. Esther 4.14 (BG)
25. 2 Chroniques 16.9 (BG)
26. 1 Corinthiens 9.26 (trad. littérale)
27. Philippiens 1.21 (BS)
28. 2 Corinthiens 4.17 (BS)
29. Apocalypse 4.11 (BFC)

TABLE DES MATIÈRES

1. Tout commence avec Dieu 15
2. Vous n'êtes pas là par hasard 21
3. Qu'est-ce qui conduit votre vie ? 27
4. Créé pour l'éternité 37
5. Voir la vie comme Dieu la voit 43
6. La vie est une étape temporaire 51
7. La raison d'être de tout 57

Premier objectif : Vous avez été conçu pour le plaisir de Dieu

8. Conçu pour le plaisir de Dieu 67
9. Qu'est-ce qui fait sourire Dieu ? 73
10. Le cœur de l'adoration 81
11. Devenir l'ami intime de Dieu 91
12. Développer votre amitié avec Dieu 99
13. Le culte agréable à Dieu 107
14. Lorsque Dieu semble distant 115

Deuxième objectif : Vous avez été formé pour la famille de Dieu

15. Formé pour la famille de Dieu 125
16. Ce qui compte le plus 131
17. Votre vraie place 139
18. Apprendre à vivre ensemble 149
19. Édifier la communauté 157
20. Restaurer une relation brisée 165
21. Protéger votre Église 173

Troisième objectif : Vous avez été créé pour devenir comme Dieu

22. Créé pour devenir comme Christ 185
23. Comment nous croissons 193
24. Transformé par la vérité 199
25. Transformé par l'adversité 207
26. Croître dans la tentation 215

27. Échec à la tentation 223
28. Il faut du temps..231

Quatrième objectif : Vous avez été conçu pour servir Dieu

29. Accepter votre mission...241
30. Formé pour servir Dieu 249
31. Comprendre qui vous êtes...................................257
32. Employer ce que Dieu vous a donné 265
33. Comment agissent les vrais serviteurs..................273
34. Avoir une mentalité de serviteur 281
35. La puissance de Dieu dans votre faiblesse 289

Cinquième objectif : Vous avez été conçu pour accomplir une mission

36. Conçu pour accomplir une mission.......................299
37. Raconter le message de votre vie 307
38. Devenir un chrétien cosmopolite 315
39. Une vie équilibrée 323
40. Vivre avec un objectif 331

Appendice 1 : Questions de discussion...................................341
Appendice 2 : Pourquoi employer plusieurs traductions ?.......345

Du même auteur

**L'église
une passion
une vision**

Éditions EPH
312 p.

Livre révolutionnaire
qui vous apprendra
les secrets de l'église
dont la croissance
a été la plus rapide
dans l'histoire
des États-Unis.

**Découvrez comment établir une vision
qui vous permette d'avoir un impact
dans votre ville !**

Dans la même série

Le Leader
ses objectifs sa formation

Frank Damazio

Éd. Ministères Multilingues
448 p.

Source d'inspiration et d'informations inépuisable qui fera de chaque leader un meilleur dirigeant, enseignant et prédicateur.

La jeunesse
une passion une vision

Doug Fields

Éd. Ministères Multilingues
360 p.

Guide indispensable pour débuter et maintenir un ministère à long terme auprès des jeunes.